JN411772

우리가 놓친 위대한 한 컷

우리가 놓친 위대한 한 컷

한 장의 사진 속에 숨어 있는 역사와 삶의 이야기

곽한영 지음

니들북

프롤로그

우리가 놓쳐버리는 한 컷에 대하여

어릴 적 살던 대전에는 시내 한가운데에 '보문산'이라는 야트막한 산이 있었습니다. 그 산 바로 아래에 살고 있어서 아침저녁으로 꽤 자주 오르내리곤 했습니다. 보문산을 오르내릴 때 제가 가장 좋아한 시간은 해가 지는 저녁 무렵이었습니다. 산꼭대기에 올라 산 아래 빼곡히 자리 잡은 집들의 네모난 창문으로 하나씩 불빛이 밝혀지는 모습을 보고 있노라면 말할 수 없이 이상한 기분이 들었습니다. 이렇게 멀리에서 보면 그저 작고 네모난 창문일 뿐이지만, 저 창문 하나하나마다 수없이 많은 사람과 이야기가 담겨 있으리라 생각했기 때문입니다.

마치 어떤 영화의 오프닝 신처럼 화면을 줌업에서 어느 창문 하나로 뛰어들었을 때 저녁 밥상 앞에 단란하게 둘러앉은 가족도 있을 테고, 혼자 쓸쓸히 텔레비전을 보고 있는 할머니도 계시겠지요. 누군가는 웃고, 누군가는 울고, 혹은 세간살이를 때려 부수며 싸우는 부부가 있을지도 모르겠습니다. 그 수많은 사람과 이야기와 시간이 이렇게 멀리에서 보면 한꺼번에, 같은 시간대에, 아무렇지도 않게 공존하고 있다는 사실이 이상하고 신기하게 느껴졌습니다.

그래서 길을 걷다가 담장 너머로 창문이 보일 때면 습관적으로 그 창문 너머의 풍경을 상상했습니다. 아파트를 보면 그 벽을 수직으로 잘라서 단면을 들여다본다면 어떨까 하는 공상을 해보기도 했지요. 칸칸이 나뉜 공간 안에서 온갖 사연을 써 내려가고 있는 사람들의 모습은 이상하고 신기해 보일 것 같았지만, 그렇게 이상하고 신기한 것이 우리가 사는 모습의 본질일지도 모르겠다는 생각도 들었습니다. 생각해보면 '평범'만큼 드문 것도 없습니다. 가장 평균적인 삶이 평범하고 정상적이라고 한다면 오천만 인구 가운데 평범한 사람은 한가운데에 있는 단 한 사람뿐일 테니까요.

그렇게 따지면 어떤 이야기도 평범하지 않고 모든 이야기가 나름의 특별함을 가지고 있다고 말할 수 있습니다. 그래서 어디에 가서 무언가를 보면 그 '특별한 이야기'를 찾으려고 애쓰게 되었습니다. 그런 이야기를 책으로까지 묶어봐야겠다 결심하게 된 계기는 이 책의 〈챕터 3〉에 실려 있는 '이상한 가족사진' 이야기를 만나면서부터였습니다. 캐나다에서 가족과 함께 나섰던 아주 평범한 오후의 시내 나들이에서 우연히 마주친 사진 한 장. 그저 그런 기념물인가 싶어서 지나쳤다가 집에 와서 문득 호기심이 생겨 자료를 찾아보았습니다. 그리고 마치 고구마 줄기처럼 끝도 없이 이어지는 신기하고 이상한 이야기에 깜짝 놀랐습니다. 마치 온갖 재료를 끓이고 조려서 응축한 단 한 방울의 마법약처럼 그 모든 이야기가 이런저런 흔적을 통해 단 한 장의 사진에 압축된 풍경으로 존재한다는 사실에 감동을 받았습니다.

이러한 깨달음은 우리가 살아가는 삶의 모든 풍경이 나름의 맥락과 스토리를 가지고 살아 숨 쉬고 있음을 되새겨주었습니다. 지금 당장 주변의 풍경을 돌아보세요. 입고 있는 옷, 신고 있는 신발, 바닥에 파인 자국, 벽에 남은 못 자국과 긁힌 흔적까지 주의를 기울여 바라보면 모두 나름의 사연과 이유를 담고 있을 것입니다. 그렇게 삶의 흔적을 기억하고 되새기게 되면 살아 있는 것과 그렇지 않은 것까지 애정을 가지고 대하게 됩니다. 오래 탄 자동차를 폐차하기 위해 견인차로 견인해 보내면서 눈물을 짓는 사람들도 있습니다. 어디에나 있는 흔한 자동차이지만 그 차와 함께했던 추억과 시간이 쌓여 어느새 '나와 우리 가족의 특별한 차'로 자리매김된 것이었지요.

이 책은 사진에 대한 책이 아니라 그 찰나의 한 컷에 담겨 있는 삶과 시간에 대한 책입니다. 이미 알고 있는 이야기도 있겠지만 처음 들어보는 이야기도 많을 것입니다. 〈목포의 눈물〉이 왜 그런 가사를 갖게 되었는지, 링컨의 '게티즈버그연설'이 어떻게 세계적으로 유명한 명연설이 되었는지, 우리 한글맞춤법이 왜 지금과 같은 모습이 되었는지, 부산의 '영도다리'는 왜 도개교가 되었는지 등의 신기한 이야기도 많이 다루고 있습니다. 또한 캐나다에서 곰을 위한 쓰레기통을 만들게 된 이유, 한국은행 건물의 육중한 쇠창살에 담긴 사연, 케이블카를 지키기 위한 샌프란시스코 시민들의 노력 등 우리의 일상을 지탱하는 평범하지만 성실한 사람들의 감동적인 사연도 있습니다.

이 책에 담긴 스물세 개의 사연들 가운데 가장 마음이 쓰이는 이야기는 〈진짜 부산 사람, 최동원〉입니다. 처음에 페이스북에 올렸던 글인데 아주 많은 분이 공감해주셨습니다. 개인적으로 이 에피소드는 위대한 투수 최동원 선수의 이야기를 통해 부산 사람들이 어떤 분들인지 느끼게 된 제 마음을 담은, 부산에 대한 애정 고백 같은 글이기도 합니다. 이 책에 담긴 신기한 이야기를 읽으면서 독자 여러분도 주변의 풍경과 사람들에 대해 더 많은 관심과 애정을 갖는 계기를 마련해볼 수 있지 않을까 기대합니다.

자, 이제 한 장의 사진에 담긴 신기한 이야기보따리를 하나씩 풀어볼까요?

* 이 책은 원래 네이버 프리미엄 서비스를 통해 온라인으로 제공된 글을 모아 내용을 추가하고 수정하여 단행본으로 펴낸 것입니다. 책 출간을 제안해주신 대원씨아이㈜에 감사드립니다.

차례

Chapter 3
우리가 생각하는 것들이 진실일까?

Chapter 4
그렇게 우리는 또 하루를 살아간다

Chapter

1

공간 이면에 숨어 있는 현대사

〈아비정전〉과 공포의 검은 성

1

의문의 마지막 장면

오래전 세상을 떠났지만, 여전히 홍콩의 푸릇푸릇한 청춘스타의 아이콘으로 남아 있는 배우 장국영을 좋아하시는 분이 많을 겁니다. 혹시 그의 영화 중에 어떤 작품을 좋아하시나요? 많은 분이 대번에 〈영웅본색〉을 떠올리시겠지만, 엄밀히 따지자면 그 영화에서 장국영이 맡은 역할은 조연이었습니다. 〈천녀유혼〉도 떠오른다고요? 물론 이 영화에서는 장국영이 당당히 주연을 맡았지만, 제목에서부터 '천녀'를 언급하고 있듯이 영화의 주된 포커스는 여자 유령 역을 맡은 배우 왕조현에게 맞춰져 있었습니다. 그래서 장국영이 오롯이 자신만의 색깔을 드러낸 대표작으로 많은 분이 꼽는 영화가 〈아비정전〉입니다.

그런데 이 영화는 조금 이상하게 마무리됩니다. 분명히 〈아비정전〉의 주인공은 장국영인데 정작 마지막 시퀀스에는 배우 양조위가 등장하면서 끝맺음을 하거든요. 영화를 본 분은 아시겠지만, 이 장면의 앞선 시퀀스에서 이미 장국영은 총을 맞고 숨을 거두었습니다. 주인공이 죽었으니 이대로 영화가 마무리되나 싶었는데 뜬금없이 무대가 바뀌면서 양조위가 등장한 것이지요.

영화 내내 한 번도 나오지 않았던 양조위의 갑작스러운 등장은 참으로 이상했습니다. 게다가 이 시퀀스는 겨우 2분 정도의 길이로,

양조위가 어느 낡은 방에서 담배를 꼬나물고는 멋지게 옷매무새를 가다듬은 후에 전등을 끄고 나가는 것이 전부여서 더욱 이상했습니다. 도대체 이 부분이 영화에 왜 삽입된 것인지, 무슨 의미를 담고 있는 것인지를 두고 팬들의 설왕설래가 많았습니다. 이 장면에는 어떤 비밀이 숨어 있는 것일까요?

이야기는 〈아비정전〉의 감독이자 홍콩 뉴웨이브 시네마를 대표하는 거장 왕가위 감독의 데뷔 시절로 거슬러 올라갑니다. 홍콩의 영화계는 오랫동안 미국의 마피아, 일본의 야쿠자와 함께 세계 3대 폭력 조직으로 불렸던 '삼합회'(홍콩 폭력 조직 연합체)의 영향하에 있었습니다. 이들은 60년대부터 중국 경극의 과장된 무술 동작을 활용한 이른바 '쿵푸 영화'로 아시아는 물론 미국 시장에서까지 성공을 거둡니다. 하지만 1984년에 영국과 중국의 합의로 1997년에 홍콩을 중국으로 반환한다는 '영중공동선언'이 발표되면서 홍콩 사회의 분위기는 급속히 냉각됩니다. 중국의 공산화와 문화대혁명 등을 피해 도망 온 사람이 대부분인 홍콩인들에게 오랜 시간 동안 영국 민주주의의 영향하에 살다가 다시 중국의 통치로 돌아간다는 것은 '세상의 종말'로 여겨졌을 법합니다.

그래서 냉혹한 사회, 처절한 응징, 오직 사적인 의리만이 유일한 희망이지만 결국은 주인공과 주변 사람들의 파멸로 마무리되는 거친 갱들의 '홍콩 누아르' 영화가 유행했고, 앞서 언급한 〈영웅본색〉

은 그런 흐름에서 나온 대표작입니다. 영화에 미쳐 있던 청년 왕가위 감독 역시 그런 유행에 편승한 〈열혈남아〉라는 작품으로 데뷔하게 됩니다. 당대 최고의 스타인 유덕화가 주연을 맡은 이 영화가 크게 크게 히트하자 왕가위는 일약 인기 감독의 반열에 오르게 되었고 곧바로 다음 영화 제작의 기회가 주어졌지요.

영화 자본을 대고 있던 투자자, 특히 뒷배를 봐주던 삼합회는 왕가위가 〈열혈남아〉 같은 화끈한 액션 누아르 영화를 뽑아줄 것이라고 기대했습니다. 하지만 왕가위 감독이 만들고 싶었던 영화는 뻔한 상업영화가 아니라 당시 홍콩 사회의 불안과 답답함, 파멸의 예감을 진하게 담은 예술성 높은 영화였습니다. 그래서 당대 최고의 배우로 불리던 장국영, 유덕화, 장만옥, 유가령, 양조위 등 화려한 캐스팅을 구성하고 중국을 대표하는 근대소설인 루쉰의 《아Q정전》에서 제목을 빌려온 〈아비B정전〉, 즉 '아비의 이야기' 제작에 착수하게 됩니다.

장면 하나하나에 세심한 정성을 기울여 작업을 진행하다 보니 촬영 시간 자체도 길었지만 영화 전체의 러닝타임도 늘어났습니다. 결국 왕가위 감독은 이 영화를 두 편으로 쪼개서 연작영화로 만들기로 합니다. 즉, 우리가 앞에서 살펴본 저 뜬금없는 마지막 장면은 연작 중 두 번째 영화의 주인공인 양조위를 소개하고 두 영화를 연결하는 매개고리의 역할을 하는 것이었습니다.

하지만 먼저 공개된 〈아비정전〉은 흥행에서 처참하게 실패합니다. 그도 그럴 것이 투자자도, 관객도 갱들의 의리와 총싸움, 흩날리는 멋진 코트 자락이 난무하는 액션 영화를 기대했지만, 정작 공개된 것은 벽시계를 클로즈업해놓고 몇 분이나 들여다보게 만든 정적이고 도무지 무슨 내용인지 이해가 되지 않는 난해한 스토리를 가진 예술영화였기 때문입니다. 심지어 〈아비정전〉이 우리나라에서 개봉했을 때, 푯값을 반환하라며 관객들이 난동을 부린 일도 있었습니다. 결국 후속편 제작이 취소되면서 양조위가 등장하는 마지막 장면만 의미 없이 붕 뜨게 된 것이지요.

홍콩의 마굴, 구룡채성의 시작

〈아비정전〉의 이 짧은 장면은 영화상으로는 별다른 의미가 없는 부분임에도 불구하고 오히려 그 엉뚱함으로 관객들에게 깊은 인상을 남겼습니다. 그 인상에는 장면에 담긴 미장센, 즉 배경이 주는 이질감이 크게 한몫을 하고 있습니다. 혹시 영화를 다시 볼 기회가 있다면 양조위가 침대에 앉아 담뱃불을 붙이는 장면에서 멈추고 한 번 가만히 들여다보세요. 주의 깊게 보면 그 방은 어딘가 매우 이상합니다. 일단 방 전체가 도배나 타일, 칠 마감이 전혀 안 된 날것의 콘크리트벽이고, 양조위가 그리 큰 키가 아님에도 허리를 펴고 설

수 없을 정도로 천장이 낮습니다. 게다가 그 천장은 네모반듯한 게 아니라 여기저기 튀어나와 있고, 영상 전체를 보면 불을 끌 대 스위치를 내리는 것이 아니라 플러그를 뽑는 모습이 나옵니다. 이 괴상한 방은 '홍콩의 마굴'이라고 불렸던 '구룡채성九龍寨城'에서 촬영된 장면입니다.

철거 직전의 구룡채성. 오랫동안 숲을 이뤘던 주변의 거대한 판자촌은 미리 철거된 상태.

이 이상한 건물이 '마굴'로 거듭나는 과정에서는 기막히다고밖에 할 수 없는 역사의 우연들이 겹쳤습니다. 지금으로부터 100년도 넘는 과거의 청나라 시절, 아편전쟁에서 패한 청나라는 홍콩을 영국에 빼앗겼습니다. '99년 동안 빌려준다'는 조건이었지만 사실상 '영원히'와 다를 바 없었기 때문에 청나라로서는 굴욕적인 일이 아닐 수 없었습니다. 그래서 마지막 자존심을 세우기 위해 구룡반도에 자리 잡은 청나라의 관공서가 있던 조그만 성 하나만은 외교 공관처럼 청나라의 치외법권 지역으로 인정해달라고 요구했고, 어차피 홍콩 한가운데에 고립된 작은 땅이니 큰 문제가 안 된다고 생각한 영국은 협상을 빨리 진행하기 위해 이 조건을 받아들입니다. 이렇게 해서 영국 땅이 된 구룡반도의 한가운데에 축구장 세 개를 나란히 붙인 크기의 직사각형 땅인 '구룡채성'이 청나라 영토로 남게 됐습니다.

하지만 영국 영토 한가운데에 있는 이 땅에 청나라가 지배력을 투사할 수는 없는 일이었고, 영국 역시 이 땅의 거주민을 밀어내고 없던 일로 하려고 몇 번을 시도했습니다. 하지만 청나라의 뒤를 이어 탄생한 '중화인민공화국'이 청나라 영토의 계승을 주장하고 나섰고, 영국은 무리하게 철거할 경우 과거에 맺은 국제 협약의 위반으로 중국을 자극할 수 있다는 우려 때문에 그대로 내버려두기로 했습니다. 결과적으로 이곳은 중국도, 영국도 손을 쓰지 못하는 권력의 '점이지대漸移地帶'이자 진공상태로 남게 된 것입니다.

구룡채성의 건물 내 복도. 지저분한 전선 꾸러미와 쓰레기 더미, 어두운 조명이 숨 막히는 분위기를 연출하고 있다.

이상한 방, 마구잡이 건물

이러한 정세에 제일 먼저 반응한 것은 빈민들이었습니다. 홍콩의 살인적인 거주비에 비해 무허가 건축물이 들어선 이곳은 방세가 3분의 1도 되지 않을 만큼 쌌기 때문이었습니다. 온갖 자영업자도 몰려들었습니다. 공산화된 중국에서 도망 온 의원들은 새로 의사 면허를 따지 않아도 영업을 할 수 있는 이곳을 선호했고, 세금을 내지 않아도 된다는 장점 때문에 소규모 제조업자 중 특히 까다로운 식품위생법을 피해 들어온 식자재 납품업체가 많았습니다. 하지만 홍콩 경찰의 손길이 닿지 않는 이곳의 장점에 가장 적극적으로 반응한 것은 역시 범죄자들이었습니다. '3대 악'이라고 불리는 도박, 마약, 매춘이 상시 벌어지는 장소로 각광을 받자 삼합회의 여러 범죄단체가 우르르 밀고 들어왔고, 이들은 곧 구룡채성의 주인 행세를 하기 시작했습니다.

많은 사람이 몰려들자 좁은 땅은 금세 건물로 가득 찼습니다. 하지만 홍콩 정부가 인정하는 치외법권 지대가 딱 구룡채성이 있던 직사각형 터뿐이었으므로 그 경계를 넘어가지 않기 위해 건물 위에 또 건물을 올리는 무허가 수직 증축이 마구잡이로 벌어졌습니다. 이 좁은 공간에 약 300개의 건물이 한 치의 땅도 남기지 않고 빼곡히 들어서다 보니 건물과 건물은 완전히 달라붙거나 심지어 벽을 공유하고 지은 건물도 많았습니다. 그렇게 직사각형의 땅은 건물로 꽉 찼고, 계속 위로, 위로 건물을 올리다 보니 구룡채성 전체 높이는 최대 15층까지 솟아올랐습니다. 그럼에도 수직 증축은 멈추지 않았고 구룡채성 바로 옆에 위치한 카이탁 공항의 비행기 이착륙이 위협받는 수준에 이르렀습니다. 그러자 홍콩 당국은 치외법권을 무시하고 들어가 15층을 초과한 곳은 무조건 해체해버렸습니다. 이런 일이 반복되면서 무언중에 15층이 한계 높이가 되었고 이렇게 완성된 구룡채성의 최종 형태는 건물과 건물이 서로 맞붙은, 축구장 세 개 넓이의 거대한 '떡판' 모습이었습니다.

본래 여러 층 높이의 건물을 짓는 데 많은 비용이 들어갑니다. 따라서 불법적으로 값싸게 짓는 단층 높이의 판잣집은 일반적으로 수평하게 옆으로 계속 확장되는 '판자촌'을 형성합니다. 그래서 판자촌을 '앉은뱅이 건물'이라는 뜻의 '스쿼터squatter'라고 부르는데, 구룡채성처럼 수직으로 확장되는 판자촌은 대단히 예외적인 사례입니다. 구룡채성 주변은 거대한 판자촌의 바다가 되었고 그 바다 한가운데 우뚝 솟아 있는 구룡채성은 '악의 성채'와 같은 모습이었습니다.

불법으로 마구 지어 올린 구룡채성의 건물에 제대로 된 외장 타일을 붙이거나 페인트칠을 하거나 청소를 하는 등의 관리 작업이 될 리가 없었지요. 안 그래도 습한 홍콩 날씨인데, 빗물에 계속 노출된 구룡채성의 벽면은 곰팡이가 자라 온통 거무죽죽했고 더욱 흉물스럽게 변했습니다. 하지만 외부에서 보면 마치 육중한 덩치를 자랑하는 '검은 성' 같았고, 보는 사람으로 하여금 공포심을 자아냈습니다. 그래서 홍콩 사람들은 구룡채성이라는 옛 이름 대신 공포의 검은 성이라는 뜻의 '흑암지성'(City of Darkness)으로 불렀습니다.

전설이 된 검은 성

공간 구획을 제대로 하지 않은 채 마구잡이로 지은 건물로 좁은 공간을 빽빽하게 채우다 보니 이곳은 완전히 미로가 되어버렸습니다. 게다가 이 미로는 평면이 아닌 삼차원 미로였습니다. 15층 높이의 건물에 엘리베이터가 한 대도 없었으므로 사람들은 계단으로 다녀야 했는데, 꼭대기 층 주민이 바로 옆 건물의 같은 층으로 간다면 15층을 내려가서 다시 15층을 걸어 올라가야 했습니다. 이러한 불편을 상쇄하고자 서로 붙어 있는 건물끼리 벽을 뚫어서 복도를 연결하는 기상천외한 방식을 택했습니다. 하지만 처음부터 옆 건물과 높이를 맞추어 지은 건물이 아니다 보니 새로 뚫은 복도는 좌우는 물론 상하로도 꾸불꾸불한 불규칙한 형태가 되었습니다. 멀쩡한 남의 집 거실을 지나 창문으로 넘어가야 하는 길도 있고, 창문과 창문 사이로 녹슨 철제 사다리가 위태롭게 걸린 집도 있었습니다. 게다가 갑자기 길이 끊겨버리면 도대체 옆 건물과 몇 층에서 어떻게 연결되는지 알 도리가 없었습니다. 범죄자를 쫓아 이 건물 지옥에 들어온 경찰이 어느 모퉁이에서 살해당해도 시체조차 찾지 못할 지경이었지요. 그래서 경찰은 아예 건물 진입조차 꺼렸습니다. 오죽하면 건물 여기저기 처박혀 썩어가는 마약중독자나 범죄자의 시체를 처리하기 위해 구룡채성 최초의 주민자치 조직이 다 생겼겠습니까. 발견 못한 시체들이 썩어가면서 심각한 위생 문제를 일으켰고, 이것들을 처리할 최소한의 공조직이 필요해졌습니다.

구룡채성이 홍콩 사람들에게 '공포의 전설'로 전해지다 보니 여러 영화에서 소재로 쓰는 경우가 많았습니다. 2024년에는 〈구룡성채: 무법지대〉*라는 영화가 홍콩에서 개봉하여 흥행에 크게 성공했고, 배우 견자단이 주연한 〈엽문〉, 성룡이 출연한 〈중안조〉 등과 같은 홍콩 영화는 물론이고 장 클로드 반담의 출세작인 〈투혼〉, 일본의 걸작 애니메이션 〈공각기동대〉, 리들리 스콧 감독의 〈블레이드

* 이 건물군은 원래 청나라의 성이었기 때문에 오랫동안 '구룡성채'라는 이름으로 불렸고, 홍콩 사람들도 이 명칭에 익숙해서 영화에서도 '구룡성채'라는 이름을 쓰고 있습니다. 하지만 1992년에 이곳을 철거하는 과정에서 땅속에 묻혀 있던 돌로 새겨진 명패가 발견됐는데, 여기에 '구룡채성'이라고 적혀 있었습니다. 때문에 '구룡채성'이 현재 공식 명칭이고, 이 책에서도 이 명칭을 사용했습니다.

| '검은 성'이라는 별명이 연상되는 구룡채성의 모형.

러너〉, 〈배트맨 시리즈〉에 등장하는 '죄수섬' 등 일일이 손꼽을 수 없을 만큼 많은 영화에서 구룡채성의 이미지와 모티브를 활용했습니다. 하지만 이 영화들은 대부분 구룡채성으로부터 영감을 차용한 것일 뿐, 실제로 구룡채성에 들어가 영화를 찍는 것은 엄두도 내지 못했습니다. 앞서 말한 것처럼 구룡채성은 매춘, 마약 등 불법이 성행하는 곳이었고, 미로처럼 얽힌 내부 구조 때문에 길을 모르는 사람은 빠져나오는 것조차 불가능하다는 점이 무섭기도 했습니다. 그

리고 무엇보다 이 건물군 전체를 장악하고 있는 집단이 범죄 조직인 삼합회였기 때문에 그들의 허가를 받지 않고는 영화를 찍는 것이 불가능했습니다.

자, 이제 이 모든 이야기가 시작된 〈아비정전〉의 장면으로 돌아가 봅시다. 그렇다면 왕가위 감독은 어떻게 이 장면을 구룡채성에서 찍을 수 있었을까요? 이것은 〈아비정전〉의 제작자가 삼합회와 연관된 인물이기 때문이었습니다. 당시 홍콩 배우나 영화 제작자 중 일부는 삼합회와 긴밀한 관계에 있었는데, 〈아비정전〉의 제작자도 그 중 한 명이었습니다. 왕가위 감독이 〈열혈남아〉를 이을 액션 대작을 찍기에 구룡채성이라는 살벌한 장소가 어울릴 거라 생각한 이 제작자는 조직 내에서 자신의 영향력을 발휘해 구룡채성 내부에서의 영화 촬영 허가를 받아냅니다. 왕가위 감독은 이 제작자의 생각과는 정반대이긴 했지만, 쓸쓸한 홍콩의 정서를 표현하는 데 이 장소가 매력적이라고 느낀 것 같습니다. 〈아비정전〉에서 장국영이 연기한 '아비'는 백수건달이지만 매우 좋은 맨션에 살고 있고 경제적으로도 풍요롭습니다. '아비'의 대척점에 있는 캐릭터를 연기한 양조위가 인생의 밑바닥으로 떨어진 사람들이 최소한의 생활비로 살아남기 위해 가는 곳으로 인식되던 구룡채성에 살고 있는 모습이 꽤 잘 어울린다고 생각했을 법합니다. 게다가 영화 전체를 관통하는 '고립', '단절', '폐허'의 이미지가 절로 떠오르는 장소이기도 했고요.

삶과 죽음이 뒤엉킨 일상

양조위가 등장하는 〈아비정전〉의 마지막 시퀀스 장면을 자세히 보면 공간 내부에 페인트칠이나 도배가 되어 있지 않은 채 온통 검정 얼룩과 곰팡이가 피어 있습니다. 양조위가 허리를 굽혀야 할 만큼 천장이 낮은 이유는 이 방이 정상적인 방을 아래위 절반으로 나누어 만든, 일본식 표현으로 '하꼬방', 홍콩식 표현으로는 '케이지룸', 즉 '닭장'이기 때문입니다. 그래서 방 안의 창문이 바닥 아래쪽까지 길게 이어져 있습니다. 이런 곳에서 사람이 어떻게 사나 싶겠지만 홍콩의 빈민들에게는 아주 나쁜 형편은 아닙니다. 합판으로 관처럼 짠 박스를 공중에 대롱대롱 매달아 놓고 사람이 그 안에 기어 들어가서 잠만 잘 수 있게 한 방도 허다하기 때문입니다. 심지어 이런 방은 1993년 구룡채성이 철거된 이후 수십 년이 지난 지금도 홍콩 하층민들의 거주지로 사용되고 있습니다.

영화의 마지막 시퀀스에서 방 가운데를 가로질러 지나는 전깃줄이나 전기 스위치가 없어서 플러그를 직접 뽑는 양조위의 모습을 볼 수 있습니다. 이는 구룡채성에 애초에 전기 배선 공사가 안 되어 있음을 보여줍니다. 구룡채성은 불법 건축물에다 치외법권 지역으로 세금을 전혀 내지 않는 곳이었기 때문에 당연히 전기와 수도가 들어오지 않았습니다. 따라서 구룡채성 내의 전기는 건물 옆을 지나가는 전력선에서 몰래 끌어다 쓰거나 구룡채성 내부에서 발전기를 돌리는 업자에게 돈을 주고 사야 했습니다. 한 집이 훔쳐 온 옆집 전기선을 또 다른 집에서 따다가 훔쳐 쓰고 그 선에 또 다른 집이 선을 대 끌어다 쓰는 통에 전력망이 엉망진창이었지요. 그래서 누전으로 화재가 잦았다고 합니다.

방을 나가기 전에 담배꽁초를 창밖으로 던지는 양조위의 모습도 구룡채성 주민들이 일반적으로 하던 행태였습니다. 불법 건축물이니 사회 기반 시설도 지원되지 않았고 당연히 청소, 쓰레기 처리를 해주는 사람도 없었습니다. 그래서 주민들은 쓰레기를 마구잡이로 창밖으로 내던졌고 건물과 건물 사이의 틈은 그 쓰레기로 메워졌습니다. 즉, 양조위가 담배꽁초를 던진 곳은 엄밀히 말하면 '건물 밖'이 아니라 '건물 사이'인 것입니다. 이와 유사한 문제로 고통받은 곳이 남아프리카공화국의 '폰테 시티 아파트Ponte City Apartments'였습니다. 원통형의 고층 건물인 이 아파트는 슬럼화되면서 우범지대로 전락해 관리가 되지 않았습니다. 또한 거주자들은 도넛처럼 텅 비어 있는 아파트 중심부에 쓰레기를 던져서 버렸는데, 시간이 지나자 지상 5층 높이까지 쓰레기 더미가 쌓이면서 악취는 물론이고 유독가스가 발생해 잠자던 주민 여러 명이 숨지는 사고도 발생했습니다.

결국 구룡채성 내부의 여러 문제를 해결하기 위해 삼합회를 대신해서 주민자치위원회가 나섰고 어느 정도 문제가 해결되는 듯했습니다. 하지만 1987년에 구룡채성의 완전 철거 계획이 발표됩니다. 1997년 홍콩의 중국 반환을 앞두고 여러 미묘한 정치 상황이 겹친 탓이었지요. 영국 입장에서는 어차피 홍콩이 반환될 거라면 자신들의 통치 기간 동안 부끄러운 사례로 남을 이곳을 지워버리고 싶었을 겁니다. 중국 역시 골치 아픈 무허가 거주자들을 직접 상대하는 것보다 영국이 미리 털어버리는 것이 손을 더럽히지 않는 방법이라고 판단했겠지요. 구룡채성의 철거는 이와 같은 양국의 이해관계가 맞아떨어진 결과였습니다. 1987년 공식 발표 이후 실제 철거 작업이 시작된 것은 1991년이었습니다. 〈아비정전〉을 촬영한 기간이 1989년부터 1990년임을 감안할 때, 이 마지막 시퀀스가 촬영된 시점은 철거를 앞둔 구룡채성 내의 긴장감과 우울한 패배감이 절정에 달한 때였을 겁니다.

철거에 맞서겠다며 결사 항전을 주장하는 거주민들도 있고, 모든 것이 다 끝났다며 이제 이 밑바닥에서마저 쫓겨나면 어디로 가야 하나 막막해하는 사람들도 있었습니다. 삼합회는 마지막으로 이권을 최대한 확보하기 위해 주민과 홍콩 정부 양측으로 좌충우돌했습니다. 이러한 어수선한 상황에서 영화를 촬영하겠다고 이곳에 들어와 며칠간 먹고 자고 생활까지 해야 했던 배우와 스태프는 불편한 건 둘째치고 얼마나 무서웠을까요? 나름 배짱이 두둑한 것으로 유명한 양조위도 여기서 영화를 촬영한 사흘간의 시간이 정말 무서웠다고 회고할 정도였습니다.

영화를 보면서 '뭔가 이상하고 특이해'라고 어렴풋이 느꼈던 단 하나의 장면에는 100년의 세월과 그 안에 얽힌 역사의 아이러니, 수많은 사람의 신기한 이야기가 숨어 있었습니다. 가끔 저는 학생들에게 '위화감'이라는 단어를 강조해서 이야기하곤 합니다. '무언가 이상하다'라는 느낌이 들 때 그저 무심히 넘기지 말고 더 깊이 파고든다면 이전에는 알 수 없고 상상 못 했던 새로운 세계의 문을 열게 될 것이라고, 그게 진정한 '공부'의 시작이라고 말입니다. 앞으로 이어지게 될 한 장의 사진에는 어떤 위화감과 이야기가 담겨 있을까요?

시간에 지지 않을 자신감

2

떠도는 삶에 대하여

뜨거운 여름이 가고 마침내 기다리던 가을이 왔습니다. 여름내 입었던 옷과 이불을 정리해 넣고 가을옷 박스를 꺼내려고 창고를 뒤지다가 수년 전, 지금 사는 집으로 이사 올 때 가져왔으나 아직도 풀지 않고 꽁꽁 싸매놓은 짐 더미를 발견했습니다. 당황스러운 마음에 사방에 짐을 벌여놓은 채 제자리에 서서 곰곰이 생각에 잠기게 되었습니다. '어쩌다 이런 일이 벌어졌을까?' 돌이켜 생각해보니 이사 올 때 어차피 이 전셋집이 내 소유의 집도 아니고, 한두 해 지나면 또 이사를 가게 될 것 같아서 당장 필요한 물건만 우선 꺼내고 나머지 짐은 그대로 창고에 처박아놓았더군요. 어쩌다 보니 지금 집에서 수년을 살고 있지만 그간 이 집에 대해, 이 집에 있는 물건들에 대해 돌아볼 틈도 없이 바쁘게 지냈습니다. 그러다 보니 정리도 못 하고 이렇게 긴 시간이 지나버렸습니다.

오늘날 우리가 살아가는 모습이 대개 이런 것 같습니다. 어렸을 때 봤던 드라마 속의 집은 한 가족이 평생을, 혹은 대를 이어 살아가는 곳이었습니다. 그리고 골목골목 정답게 살아가는 이웃과 함께 뛰노는 친구들은 언제나 변함없이 서로를 지켜주는 그런 든든한 풍경이 당연하게 보였습니다. 그런데 성인이 되고 나서 집에 대해 생각해보니 '평생'을 살아갈 거라는 믿음은 눈곱만큼도 없었습니다. 결혼

후 약 25년여 동안 열 번도 넘게 옮겨 다니다 보니 이제 이사라면 정말 지긋지긋합니다. 이사를 해본 분은 다 제 마음을 아실 겁니다. 집을 내놓고 새로 구하는 번거로움, 짐을 다 싸고 을씨년스러워진 집을 볼 때의 쓸쓸함, 황량한 새집에 처음부터 다시 청소하고 꾸미고 짐을 풀어놓아야 하는 막막함.

젊었을 때는 그래도 집을 넓혀 가고, 더 좋은 위치로 가고, 더 깨끗한 곳으로 옮긴다는 기대감이 없지 않았으나 나이가 들어가면서부터는 이사가 너무너무 싫은 행사가 되어버렸습니다. 하지만 이러저러한 이유로 이사를 피할 방법이 없었습니다. 반지하 신혼집에서 햇볕 드는 곳으로 가기 위해, 전세 보증금이 크게 올라서 감당할 방법이 없을 때, 직장을 따라 사는 곳을 옮겨 가야 할 때, 아이들이 커서 학교에 가야 하는데 가까운 곳에 괜찮은 학교가 없어서 등, 다양한 이유로 우리 가족은 끝없이 떠돌아야 했습니다. 그래서 언제부턴가 새집에 짐을 들이면서 '어차피 머지않아 여기를 떠날 텐데……'라는 생각을 마치 모든 일의 전제 조건처럼 깔아두게 되었습니다.

그러다 보면 모든 것이 '임시'가 됩니다. 처음 신혼집에 들어갈 때 좁은 반지하 집이지만 곰팡이가 핀 곳은 직접 도배도 하고, 가구점을 뒤져서 손바닥만 한 부엌에 둘이 마주 앉을 수 있는 작은 식탁도 구입하고, 여백이 별로 없는 벽에 못을 박아 예쁜 그림도 걸고, 보기 흉한 낡은 문은 페인트칠로 보수하기도 했습니다. 하지만 집이

'어차피 떠날 곳'이 되면 이 모든 일은 쓸데없는 시간 낭비가 됩니다. 적당히 여기저기에 짐을 쌓아놓고, 적당히 필요한 것들만 벽에 걸고 꼭 필요하지 않다면 꾸미거나 수리할 생각도 하지 않게 되지요. 한번은 어떤 작은 아파트를 구입해서 입주하게 됐는데, 입주 전에 둘러보러 갔다가 경악한 적이 있습니다. 겉보기에는 멀끔하고 평범한 모습이었지만 자세히 보니 각목에 합판을 대어 만든 문은 허접했고, 그것을 가리느라 시트지를 발랐지만 그마저도 군데군데 일어나서 펄럭이고 있고, 벽지는 몇 번을 덧발랐는지 두께감이 느껴질 지경인데 그나마 색이 바랬고, 싱크대와 찬장은 기능적으로는 문제가 없었지만 미묘하게 수평이 맞지 않는다거나 문이 완전히 닫히지 않는 등 사방이 온통 '무성의'로 가득 찬 공간이었습니다.

하지만 이런 싸구려 마감재와 보기만 해도 치가 떨리는 '키치kitsch'의 밑바닥을 달리는 풍경을 보면서도 저는 그저 덤덤히 '이 또한 지나가리라' 하며 보아 넘겼습니다. 모든 걸 갈아엎는 인테리어를 할 경제적 여유도 없었지만 그렇게 한들 시간이 지나면 여기를 떠나게 될 텐데 다 무슨 소용이 있을까 하는 마음이었습니다. 그렇게 내가 사는 이 공간이 시간에 휩쓸려 내려가다 사라질 곳이라고 생각하게 되면서 가끔 집에 들어오면 모든 것이 바닥에서 1센티미터쯤 둥둥 떠다니는 느낌을 받기도 했습니다. '어느 것 하나 든든히 뿌리내린 것이 없구나, 나를 포함해서'라는 생각에 묘한 무기력에 빠지기도 했습니다. 그 무기력의 결과가 이것입니다. 떠날 것을 먼저 생각한 나머지 이곳에 자리 잡기를 미리 포기한 채 '수년째 포장을 풀지 않은 집'. '이렇게 살아가도 괜찮은 걸까?' 하고 고개를 갸웃거리다가 문득 오래전에 본 풍경 하나가 떠올랐습니다.

'절충주의' 혹은 '비빔밥' 양식

제가 재직하는 일반사회교육과는 장래에 중고등학교 사회 선생님이 될 학생들을 가르치는 곳입니다. 해마다 전국을 네 권역으로 나누어 나흘간 답사를 다녀오는데 경상·강원권, 전라권, 충청·경기권, 서울권 중에서 제일 볼거리가 많은 곳은 주요 국가기관이 밀집한 서울권입니다. 어느 해인가 서울 답사에서 '광화문-경복궁-청와대' 라인으로 견학을 하다가 그 인근의 화폐박물관을 방문했습니다. 서울 시내 한가운데에 화폐박물관이 있다는 게 조금 신기했지만, 버스에서 내리자마자 '아!' 하고 납득했습니다. 그곳은 예전에 우리나라의 중앙은행인 한국은행이 자리 잡고 있던 건물이었습니다. 요지인 서울 구도심 한가운데 자리하고 있지만, 워낙 옛날 건물이라 쓸 공간이 부족했습니다. 그래서 1987년에 건물 뒤편으로 본관 건물을 크게 지어 이전한 후, 빈 건물을 2001년에 화폐박물관으로 재개관하여 사용하고 있습니다.

버스에서 내린 학생들이 이 건물의 고풍스러운 외관을 신기해하며 여기저기 사진을 찍습니다. 안내를 맡은 직원분이 건물 이곳저곳 손으로 가리키며 이 르네상스풍 석조 건물의 아름다움과 역사적 가치를 열심히 설명하셨으나 저는 다소 떨떠름한 기분이었습니다. 평소 건축에 관심을 가져온 터라 이 건물이 겪어온 역사를 조금 알고 있었거든요. 한국전쟁 당시 폭격을 당해 상당 부분 파괴가 된 건물을 1989년에 들어서야 전체 복원을 했기 때문에 그 자체로 역사적 가치를 이야기하는 것은 조금 무리가 있다고 생각했습니다.

원래 이 건물은 대한제국 시절인 1907년에 일본 제일은행이 사용하려고 공사를 시작했습니다. 하지만 1909년에 대한제국의 중앙은행인 한국은행이 설립되면서 완공된 건물을 한국은행이 사용하는 것으로 계획이 변경되었습니다. 하지만 이듬해 '경술국치庚戌國恥'로 대한제국이 무너지고 일제강점기가 시작되면서 '한국은행'은 일본 제일은행의 경성 지점인 '조선은행'으로 바뀝니다. 결국 1912년 건물이 완공되자 조선은행의 본점으로 첫 문을 열었지요. 개관일을 기준으로 봐도 100년이 훌쩍 넘은 정말 오래된 건물입니다. 역사적 가치를 반영해 '국가중요문화재'로 지정하기도 했습니다.

하지만 건축을 좋아하는 사람의 입장에서 이 건물이 '아름다운 건물'인가에 대해서는 약간 회의적인 입장입니다. 이 건물을 처음으로 설계한 사람은 일본인인 '다쓰노 긴고辰野金吾'였습니다. 당시 일본은 메이지유신 이후 최단 시간 내에 서구 문물을 습득하기 위해 애쓰던 시기였습니다. 그래서 오랜 시간에 걸쳐 각기 다른 환경에서 발전해온 서양의 여러 성과를 한꺼번에 뭉뚱그려서 배우려는 노력이 일본 사회 전반에서 동시다발적으로 진행되고 있었습니다. 당연히 우리나라도 그 영향권 아래에 있었고요.

건축의 영역에서도 일본 건축가들은 바로크, 로코코, 비잔틴, 르

화폐박물관(구 한국은행) 반지하의 보안 창살. 창문 모양에 맞추어 아치형으로 맞춤 제작되어 있을 뿐 아니라 육중한 쇳덩어리 철창에 보강 뭉치쇠까지 덧붙어 있다.

네상스 등 여러 서구 전통 양식을 한꺼번에 습득하게 되었습니다. 그러다 보니 본인들이 설계한 건물을 서구풍의 웅장한 건물로 보이도록 하려고 여러 건축양식을 한꺼번에 적용하는 일이 많았습니다. 예를 들어 서울역의 옛 건물은 당시 도쿄 제국대학의 교수였던 쓰카모토 야스시塚本靖가 설계했는데, 전체적인 구도는 르네상스식으로, 중앙 돔은 비잔틴 양식, 좌우의 타워는 성관城館 건축양식 등 여러 가지 서로 다른 사조의 기법이 동시에 사용되었습니다. 좋게 말해 '절충주의 양식'이라 할 수 있겠지만, 반대로 좋은 것은 다 가져다 넣은 뒤죽박죽의 비빔밥 그릇을 보는 느낌이라 저처럼 별다른 감흥을 못 느끼는 사람도 있습니다.

왜 육중한 쇠창살을 달았을까?

화폐박물관의 외형은 언제 봐도 참 재밌습니다. 건축 당시 은행의 고압적인 느낌을 한껏 강조하기 위해 네 귀퉁이에 성처럼 뜬금없는 타워를 세웠고, 그 타워의 지붕마저 모양을 통일하지 않았습니다. 그나마도 대부분이 비교적 최근에 복원된 이 건물에 흥미를 잃고 천천히 산책하며 주변을 둘러보다가 우연히 건물과 도로가 면한 부분의 창문에 설치된 보안 창살에 시선을 빼앗겼습니다. 지하 1층,

지상 2층으로 설계된 이 건물은 1층을 약간 들어 올려 지하층을 반지하 공간으로 만들었습니다. 지하층이 완전히 땅속에 매립되면 채광이나 통풍 문제로 활용이 어려울 것을 우려한 모양입니다. 그러다 보니 창문이 너무 낮은 위치에 있어서 보행자의 손이 직접 닿을 수 있었지요. 게다가 은행 건물인 만큼 절도와 강도의 범죄에 각별히 신경 써야 했을 테니, 이 창문에 보안 창살을 다는 것은 당연했다고 할 수 있습니다.

이유가 어떠하든 보안 창살이 너무 과한 것 아닌가 하고 생각하게 만드는 원인으로 매우 육중하고 특이한 만듦새를 들 수 있습니다. 흔히 사용되는 보안 창살은 손가락 굵기의 철근인데 반해 화폐박물관의 보안 창살은 사각형의 쇳덩어리를 그대로 용접해서 만들었습니다. 모양도 그냥 네모반듯한 것이 아니라 창문 아치에 맞추어 그 무식하게 생긴 쇳덩어리를 둥글게 말아 모양을 냈습니다. 이런 창살은 단 한 번도 본 적이 없었으므로 놀랍기도 하고 신기하기도 해서 한참을 그 앞에 서서 요리조리 뜯어보았습니다. 상상하건대 당시 자재가 정신없이 흩어져 있는 공사판이었을 이곳에서 이런 대화가 오가지 않았을까요?

인부: **어이쿠, 나리. 오늘도 나오셨습니까요? 매일같이 나와서 확인하지 않으셔도 저희가 주신 도면대로 착착 진행하고 있습니다만…….**

공사 책임자: (이하 책임자) 자네들을 못 믿어서 이러는 게 아니니 오해는 하지 말게. 다만 이게 우리 대한제국에 처음으로 생기는, 나라를 대표하는 은행이 아닌가. 게다가 자네들도 알다시피 요즘 세상이 여러모로 흉흉하고……. 이럴수록 공무를 맡은 사람은 주어진 일을 최선을 다해 해내야 하지 않겠는가. 그런 생각에 책상머리에 앉아 서류만 넘기며 기다릴 수 없어 답답한 마음에 이리 오가는 것이니 이해해주게.

인부: 암요, 당연히 그러시겠지요. 이렇게 자주 들러서 작업을 확인해주시면 저희야 뭐 혹시 생길 수 있는 실수나 문제를 바로바로 고칠 수 있으니 오히려 감사하지요.

책임자: 자네가 '문제'라고 하니 생각났는데, 지하층의 공사는 어떻게 진행되고 있나? 우리나라에서는 지하층을 만드는 일이 거의 없어서 제대로 지어질까 걱정이라네.

인부: 걱정하지 않으셔도 됩니다. 설계도에서 보셨듯이 애초에 일본인 건축가가 지하를 반쯤 들어 올려서 만들어놨기 때문에 작지만 창문도 있고 그리로 햇볕도 들어옵니다. 그러니 지하에 있는 방들도 눅눅해지거나 곰팡이가 날 일은 없을 겁니다. 다만 그 창문이 문제인데…….

책임자: 아니 왜? 창문에 끼울 유리가 문제인가, 아니면 공인들이 말을 안 듣나?

인부: 그런 건 아니고…… 일단 이리로 한번 와 보십시오. 여기, 여기가 그 지하방 창문인데 말입니다.

책임자: 이거 웬만한 사람의 허리 아래 높이로군. 안이 훤히 들여다보이겠는데?

인부: 들여다보이는 거야 안에서 장막을 드리우든 해서 해결할 수 있는데, 이러면 손을 타기 쉽다는 게 진짜 문젭니다.

책임자: 손을 탄다?

인부: 예. 아무래도 도둑이 들 때 높이 있는 2층 창보다는 여기로 숨어들어 올 가능성이 크지 않겠습니까? 그래서 환기창은 따로 조그맣게 뚫고 여기 창문을 아예 열리지 않는 구조로 만들긴 했습니다만 그래 봐야 유리창이라서요. 작심하고 깨고 들어오는 불한당을 막기는 어려울 겁니다. 게다가 여긴 큰돈을 보관하는 은행이 아닙니까.

책임자: 그럼 유리창으로 들어오지 못하도록 바깥쪽에 쇠창살을 덧대야겠구먼.

인부: 아이고, 바로 알아주시니 말씀드리기도 쉽네요. 그래서 아래쪽에 있는 이 창들에 쇠창살을 덧붙일까 합니다. 창살은…… 감옥소 창문에 붙이는 것 정도면 충분하겠지요? 지름 1센티에서 1.5센티 정도 되는 철근으로 엮으면 될 것 같습니다만.

책임자: 음…… 아니야, 그러면 안 될 것 같네.

인부: 네? 무슨 말씀이신지.

책임자: 여긴 우리나라를 대표하는 가장 크고 높은 은행일세. 설마 창을 깨고 이곳에 침입하려는 무도한 무리가 있을 리도 없겠지만, 애초에 그런 마음조차 먹지 못하도록 해야 해. 보는 것만으로도 위압감을 주는, 천년을 버틸 건물을 지을 필요가 있네. 자네가 말한 두께의 세 배인 사방 3센티짜리 사각 틀로 만들게.

인부: 예에? 그 두께에 모양까지 사각형이면 쇠가 아홉 배는 더 들어갈 겁니다. 게다가 그런 철근은 애초에 만들어 나오는 것이 없으니 쇠뭉

치를 하나하나 연결해서 땜질을 해야 할 겁니다.

책임자: 그럼, 그렇게 하게.

인부: 그렇게 쇠를 땜질하면 연결 부위가 약해지는 건 알고 계십니까? 보기엔 튼튼해 보여도 누가 망치로 치면 당장에 땜질 부위가 떨어지고 말걸요?

책임자: 그게 문제라면 연결 부위에 쇠뭉치를 하나씩 덧대면 되지 않나?

인부: 아이고, 나리. 그러면 너비가 6센티도 넘는 거대한 쇳덩어리가 되어버릴 텐데요. 그럴 바엔 차라리 철판으로 창문을 막아버리시는 편이…….

보도에 인접한 창문의 모습. 그 앞으로 사람의 접근을 막는 용도의 석물과 쇠사슬의 모습도 육중하다.

책임자: 또 있네. 여기 보다시피 이 창문들의 위쪽은 아치형으로 둥글게 받침돌이 올라가 있네. 여기에 그냥 감옥소 철창처럼 네모반듯하게 모양을 잡으면 아치의 모양이 제대로 안 보여 보기가 싫어질 테니 창살의 맨 윗부분은 창의 아치 곡선을 따라 둥글게 모양을 잡게.

인부: 휴, 나리. 이렇게 하시면 돈도 그렇고 시간이……. 사람들 발치에 있는 데다 요 앞에 식물을 심어 가릴 예정이라 잘 보이지도 않을 창살에 이렇게까지 할 필요가 있습니까요?

책임자: 이게 감옥이라면 그럴 필요가 없겠지. 한 생이 지나가면 짓고 부수는 여염집이라면 쓸데없는 짓일 게야. 하지만 우리가 짓는 건 한국은행일세. 대한제국의 돈줄이라는 혈맥을 돌게 하는 제국의 심장 말이야. 수십 년, 수백 년이 가도 끄떡없이 버티고 서서 변함없이 위용을 자랑할 건물이 아니면 안 된단 말일세. 잔말 말고 내가 이르는 대로 하게.

시간을 견디는 당당함

필요한 것보다 더 과하게 제품을 설계하는 것을 '오버 엔지니어링over-engineering'이라고 합니다. 쓸데없는 기능을 덧붙이거나 복잡하게 제품을 만드는 경우가 이에 해당한다고 할 수 있는데, 건축에서 필요한 수준 이상으로 안전도를 높여서 잡을 때 이렇게 칭하는 경우가 있습니다. 예를 들어 한 번에 지나는 차량이 최대 열 대로 예상되는 다리를 열다섯 대나 스무 대가 지나가도 끄떡없을 정도로 설계하는 것이지요. 사실 건축에 있어서 이러한 오버 엔지니어링이 어느 정도는 반드시 필요합니다. 어쩌다 보니 생각보다 많은 차량이 한 번에 다리를 지날 수 있고, 같은 대수라도 트레일러처럼 아주 무거운 차량 열 대가 한 번에 몰릴 수 있으니 말이지요.

하지만 그것도 어느 정도의 '예상 범위' 내에서의 문제입니다. 완전히 맞춤 제작인 데다가 쇳덩어리 뭉치로 구성된 저 창살은 하나하나의 가격이 어마어마했을 것입니다. 들어가는 재료와 시간이 상상을 초월했을 테니 지금이라면 도저히 할 수 없는 설계지요. 그 비용과 정성을 당시 사람들이 납득할 수 있었던 이유는 시간에 대한 감각이 지금의 우리와는 매우 달랐기 때문입니다. 한번 세운 건물은 언제나 그 자리에 있을 것이라는 감각, 아무리 많은 시간이 흘러도 더 두꺼운 쇳덩이로 덧대면 얼마든지 견딜 수 있다는 자신감. 모든 것이 빠르게 변하고 사라지는 게 익숙한 우리와 다른 감각으로 건축을 바라봤습니다.

한국은행 건물 전체를 관통하는 것은 바로 그 어이없을 만큼 당당한 자신감이었습니다. 건물 입구를 지나 두꺼운 문을 열고 안으로 들어서면 놀라운 공간이 나타납니다. 1층 전체를 빙 두르는 고급스러운 대리석 기둥에, 2층은 1층 공간을 내려다볼 수 있는 긴 회랑回廊으로 구성되어 있고, 천장에서는 화려한 샹들리에가 드리워져 있습

화폐박물관에 전시된 옛 한국은행 건물의 전체 모형. 사각형 중정 구조와 함께 그 위를 덮는 목조로 된 상단 지붕 구조가 한눈에 들어온다.

니다. 은행 사무를 보는 건물이라기보다는 마치 중세의 무도회장 같은 분위기입니다. 어째서 이런 모습으로 만든 걸까요?

당시 은행의 설계를 의뢰한 대한제국의 입장에서 중앙은행이 될 한국은행은 사무적인 효율성 못지않게 나라를 대표하는 은행의 위상에 걸맞은 품위와 위압감을 지녀야 한다고 생각했을 것입니다. 넓고 탁 트인 공간을 만들고 여기에 수직형 기둥을 주르르 세워놓는 열주형 배치를 통해 그 '권위'를 표현하고자 했겠지요. 그래서 설계자는 2층 건물 한가운데에 정원을 배치함으로써 이탈리아의 저택에서 흔히 볼 수 있는 '중정 구조'를 차용했습니다. 그런데 이런 구조를 택하면 문제가 있습니다. 이탈리아의 중정 저택은 기본적으로 가운데 정원 공간이 지붕이 없이 야외처럼 개방되어 있습니다. 하지만 한국은행은 은행 사무를 보는 건물이므로 지붕이 없으면 곤란한 상황이 발생합니다. 그렇다고 철근콘크리트로 슬래브 지붕을 만들어 덮자니 인장강도가 약한 콘크리트의 특성상 여러 기둥을 추가해야 하므로 '넓고 큰 공간의 권위'가 사라지는 문제가 있었습니다. 그래서 해결책으로 가벼운 목재로 트러스 구조를 짜서 마치 뚜껑처럼 위를 덮는 방식을 택했습니다.

하지만 문제는 계속 이어집니다. 나무는 비를 맞으면 썩기 때문에 나무 트러스 위에 마감재를 올려야 했습니다. 하지만 당시 마감재로 흔히 쓰이던 기와는 너무 무거워서 나무 트러스 지붕이 주저앉을 위험이 있었지요. 요즘 같으면 가벼운 '아스팔트 싱글asphalt shingle'을 마감재로 쓰지만 당시에는 이런 재료가 없었습니다. 민가에서 하는 것처럼 겉면을 거무스름하게 그을린 나뭇조각을 겹쳐서 덮을 수 있으나 너와집처럼 외관상 초라해 보일 수 있었지요. 그래서 얇지만 질기고 부식에도 강한 구리판을 덮었습니다. 그래서 완공 당시에는 황금의 성처럼 아주 번쩍번쩍했을 것 같습니다. 너무 번쩍거려서 싼 티가 나는 것 아니냐고요? 걱정하지 않아도 됩니다. 시간이 지나면서 구리판 표면이 산화되어 푸른색 녹으로 뒤덮이고, 판재와 산소와의 접촉이 차단됨으로써 더 이상 산화되지 않는 '내후성'을 지니게 됩니다. 그래서 구리 지붕의 내구성을 통상 100년 정도를 예상합니다. 나무랄 데 없이 좋은 마감재지만 문제는 가격이 매우 비싸다는 것입니다. 이 지붕 역시 시간에 대한 두려움이 전혀 없었던, 시간에 지지 않는다는 자신감 넘치는 이들의 선택이었던 것입니다.

하지만 그 자신감이 무색하게도 한국전쟁 동안 폭격을 맞으면서 한국은행 지붕의 나무 트러스 부분이 모조리 무너져 내립니다. 하지만 다행히도 전쟁이 끝나자 정부는 한국은행 건물을 원형 그대로 복원하기로 결정합니다. 이 결정에는 한국은행이 지니는 중앙은행으로서의 상징성이 크게 작용했을 것입니다. 물론 그러한 상징성의 고려도 '복원 가능성'이 있을 때의 이야기입니다. 다행히 한국은행 건물은 폭격으로 지붕이 무너지긴 했지만 성벽처럼 튼튼하게 세운 외벽은 수많은 총알 자국과 상처에도 그대로 남아 있었습니다. 보강쇠뭉치가 군데군데 떨어져 나가긴 했지만 한때 서울을 점령했던 공산군조차 뜯어낼 엄두를 내지 못한 무지막지한 쇠창틀도 온전히 모습을 지키고 있었습니다. 폐허의 현장에서 이 엄청난 시간과 정성이 새겨진 벽과 쇠창틀을 본 사람이라면 누구든 '아, 이 건물은 어떻게든 살려야겠구나' 하고 생각하지 않았을까요? 그렇게 보자면 처음 이 건물을 완성한 이들의 어이없어 보였던 자신감이 결국 시간을 이겨냈다고 해도 지나친 말이 아닐 것입니다.

한 번도 죽은 적 없었던 것처럼, 앞으로도 영겁의 시간을 버텨낼 것처럼 든든한 안정감을 주는 한국은행의 내부 공간을 거닐며 깊은 생각에 빠졌습니다. 제가 지금 가지고 있는 것 중에서 시간을 거스를 수 있는 것이 단 한 가지라도 있을까 하고요.

영도다리 이야기

3

부산은 항구다

〈응답하라 1997〉이라는 드라마는 부산을 배경으로 하고 있습니다. 어느 회차에서 여자 주인공이 서울에 사는 사람과 PC 통신으로 채팅하는 장면이 나옵니다. 이때 상대방이 "집에 배가 있나요?"라고 묻습니다. 그러자 여자 주인공이 황당해하면서 "부산 사람들은 다 바닷가에만 사는 줄 아냐"고 짜증을 내지요. 저 역시 부산에서 사는 사람으로서 자주 겪는 오해 중 하나입니다. 배가 있느냐는 질문을 받는 건 아니지만 "와, 바다를 보면서 살면 정말 좋을 것 같아요" 하고 말씀하시는 분은 많습니다. 하지만 매우 당연하게도 바다가 보이는 곳은 부산의 남쪽 해안가 일부일 뿐, 대부분의 지역에서는 바다가 보이지 않습니다. 해안에서 조금만 떨어져도 우리나라 어디에서나 볼 수 있는 일반적인 도시의 모습입니다.

그럼에도 불구하고 분명한 것은 '부산은 항구다'라는 점입니다. 너무 뻔한 얘기 아니냐고요? 가만히 따져보면 그렇게 뻔한 이야기는 아닙니다. 바다를 접하고 있다고 해서 어디에나 항구가 있는 것은 아니니까요. '항구'가 되려면 바닷가에 자리를 잡은 도시라야 하고, 큰 파도를 막을 수 있도록 우묵하게 들어간 만이 있어야 합니다. 그리고 그 만에는 큰 배가 접안할 수 있도록 간만干滿의 차가 크지 않은 깊은 바다가 있어야 하고, 이를 위해 바다에 면한 쪽에 수심이 급격하게 깊어지는 산악 지형이 자리하고 있어야 합니다. 부산의 옛 지명인 '부산포釜山浦'에 '산山'이 들어간 이유가 여기에 있습니다. 그래서 부산은 육지 쪽은 온통 산과 산이 이어지는 산악 지형이라서 평지도 거의 없습니다. 그래서 넓은 땅이 필요한 학교가 전부 산 위에 자리 잡고 있습니다. 부산이 운전하기 힘든 곳, 교통 체증이 심한 곳으로 악명을 얻은 원인의 상당 부분이 이렇게 도로를 넓고 똑바른 형태로 만들기 힘든 산악 지형에 있습니다.

부산항은 용이 입을 벌린 것처럼 둥그렇게 바다를 둘러싼 반원형의 지형으로 천혜의 조건을 갖추고 있습니다. 그런데 하늘에서 내려다보면 용이 물고 있는 여의주 같은 모습의 섬이 하나 있습니다. 바로 '영도'입니다. 이 섬 덕분에 항구 정면으로 들이치는 파도를 모두 막을 수 있으니 부산항의 자연조건을 완벽하게 만들어주는 '화룡점정'이라고 할 수 있지요. 육지에서 매우 가깝게 자리 잡고 있지만 명백히 바다로 길이 끊겨 있는 섬입니다.

이렇게 육지에서 가까이에 있는 섬은 과거에 말 목장으로 쓰였습니다. 제멋대로 뛰어다니는 말을 가두어 기르기에 가장 좋은 곳이 섬이었고, 특히 육지와 가까운 섬은 기른 말들을 다시 육지로 실어 내보내는 데 용이했습니다. 옛말에 '사람은 서울로 보내고 말은 제주로 보내라'고 했지만, 제주도는 육지와 꽤 떨어져 있기 때문에 말 목장으로는 적합하지 않습니다. 실용적인 면에서는 영도에 들어선 말

목장이 훨씬 의미가 있었을 겁니다. 그럼에도 불구하고 제주도에 말 목장이 들어선 것은 13세기 때 원나라가 일본 정벌을 추진하면서 그 중간 기지로 제주도를 활용하면서였습니다. 좀 특수한 경우라고 할 수 있지요.

고려 시대나 조선 시대 사람들에게 말은 지금으로 치면 최고급 스포츠카나 고속열차처럼 느껴졌을 것입니다. 아무나 탈 수 없는 고급 교통수단이었고, 달리는 모습을 보면 상상할 수도 없는 속도에

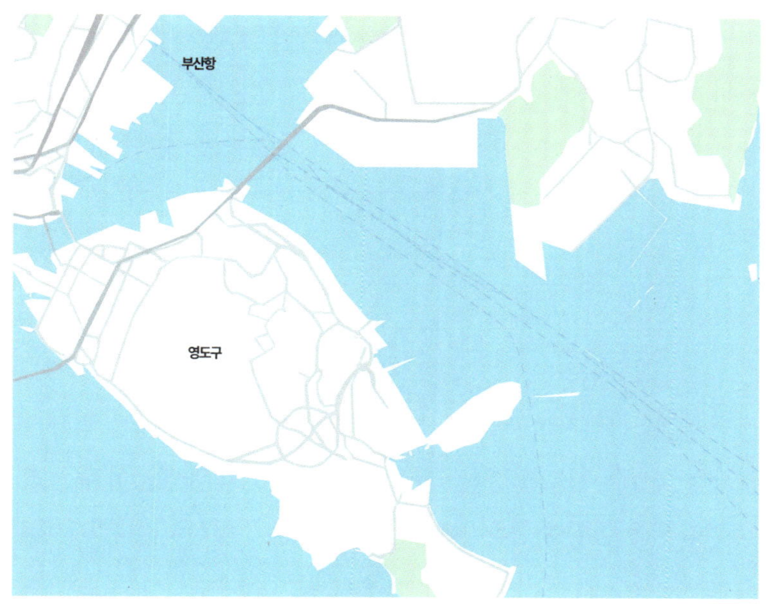

부산 지도에서 영도의 위치. 오목한 부산항 안쪽에 들어앉아 파도를 막아주는 자연 방파제 역할을 하고 있다.

깜짝 놀랐을 겁니다. 그러니 어쩌다 기회가 닿아 이 섬에 가서 말을 구경하고 온 사람이 자기 동네에 돌아가서 자랑을 늘어놓을 때 그 말이 어찌나 빠른지 과장한 것은 당연한 일이었을 것입니다. 우리가 잘 아는 고서인 중국의 《삼국지》에서 조조가 타고 다녔다는 명마의 이름을 끌어다가 '이야, 그 말이라는 짐승이 어찌나 빠른지 말야, 자기 그림자를 끊어버리고 앞으로 달려나갈 정도라니까'라며 '절영絶影' 이라는 표현을 쓴 것도 무리는 아닙니다. 그래서 이 섬에는 '절영도' 라는 이름이 붙었습니다. 하지만 조조의 고사 따위는 아는 사람들에게나 통하는 이야기이니 시대가 지나 말 목장이 점차 사라져가자 언어의 경제성에 떠밀려 세 글자인 '절영도' 대신 대충 줄여서 '영도'라는 이름이 자리를 잡게 된 것입니다.

영도다리 프로젝트

육지에 바짝 붙어 있다고는 하지만 배를 타지 않으면 들어갈 수 없다는 조건은 영도를 부산으로부터 분리시켜 가장 땅값이 싼 곳으로 만들었습니다. 지금은 그러지 않지만, 과거 부산 사람들 사이에서 '섬사람'에 대해 편견을 갖는 경우가 적지 않았습니다. 그래서 영도에서 살다가 '배신'을 하고 육지로 이사 가는 사람은 '영도 할매 귀신'이 벌을 내리기 때문에 이사 갈 때 등 뒤로 신발을 던지고 가야 한다거나 영도가 보이지 않는, 즉 '영도 할매'의 눈길이 닿지 않는 곳으로 이사를 가야 한다는 미신이 생기기도 했습니다. 어쨌든 도심에 가깝고 바로 코앞에 부산항을 두고 있는 조건에 땅값마저 저렴하다는 이점으로 일제강점기 때 조선업, 선박 수리업 등 다양한 산업 시설이 영도로 들어왔습니다. 부산의 배후 공업지대가 형성된 것이지요. 영도에 살지는 않지만 이곳에 일자리를 두고 매일 배로 출퇴근하는 사람들은 자연스럽게 이 좁은 해로 위에 다리가 놓이면 좋겠다는 상상을 하게 됩니다.

하지만 더욱 간절하게 다리 건설을 바란 사람들은 따로 있었습니다. 바로 영도에 토지를 소유한 부산 거주 일본인 지주들이었습니다. 이들은 매우 싼 가격에 영도의 땅을 상당수 사들였는데, 육지를 잇는 다리가 놓인다면 땅값이 크게 뛸 것이라는 기대에 부풀어 다리 신설을 강하게 주장했습니다. 경제력을 갖춘 그들은 발언권도 큰 편이었고요.

그러나 다리 건설을 반대하는 사람도 적지 않았습니다. 특히 영도와 육지를 쪽배로 왕래하며 돈을 벌던 도선업자들은 다리가 놓이면 즉시 생계가 끊기게 되니 가장 강력하게 반발했습니다. 하지만 이들은 그 수가 많지 않았고 기본적으로 영세한 개인사업자였기 때문에 이들의 반대는 어떻게든 억누를 수 있었습니다. 진짜 문제는 부산

1934년 영도다리 준공 후 다리를 들어 올리는 모습(1934년).

항을 실제로 굴리고 있는 해운업자들이었습니다. 부산항은 영도를 끼고 회전교차로처럼 뱅글뱅글 돌아가는 뱃길이 가장 큰 장점이었습니다. 그런데 이 중간 지점에 다리를 놓으면 뱃길이 반으로 뚝 끊기게 됩니다. 사실상 반쪽짜리 항구가 되는 것이지요. 항구의 활용성이 크게 떨어지기 때문에 절대로 수용할 수 없는 변화였습니다.

찬성과 반대 의견이 서로 팽팽한 가운데 이 둘을 절충하는 정말 기발한 제안이 등장합니다. 다리를 놓기는 하되, 배가 지나다닐 때는 이걸 들어 올리는 '도개교'를 설치하면 되지 않느냐는 것이었습니다. 정말 묘수이지만, 당시 도개교 건설은 국내는 물론이고 아시아 전체를 통틀어 최초의 시도였습니다. 과연 이게 가능한 거냐, 안전성이나 내구성을 확보할 수 있나, 고장 나면 큰일 나는 것 아니냐 등, 가능성에 대한 논란도 컸고 무엇보다 도개교를 만드는 데 들어가는 막대한 비용을 어떻게 조달할 것인가 하는 근본적인 문제로 이 계획은 좌초되는가 싶었습니다.

그렇게 논란이 잦아드는가 싶던 1920년대 말, 대공황의 먹구름이 전 세계를 덮쳤고 일본과 우리나라에도 여지없이 몰아쳤습니다. 일자리가 없어서 생계가 막막해진 사람들이 뭐가 되었든 시골보다는 도시에서 일을 찾는 것이 낫겠다 싶어 부산으로 몰려들기 시작했고, 이 빈민을 어떻게 처리할 것인가가 조선총독부의 골치 아픈 과제로 부상했습니다. 당시 미국은 이른바 '뉴딜 정책'이라는 대규모 토목공사를 통한 경기 부양책을 돌파구로 택했는데, 조선총독부에서도 이를 참고해 '궁민 구제 사업'이라는 명목으로 건설 경기를 부양하기로 했습니다. 그 대상으로 선택된 것이 바로 '영도다리 건설'이었습니다. 진행되던 사업도 중단되는 경제 위기 상황에서 거꾸로 영도다리 건설은 불가능할 것 같던 일이 실현된 것이지요. 역사의 아이러니라 할 수 있습니다.

결국 1932년에 착공된 영도다리는 2년의 공사 끝에 1934년에 개통되었습니다. 우리나라 역사상 최초이자 동양 최초의 '들린 다리'를 구경하겠다는 사람들이 부산은 물론 주변 도시에서도 엄청나게 몰려들었습니다. 당시 부산 인구가 14만 명이던 시절에 영도다리 준공식에 몰린 인파가 자그마치 8만 명이었다고 합니다. 말 그대로 부산 시내에서 걸을 수 있는 사람은 다 모인 듯이 북새통을 이뤘지요. 다리 준공 기념 백일장에 참가한 사람의 숫자만 1만 명이었다고 하니 지금으로서는 상상도 되지 않는 엄청난 이벤트였던 모양입니다.

2년간의 다리 공사 기간이 길다면 길고 짧다면 짧은 시간이지만, 워낙 난공사였기 때문에 공사 중에 많은 노동자가 죽었다고 합니다. 그래서 다리를 만드는 이들은 그 원혼이 떠돌고 있다며 '귀신 나오는 다리'라는 별명으로 불렀다지만, 준공식에 모여 희대의 구경

1934년 영도다리 개통식에 모인 인파.

거리에 신이 난 사람들에게는 그런 회한이 끼어들 자리가 없었던 모양입니다. 들리는 다리도 처음이지만, 아직 대도시로 성장하기 전인 부산의 상황과 바다와 육지를 연결하는 최초의 연륙교라는 점을 고려해 '부산대교'라는 공식 명칭을 붙였습니다. 하지만 그렇게 부르는 사람은 거의 없었고 그냥 '영도다리'라고 불렀습니다. 1980년에 새로운 부산대교가 건설되면서 이 다리의 공식 명칭은 '영도대교'로 다시 바뀌었습니다. 하지만 예나 지금이나 부산 사람들에게는 그저 '영도다리'일 뿐입니다.

부산을 대표하는 상징물

요란스러운 개통식 이후 영도다리는 부산을 대표하는 명물이 되었습니다. 서울 사람은 '창경원'(현 창경궁)에 코끼리를 보러 가고, 경상도 사람은 영도다리를 보러 부산에 간다는 말이 생길 정도였으니까요. 크리스마스 선물로 영도다리 구경을 오는 가족도 있었고, 심지어 영도다리를 보고 싶어서 가출한 타지의 아이들도 있었다고 합니다. 영도에 처음 이사 온 한 새댁이 아이들을 집에 두고 자갈치 시장에 장을 보러 갔다가 다리가 들려 길이 끊기자 이제 다신 아이들을 못 보게 되었구나 싶어 하염없이 울고 있었는데, 지나가는 사람들이 "조금만 기다리면 다리가 내려올 테니 울지 마시오" 하고 달래준 일도 있었다고 합니다.

이렇게 영도다리가 부산을 대표하는 상징물이 되다 보니 한국전쟁이 터졌을 때 경황없이 피난길을 떠난 가족들이 혹시 헤어지게 되면 부산에서 만나기로 약속하는 1순위 장소가 되는 것은 당연한 일이었습니다.

> **피눈물을 흘리면서 일사 이후 나 홀로 왔다.**
> **일가친척 없는 몸이 지금은 무엇을 하나.**
> **이 내 몸은 국제시장 장사치기다.**
> **금순아 보고 싶구나 고향 꿈도 그리워진다.**
> **영도다리 난간 위에 초생달만 외로이 떴다.**

홀로 부산에 내려와 하염없이 여동생을 기다리는 국제시장 장사치. 〈굳세어라 금순아〉의 가사도 그렇게 나오게 된 것입니다. 국제시장은 영도다리 바로 근처에 있는 곳이니 아마 아침저녁으로 영도다리에 들러 혹시나 '금순'의 모습이 보이지 않나 한참을 두리번거리다 갔을지도 모르겠습니다. 영도다리 난간 위에 뜬 초승달의 모습을 몇 번이나 거듭해서 봤을까요? 이 오빠의 슬픈 사연처럼 언제 만나자고 약속을 한 것도 아니고 전쟁 통에 연락을 할 방법도 없었던 피난민들은 영도다리 주위를 맴돌며 기약도 없이 피붙이를 기다리는 수밖에 없었습니다. 다리 곳곳에 사람을 찾는 벽보를 붙이고, 혹시라도 볼까 싶어 귀하게 간직해왔던 사진도 붙이고, 그러고도 애가 탄 사람들은 사람을 찾는다는 팻말을 들고 영도다리 근처를 계속 맴돌았습니다. 답답한 마음에 지푸라기라도 잡고 싶은 사람들을 상대로 돗자리를 깔고 점을 봐주는 사람들이 잔뜩 생기면서 영도다리 아래로 '점바치 골목'이 들어섰을 정도였답니다. 점집이 많을 때는 120곳이 넘었다고 하니 피난민의 간절함이 얼마나 컸을지 미루어 짐작할 수 있습니다.

그렇게 고생한 끝에 피붙이를 만난 사람들은 그나마 다행이었습니다. 가족과 헤어져 혼자 부산에 온 사람들, 부모를 잃은 전쟁고아들은 영도다리 아래에 거적으로 비바람만 겨우 가리는 천막집에 기거하는 거지 떼로 전락했습니다. 그 거지 떼 중에 혼자 살아갈 능력이 안 되는 아이들의 수가 제일 많았다고 합니다. 그래서 여염집에서도 아이들이 나는 어떻게 태어났느냐고 물으면 '영도다리 아래에서 주워 왔다'는 답을 듣거나, 부모님의 말을 듣지 않아 야단을 맞을 때는 '너 자꾸 이러면 영도다리 밑에 버리고 온다'는 협박 아닌 협박을 받는 일이 생겼습니다. 시대의 아픔이 담겨 있는 웃지 못할 농담인 셈이지요.

영도다리에 얽혀 있는 그런 농담 가운데 가장 씁쓸한 것은 '영도다리에서 뛰어내리고 말지'였습니다. 당시 여러 이유로 삶의 희망을 잃은 사람들이 마지막으로 극단적인 선택을 하는 장소로 영도다리를 택하는 경우가 실제로 많았거든요. 영도다리가 전국적으로 유명한 장소이다 보니 아마도 자신의 마지막 순간에 어울리는 장소라고 생각한 사람이 많았던 모양입니다. 물론 난공사로 많은 노동자가 희생되기도 했지만, 다리가 개통된 지 열흘 만에 첫 자살 시도자가 생길 정도였으니까요. 그 후로도 얼마나 많은 자살 시도가 이어졌는지 아예 다리에 인명 구조 초소가 생기고 경찰관이 상주했다고 합니다. 이곳을 지킨 1기 경찰관 박을룡 씨는 타고난 수영 실력을 바탕으로 10년간 자그마치 248명의 목숨을 구한 것으로 기록되어 있습니다. 아마 경찰관 한 사람이 구한 인명수로는 단연 최고 수준이 아닐까 싶네요. 하지만 세월이 지나 우리나라도 어느 정도 살 만해지자 영도다리에서 자살을 시도하는 사람도 점점 줄어들었고, 이에 따라 1970년대 들어서 상주 경찰관 제도는 없어졌으며 인명 구조 초소도 철거되었습니다.

부산의 오늘을 지키는 다리

생의 마지막 선택을 하려는 사람들이 영도다리로 몰린 것이 다리의 유명세 때문이었다면, 반대로 여기에서 자살하려는 사람이 줄어들었다는 것은 영도다리의 이름이 쇠퇴했기 때문일 수도 있습니다. 영도다리가 유명해진 이유가 '들린 다리', 즉 도개교라는 것 때문이었음을 기억하시나요? 개통 당시, 영도다리를 하루 일곱 번이나 들어 올렸다고 합니다. 하지만 다리를 들 때마다 교통이 중단되어 불편이 커졌기 때문에 엉뚱하게도 다리를 들지 말라는 민원이 꾸준히 제기되었습니다.

사실 더 큰 문제는 내구성에 있었습니다. 저 거대하고 무거운 구조물을 들어 올렸다 내리는 것이 매일 수차례 반복되다 보면 기계장치에 이상이 생길 수밖에 없었지요. 그 유지 보수비도 만만치 않았고, 혹시라도 들린 다리가 내려오지 않거나 아래로 떨어지기라도 하면 대형 사고가 날 것이므로 담당자들이 늘 마음을 졸여야 했습니다. 그래서 이런저런 이유가 겹치면서 1960년대에 들어서면서 도개 횟수가 하루 두 번으로 줄었고, 1966년부터는 아예 다리를 들지 않고 일반적인 다리처럼 사용했습니다.

시간이 꽤 지나 2000년대에 들어서면서 영도다리의 문화적 가치가 재조명되기 시작했습니다. 부산의 정체성, 부산의 뿌리를 찾는 과정에서 영도다리의 상징성이 부각되는 것은 당연한 일이었습니다. 그래서 오랫동안 잠들어 있던 영도다리의 전면적인 개보수가 이루어졌고, 2013년 재개통을 한 후로 하루 두 번씩 다리를 들어 올리고 있습니다. 교통량을 비교하면 1960년대보다 지금이 월등히 많기 때문에 다리를 들어 올릴 때 사람들이 겪어야 하는 불편도 지금이 더 큽니다. 하지만 영도다리의 상징성과 관광자원이자 문화적 기념물로서의 가치에 공감하는 사람이 많이 늘어서인지 도개 중단을 요구하는 목소리는 거의 들리지 않습니다. 오히려 도개 시간이 되면 이 장관을 구경하기 위해 몰려드는 국내외 관광 인파가 반가울 따름입니다. 혹시 구경하러 오실 분은 복잡한 기계장치의 안전성 문제로 너무 덥거나 추울 때는 도개를 중단하는 경우가 있으니 시청 홈페이지에서 도개 여부를 꼭 확인해보세요.

어느 날 버스를 타고 우연히 영도다리를 지나면서 이 풍경에 담긴 이야기를 되새겨봤습니다. 다리 아래의 고아도, 그리운 사람을 언제쯤 볼 수 있을지 알려주던 점바치도 떠난 영도다리. 하늘로 날아오르는 멋진 갈매기가 아스팔트에 그려져 있는 다리가 들려 올라가는 풍경은 거대한 건축물과 화려한 구경거리를 많이 접하는 요즘 사람들에게 '애걔, 겨우 이게 전부야?' 하는 실망을 불러일으킬지도 모르겠습니다. 하지만 그렇게 실망하는 분들께 이 이야기를 꼭 들려드리고 싶습니다. 영도다리 아래에 가라앉은 사연들은 심연보다 더 깊고, 이 다리를 부여안고 살아온 사람들의 모습은 산보다 더 거대하다는 것을요.

가우디의 꿈, 사그라다 파밀리아

4

바르셀로나에서의 일주일

언젠가 국제학회 참석차 스페인 바르셀로나에 갔었습니다. 학회에 간 김에 며칠간의 휴가를 덧붙여서 일주일 정도 말미를 얻게 되었는데, 마드리드와 포르투갈도 가보겠다는 다른 동료들과 달리 저는 일주일을 꼬박 바르셀로나에서 머물기로 했습니다. 여기저기 돌아다니는 것을 그리 좋아하는 편도 아니지만, 그즈음 '일주일 단위의 여행'에 묘한 매력을 느끼고 있었거든요.

코로나 기간 동안 '제주도 한 달 살기'가 유행한 적이 있습니다. 하지만 해외여행이라면 그렇게 긴 시간을 내는 것은 은퇴한 후가 아니라면 쉽게 엄두를 낼 수는 없는 일이지요. 대신 일주일 정도라면, 물론 그것도 쉬운 일은 아니지만, 연휴나 방학 기간을 잘 이용하면 어떻게든 시간을 낼 수도 있습니다. 그런데 생각해보면 '일주일'은 현대인에게 하나의 사이클이 되는 시간 단위입니다. 즉, 바르셀로나에서의 일주일은 현지인의 일상 '한 바퀴'를 경험해볼 수 있는 최소한의 단위라고 할 수 있습니다. 독일과 캐나다 여행에서 그런 '일주일 살기'를 시도하면서 꽤 재밌는 경험을 했기 때문에 바르셀로나에서도 그렇게 해보기로 한 것입니다.

새로운 도시에 막 도착해 숙소에 짐을 푸는 첫날, 그리고 처음 시내를 돌아보는 둘째 날까지는 주변의 모든 것이 새롭고 신기하고,

그래서 꽤 긴장을 하게 됩니다. 그런 흥분이 가라앉고 풍경과 지리가 나름 익숙해지면서 어설프지만 숙소 주변이 '우리 동네'로 인식되기 시작하는 사흘째부터 여유를 갖고 진정한 도시의 모습을 관찰할 수 있게 되더군요. 그리고 다시 사나흘을 지내며 삶의 루틴에 적응해가다가 떠날 때가 되어서야 이곳에 대한 분명한 '인상'을 가지게 되었다는 느낌을 받습니다. 달리 말하자면, 내 인생에서 정말 일부의 시간을 보낸 이 장소와 사람과 풍경에 대해 '그리움'을 가지게 되는 것입니다. 수천 킬로미터 떨어진, 어쩌면 다시는 갈 일이 없을 곳에 대해 '그리움'을 갖게 된다는 것은 아주 특별하고 소중한 경험입니다.

바르셀로나에서 보낸 시간도 그랬습니다. 특히 바르셀로나를 대표하는 건축물인 '사그라다 파밀리아'(성가족성당)에 대해서는 아주 특별한 감정을 갖게 되었습니다. 사실 처음 여행을 올 때부터 의도한 것은 아니었지만 제가 머문 숙소가 이 성당과 그리 멀지 않은, 4킬로미터 정도의 거리에 위치한 곳이었습니다. 매일 아침 규칙적으로 러닝을 해온 저는 일주일 내내 새벽같이 일어나서 바르셀로나의 아침 공기를 마시면서 뛰어가 관광객이 한 명도 없는, 노점상도 자리 잡지 않은 사그라다 파밀리아를 한참 동안 바라보다가 근처 카페에서 커피 한 잔을 마시고 숙소로 돌아오는 것으로 하루를 시작했습니다. 아무도 없는 새벽에 멀리서 떠오르는 태양의 빛을 받으며 서서히 굴곡이 살아나는 '탄생의 파사드'. 그 장면을 한참이나 물끄러미 바라보다 보면 문득 이 성당에 평생을 바친 건축가 안토니오 가우디Antonio Gaudí y Cornet의 사연이 새벽안개처럼 피어오르면서 눈앞이 뿌옇게 되는 것을 느끼곤 했습니다.

'말벌집'의 탄생

100년 단위로 바뀌는 한 세기의 끄트머리, 이른바 '세기말'은 사람들에게 묘한 감상을 불러일으킵니다. 특히 1999년에는 2000년이 되는 순간 이에 대응하지 못하는 컴퓨터 프로그램이 대규모 에러를 일으킬 거라는 'Y2K' 공포가 전 세계를 휩쓸었습니다. 이러한 우려는 그저 해프닝으로 끝났지만, 이보다 100년 앞선 1800년대 후반의 유럽은 '세기말'이라는 단어가 주는 어둡고 불길한 느낌에 딱 들어맞는 시기였습니다. 18세기 후반 영국에서 시작된 산업혁명이 이즈음 절정에 달하면서 사람들의 삶은 점차 규격화, 기계화 되었습니다. 특히 빈부 격차가 급격히 커지면서 하층민의 삶은 날로 팍팍해졌고 끝없이 이어지는 노동 착취로 나날이 고통받았습니다. 게다가 독일과 이탈리아 등 신흥 민족국가의 등장과 확장으로 국가 간 전쟁이 더 잦아졌고, 조만간 전 세계가 전화에 휩싸일지도 모른다는 불안감

아침햇살을 받으며 윤곽이 살아나고 있는 사그라다 파밀리아의 모습.

이 날로 증폭되었습니다. 그런데 그때, 안 그래도 지역 간 갈등으로 정치적 불안을 겪고 있던 스페인 바르셀로나에서 한 출판업자가 엉뚱한 주장을 내놓았습니다. "시내 한가운데에 커다란 교회를 지어 신앙의 힘으로 가족의 가치를 복원하자!"

스페인 내부의 정치, 경제, 산업의 불균형과 대외적인 전운戰雲이 한데 뒤엉키는 이 복잡하고 난망한 상황을 단순히 신앙의 힘으로 이겨내자니. 게다가 성당 하나를 지으면 모든 문제가 해결되고 해체일로에 있는 가족이 복원되어 전통적 가치가 부활할 것이라니. 이 무슨 근거 없고 단순한 생각인가 싶지만, 성직자들은 교구 차원에서 기부금을 끌어모을 절호의 찬스라고 생각했습니다. 그들은 즉시 이 주장에 동조하여 성금 모금 운동을 시작했고, 불안한 상황에 마음 둘 곳을 찾던 사람들의 기부가 이어졌습니다. 그래서 성당을 짓기도 전에 미리 결정된 이름이 바로 '성가족성당', 스페인어로 '사그라다 파밀리아'였습니다.

성당 건축이라는 게 돈이 한두 푼 드는 일이 아닙니다. 그래서 건축에 필요한 성금을 모두 모은 후에 시작하면 너무 많은 시간이 소요될 수 있었지요. 이를 해결하고자 모금 운동의 시작과 동시에 성당 설계 및 건축 작업도 착수했습니다. 하지만 의욕적으로 설계에 나섰던 건축가는 '오로지 예산을 절약해야 한다', '어찌 되었든 좀 빨리 지어라' 하는 성직자들의 닦달에 질려서 1년 만에 성당 건축에서 손을 떼버립니다. 그러고는 자신의 제자에게 넘겨버리는데, 그 제자가 바로 바르셀로나를 대표하는 천재 건축가인 안토니오 가우디였습니다.

완벽주의적 성향을 지닌 가우디는 자신의 스승과 달리 성직자들이 아무리 재촉해도 흔들림이 없었습니다. 자기 스스로 납득할 수 있을 때까지 시간과 비용을 아낌없이 투입했습니다. 하지만 당시 상황은 그렇게 한가하게 가우디가 원하는 예술을 할 수 있을 만큼 여유롭지 못했습니다. 이미 유럽 내 곳곳에서 전쟁이 터지고 있었고 스페인도 내전에 돌입하면서 전쟁의 소용돌이에 휘말리고 있었습니다. 그래서 성당 건축에 돈을 기부하는 사람도 급격히 줄어들었는데, 정작 가우디는 도무지 서두를 줄을 몰랐습니다. 세월아 내월아 하고 있는 가우디에 지친 교구에서도 성당 건축에 손을 들어버리고는 당신 하고 싶은 대로 하라는 식으로 내맡겨버렸습니다. 대신 추가로 필요한 건축비는 주로 가우디가 직접 기부를 받아오거나 그의 수입을 쏟아붓는 식으로 충당했습니다. 그러다 보니 돈이 생기면 벽돌을 사다가 쌓고, 돈이 떨어지면 중단하는 일이 반복되면서 진척 속도는 더욱 지지부진해졌습니다.

사그라다 파밀리아를 처음 볼 때면 독특한 곡선 모양을 띠고 있는 점이 제일 먼저 눈에 들어옵니다. 다른 고딕풍의 높은 성당 건물

실로 만든 모델을 공중에 매달아서 형태를 구성한 가우디 작업실 모형의 재연품.

이 하늘을 바늘로 찌르는 듯이 날카로운 직선으로 쭉쭉 뻗어 있는 것과는 대조되는 모습입니다. 성당이 만들어질 당시(그리고 지금도) 바르셀로나는 마드리드를 중심으로 한 스페인의 주류 세력과 다르게 역사적으로 카탈루냐 공국으로 독립되어 있던 지역이었습니다. 언어도 주류 스페인어와 약간 다른 '카탈루냐어'를 쓰고 있었고, '카탈루냐 민족주의'라는 분리 독립 움직임도 활발했습니다. 카탈루냐 민족주의를 주장하는 사람들은 바르셀로나 외곽에 있는 몬세라트산을 민족의 상징, 우리나라로 치면 백두산과 같은 영산으로 여깁니다. 실제로 가보면 상당히 둥글둥글한 독특한 모양의 바위산이라는 것을 알 수 있지요. 그래서 가우디가 당시 흥성하는 카탈루냐 민족주의의 영향을 받아 몬세라트산의 윤곽을 본떠 디자인했다는 설이 있습니다. 하지만 저는 가우디가 건물의 역학적 구조를 고려하다 보니 이렇게 되었을 거라고 생각합니다. 하늘에 최대한 가깝게 가려는 인간의 의지를 담은 고딕 건축물은 날카로운 피뢰침 같은 도양을 띠게 되는데, 이렇게 되면 건물이 옆으로 넘어지지 않게 좌우에서 지지해주는 갈비뼈 같은 '플라잉 버트레스'가 건물 옆으로 죽 늘어서는 모양새가 됩니다. 그러다 보니 건물이 하나의 덩어리처럼 보이지 않고 마치 발사대에 서 있는 로켓과 그 로켓을 붙잡아주는 발사대처럼 공간이 따로 노는 느낌을 받게 됩니다. 가우디는 이 플라잉 버트레스가 없이 건축물을 지탱하는 새로운 역학 구조를 만들어내기 위해 성당의 모습을 실로 만든 후 이걸 거꾸로 뒤집어서 실의 전체 윤곽이 어떻게 바뀌는지를 관찰했다고 합니다. 그렇게 뒤집힌 실은 당연히 둥그렇게 아래로 처지지 않았겠어요. 그러다 보니 사그라다 파밀리아의 모습도 물방울이 맺힌 것처럼, 혹은 땅에서 솟은 물방울이 하늘을 향해 추락하는 것처럼 형상화된 것입니다. 이후 성당 공사가 진행되면서 그 독특한 형상이 드러나게 되자 바르셀로나 시민들은 '말벌집'이라는 별명을 붙였습니다.

기회가 있을 때 파괴했어야 할 성당?

'말벌집'이라는 별명은 좋은 뜻일까요? 말벌은 세계 어디에서나 인간에게 위협이 되는 무섭고 귀찮은 존재 아닌가요? 안토니오 가우디의 건축물들은 그 자체로는 놀라운 아름다움을 보여주지만 사실 현지에 가서 보면 이런 독불장군이 없습니다. 건축물 주변의 풍경은 물론, 건축물이 완공되고 실제로 사용되는 당시 시대상과도 전혀 안 어울리기 때문입니다. 오히려 가우디의 건축물이 그것을 둘러싼 경관을 압도하고 파괴하는 것처럼 보일 지경입니다. 가우디의 대표작 중 하나인 '카사 바트요Casa Batlló'는 바르셀로나 중심가인 그라시아 거리 한가운데에 자리 잡고 있습니다. 흥미로운 점은 중세풍의 우아한

가우디의 또 다른 걸작 '카사 바트요'.

건물이 즐비했던 완공 당시에도, 현대적인 건축물이 늘어난 지금까지도 카사 바트요는 형형색색의 컬러풀한 타일과 뼈 모양을 형상화한 기둥, 용이 물결치며 지나가는 형상을 한 지붕 등 독특하고 강렬한 모습으로 '나 혼자 잘났거든요!'를 외치며 주위 건물과 불화를 일으키고 있다는 것입니다.

하지만 카사 바트요는 적어도 건물의 규모나 기본적인 사각형의 형태만큼은 주변 건물과 어깨를 나란히 하고 있어서 최소한의 조화를 이루고는 있습니다. 하지만 사그라다 파밀리아는 그 불화의 정도가 좀 더 심합니다. 워낙 크고 높은 건물이 도심 한가운데에 우뚝 솟아 있는 형태인 데다가 기본적인 색깔도 불그죽죽하고, 그 형상도 기괴해서 한번 쳐다보면 좀처럼 다른 곳으로 시선을 돌리기 어렵습니다. 그래서 건축 당시부터 그 이상한 색깔과 형상 때문에 '생강빵'이라거나 여기저기 구멍이 숭숭 뚫린 모습 때문에 '말벌집'이라는 별명을 얻었지요. 멀리서 보면 신앙의 전당인 성당 건물임에도 '성가족'이 아니라 〈반지의 제왕〉이라는 영화에 나오는 악마 '사우론'이 살 것 같은, 음침하게 용암이 흘러내리는 유기체 동굴처럼 보입니다. 가까이에서 보면 어느 TV 프로그램에 등장했던 마당 가득 돌탑을 평생 쌓아온 어느 출연자의 기행이 더 큰 스케일로 재현된 것이 아닌가 하는 생각이 들 정도입니다.

물론 바르셀로나의 랜드마크가 되는 건물로서 존재감이 큰 것은 꼭 나쁜 일은 아닐 것입니다. 독일 쾰른의 '쾰른 대성당'이나 파리의 '에펠탑'도 도시 어디에서나 존재를 확인할 수 있기 때문에 랜드마크가 된 것이니까요. 진짜 문제는 사그라다 파밀리아의 본래 목적인 '성당'으로서 반드시 갖추어야 할 '종교적 경건함'을 느끼기 쉽지 않다는 데 있습니다. 독특한 외형 때문에 내부 구조도 특이해져서 안으로 들어가 보면 일반적인 성당의 정갈하고 꽉 찬 느낌보다는 텅 비어 있다는 인상을 받습니다. 또한 단순한 공간에 이런저런 장식으로만 채워져 있어 잠깐 보면 신기해 보이기도 합니다. 그러나 오래 보면 정신이 산만해지고 관광객만 가득한 지루한 공간임을 깨닫게 됩니다. 종교 건물에 있을 법한 은밀한 공간도 없고 아늑함과 경건함도 찾기 힘듭니다. 이 건물을 하나의 조각품이나 예술품으로만 본다면 괜찮을지 모르겠지만, 종교 건물로 본다면 본래의 용도에 부합할까 하는 의문을 품게 됩니다. 영국의 작가인 조지 오웰George Orwell이 스페인내란에 국제여단으로 참전했다가 이 건물을 보고는 "이런 건물은 기회가 있을 때 파괴했어야 했다"고 악담을 퍼붓기도 했습니다. 그의 말이 너무 심하다고 생각했는데 직접 사그라다 파밀리아를 찬찬히 살펴보니 그가 왜 그런 지독한 독설을 퍼부었는지 조금은 이해가 되었습니다.

혼돈의 연속인 건축 과정

조지 오웰이 말한 '파괴할 기회'란 1936년 스페인내란 당시 무정부주의자들이 사그라다 파밀리아에 난입한 사건을 말합니다. 당시 스페인에서는 민주적 과정을 통해 선출된 사회주의 정부를 전복시키기 위해 프란시스코 프랑코Francisco Franco 장군이 군부 쿠데타를 일으켜 독재를 하고 있었습니다. 프랑코는 히틀러에 버금갈 만큼 수많은 사람을 학살하는 등 악행을 일삼았지만, 오히려 사회주의를 저지하는 보루라는 이유로 서방의 비호를 받았습니다. 또한 교회를 비롯한 보수 세력은 '20세기의 신십자군'이라는 찬사를 보내며 그를 지지했습니다. 결국 프랑코의 군대와 이에 대항하는 공화국군 사이의 내전이 벌어졌고 이 과정에서 자연히 교회와 성당은 진보적 성향의 민주주의, 사회주의, 무정부주의 세력의 공동의 적으로 상정되었습니다. 하지만 서방의 지원까지 받은 프랑코 군대의 막강한 화력에 공화국군은 밀려날 수밖에 없었습니다. 그리고 공화국군의 패배가 눈앞에 다가오던 1936년, 과격한 무정부주의자들이 사그라다 파밀리아에 난입해 성당 건축 관련 자료를 모두 불태우고 가우디가 미리 만들어두었던 석고 건축 모형도 파괴해버리는 끔찍한 사건을 벌입니다.

당시 사그라다 파밀리아는 전체 공정의 30퍼센트도 진행되지

1930년 공중에서 찍은 사그라다 파밀리아. 가우디 사후 4년이나 지난 시점이지만 여전히 '탄생의 파사드' 외에는 진척이 전혀 없음을 확인할 수 있다.

못한 채 '탄생의 파사드'라고 불리는 건물의 한쪽 면만 겨우 세운 상태였습니다. 우리가 사그라다 파밀리아 사진을 볼 때 가장 자주 접하게 되는 바로 그 '말벌집' 모양이 건물의 일부인 '탄생의 파사드'입니다. 불행인지 다행인지는 모르겠으나, 완성에 매달렸던 가우디는 1926년 불의의 사고로 먼저 세상을 떴으므로 이러한 험한 꼴을 직접 목도하지는 않았습니다. 하지만 그가 죽은 지 이미 10년이 지난 터라 그의 설계 의도를 파악할 수 있는 유일한 방법은 그의 설계도와 석고 모형뿐이었습니다. 하지만 이 사건으로 설계 자료 원본이 모두 소실되어버렸으므로 이후의 건축은 파괴된 석고 모형 조각을 주워 모아 복원한 누더기 모형을 기반으로 진행할 수밖에 없었습니다. 지금도 사그라다 파밀리아의 지하 전시실에 복원 모형이 전시되어 있는데, 당시 주워 모은 모형 조각이 몇 개 되지 않음을 확인할 수 있습니다. 사실상 스페인내란 이후로는 가우디의 원래 의도와 상관없이 후대 건축가들의 생각과 상상으로 진행될 수밖에 없는 상황입니다.

게다가 대공황 시절에는 돈이 없어서 멈추고, 프랑코 독재 기간 중에는 통제가 심해지면 멈추고, 경제가 안 좋아지면 다시 멈추고를 반복하다 보니 건축이 일관성도 없고 마감 수준이나 질감 차이도 심해져서 전체적으로 건물이 엉성해졌습니다. 제가 어렸을 때 수업 시간에 선생님께서 스페인의 성가족성당은 벽돌을 하나하나 올려가며 정성을 들여 짓다 보니 건물 하나를 100년 넘게 짓고 있다고 하셔서 감탄했었는데, 속사정은 전혀 달랐던 것입니다.

그리고 아이러니하게도 이런 상황에 결정타를 날린 것은 진척 속도를 대폭 끌어올리기로 한 결정이었습니다. 성당 건축이 너무 지지부진하니 진척 속도를 높이면 좋은 게 아닌가 생각되지만, 그러한 결정이 성당 자체를 위한 게 아니라 '돈'에 있었다는 게 문제였습니다. 2008년 '리먼 브러더스 사태'로 벌어진 미국발 금융 위기가 전 세계로 퍼지면서 경제 상황이 어려워진 스페인 정부가 돌연 가우디 사후 100주년인 2026년까지 사그라다 파밀리아를 완공하겠다고 발표했습니다. 하지만 이러한 결정은 건축물의 완성도보다는 경제적 효과를 노린 속도전이었습니다.

이 갑작스러운 마감 일정에 맞추기 위해 현재 사그라다 파밀리아의 나머지 부분들, 특히 건물 아래쪽에서 봤을 때 눈에 잘 안 들어오는 상층부는 벽돌도 대리석도 아닌 철근 콘크리트를 마구 발라서 쌓아올리고 있습니다. 탑 위로 올라가서 그 광경을 보고 있자니 정말 기가 찼습니다. 이럴 거면 차라리 조지 오웰의 말대로 되는 게 좋을 뻔했다는 냉소적인 생각이 들 정도였습니다. 다만 저는 조지 오웰의 독설과 달리 그가 그토록 싫어했던 '탄생의 파사드'만은 반드시 오래오래 남겨야 한다고 생각합니다.

가우디의 고독

새벽의 미명 속에서 며칠이고 거듭해 '탄생의 파사드'를 지켜보자니, 문득 가우디가 참 외로웠겠구나 하는 생각이 들었습니다. 예전에 어느 다큐멘터리에서 그의 건축물을 '자연의 곡선을 통해 기능적 효율성을 달성한 건물'이라고 소개하는 말을 듣고 어이가 없어서 웃어버렸던 적이 있습니다. 건축 공간의 문제에서 곡선이 효율적

| 다양한 디테일로 가득 차 있는 사그라다 파밀리아의 '탄생의 파사드'.

인 경우는 곡식을 저장하는 사일로처럼 강도를 견디는 것 자체가 목적인 구조물 외에는 거의 없습니다. 유명 만화영화인 〈개구쟁이 스머프〉의 동그란 버섯 모양 집을 실제로 구현해놓은 일본의 '아소팜랜드' 오두막 숙소에 묵어보면 절실하게 느낄 수 있습니다. 벽 전체가 동그라므로 어떤 가구도 제대로 들여놓을 수 없고 심지어 편하게 기댈 수조차 없습니다. 게다가 방 한가운데 말고는 제대로 발 뻗고 누울 공간조차 나오지 않는 상황에 절망하게 됩니다. 곡선은 사치스럽고 비효율적입니다. 가우디가 만든 여러 건축물의 특징적 요소들 가운데 가장 값비싼 것은 아르누보 양식의 철물 장식도, 화려한 빛을 발산하는 스테인드글라스도, 카탈루냐 고유의 깨진 도자기

조각으로 알록달록 꾸민 모자이크 벽도 아닙니다. 바로 전체적으로 유기체처럼 곡선형을 띠고 있는 건물의 구조 그 자체입니다. 효율성이 부족하고 군더더기가 잔뜩 붙어 있는 구조, 영어로는 '리던던시 redundancy'(불필요한 중복이나 반복을 일컬음)라고 부를 수 있는 특성입니다.

반대로 가장 효율적인 공간은 직선, 사각형일 것입니다. '우리가 살아가는 공간을 채운 것은 온통 네모뿐'이라고 한 어느 가수의 노랫말처럼, 우리의 생활공간이 직선과 사각형으로 이루어진 것은 어쩌면 '비효율'의 아름다움을 용인하지 못하기 때문은 아닐까요. 오늘날 우리에게 건물도, 길도, 차도, 아름다움도, 성공한 삶도 모두가 전력질주로 최단 시간에 도달해야 하는 게 당연시되고 있습니다. 그러기 위해서 유일한 직선주로를 달리듯 앞만 보고 달려갑니다. 그 직선의 트랙에서 벗어나 있는 모든 것은 딴짓, 헛수고, 무모하거나 바보 같은 일로 취급되곤 하지요. 하지만 생각해봅시다. 삶에서 모든 군더더기를 제외하고 나면 무엇이 남게 될까요? 탄생 직후부터 째깍거리며 마지막을 향해 달음질치는 '죽음'만 남게 되지 않을까요? 말하자면 삶과 예술은 그런 '리던던시'를 통해 '그저 사는 것' 이상의 무언가를 추구하는 인간의 몸부림이 아닐까 싶습니다. 어쩌면 대한민국에 사는 우리는 우리의 삶을 본질적으로 다르게 만들어줄 리던던트한 것들을 애써 삶의 공간에서 배제하며 자기 자신을 재빨리 죽음으로 내몰며 살아온 것일지도 모르겠습니다. 아이들에게서 의외로 자주 발견하는 번뜩이는 예술적 천재성은 누군가만이 가지고 있는 예외적인 자질이 아니라 누구나 가지고 있었을, 아직 거세되지 않은 민감함의 흔적일 수도 있습니다.

가우디가 살았던 시대는 이성, 계몽, 합리성와 효율성 추구를 모토로 하는 모더니즘의 절정기였습니다. 예술가로서의 민감함을 지니고 그것을 건축으로 구현하기 위해 몸부림치던 그는 파도의 일렁임을 건물 전체에 담은 '카사 밀라Casa Milá'나 카탈루냐의 신화 속에 담긴 아름다움을 그대로 옮긴 '카사 바트요', '구엘 공원' 같은 걸작을 만들었지만 언제나 시대와 불화하며 부와 명성의 근처에는 가보지 못했습니다. 구엘 백작이라는 엄청난 부자의 후원이 아니었다면 그의 작품이 실제로 구현되어 지금까지 전해지는 것조차 불가능했을 겁니다. 그러니 구엘 백작의 재력으로도 감당이 안 된 사그라다 파밀리아의 건축에서 가우디가 넘을 수 없는 재정난의 벽에 부딪힌 것은 어쩌면 당연한 귀결이었을 것입니다.

그는 자신의 전 재산을 사그라다 파밀리아의 건축에 쏟아붓고는 아예 건축 현장 지하에서 숙식을 해결합니다. 그렇게 하루는 후원자를 찾아다니고, 다음 날은 공사를 감독하는 일을 쳇바퀴 돌 듯 반복했습니다. 하지만 당시에 누가 봐도 이 건물은 가우디 생전에 완공되는 게 불가능했습니다. 처음 작업을 시작한 교구도, 동료 건축가도 그의 바보 같은 집착을 비웃었습니다. 가장 가슴 아픈 현실은 후대에 이 건물 하나로 두고두고 엄청난 관광 수입을 올리게 될 바르셀로나의 시민들마저 이 건물을 '흉물'이라고 칭하며 노골적으로 비난했다는 것입니다. 가우디는 안으로 밖으로 완전히 고립된 상태에 놓인 것입니다.

건축가 안토니오 가우디의 생전 모습.

생의 마지막 날까지 건축 기부금을 모으러 뛰어다니던 그가 노면전차에 치어 안면이 함몰되며 피를 흘리며 쓰러졌을 때, 지나가는 바르셀로나 시민들이 그의 초라한 행색만 보고 노숙자인가 싶어 도움을 주기는커녕 길바닥에 쓰러진 그를 외면하고 총총히 사라지던 그때, 그를 들이받은 전차 운전사조차 내려서 상처를 살펴보지 않고 그대로 내뺐을 때, 뒤늦게 도착한 경찰이 지나가는 택시를 세워 병원 이송을 부탁했으나 네 대가 연달아 모두 이송을 거부했을 때, 그렇게 거리의 차가운 보도블록 위에 누운 채로 일곱 시간이나 방치되었을 때, 간신히 노숙자 구호소로 옮겨져 허름한 침대 위에 눕혀졌을 때, 실종된 가우디를 찾던 제자와 친구와 사그라다 파밀리아의 직공들이 우르르 찾아와 이제라도 좋은 병원으로 옮기자며 성화를 부릴 때, 가우디가 손을 들어 만류하며 "됐네, 여기가 내가 죽을 자리일세"라고 말했을 때, 그는 어떤 마음이었을까요? 사그라다 파밀리아를 완성하지 못한 아쉬움이 컸을까요, 아니면 이제라도 사그라다 파밀리아로부터 해방되었으니 다행이라고 생각했을까요?

가우디의 작품과 생애를 돌아보면서 스스로 반성하게 됩니다. 자신의 전 재산과 모든 시간과 생명까지 바쳤지만 3분의 1도 마치지 못하고, 아니 끝내지 못할 것을 뻔히 알면서도 끝까지 매달렸던 가우디와 지구상에서 가장 리던던트한 그의 '사그라다 파밀리아'를 떠올리며 생각해봅니다. 나는 얼마나 치열하게 리던던트한 삶을 살았는가. 나는 '그저 사는 삶'에서 벗어나기 위해 지금 무엇을 하고 있는가.

디테일의 힘

5

부산대학교의 상징?

가끔 지인들이 제가 있는 부산대학교에 놀러 오겠다고 하는 경우가 생깁니다. 반가운 사람들이 절 보러 멀리 부산까지 온다고 하니 반가운 일이기는 하지만 마음속으로 조금 고민이 생기기도 합니다. 대학이라는 곳이 크고 넓기는 하지만 따지고 보면 일반인이 굳이 찾아와서 구경할 만한 무언가가 있는 곳은 아니니까요. 서울대학교의 경우에는 '국립 서울대학교'에서 자음인 'ㄱ, ㅅ, ㄷ'을 따서 만들었다는 정문이 대표적인 상징물일 테고, 고려대학교나 이화여자대학교라면 고풍스러운 건물을, 홍익대학교라면 학교 앞의 번화한 젊은이의 거리를 돌아보라고 하겠지만요.

연배가 되시는 분은 기억하시겠지만, 예전에 부산대학교를 상징하던 대표적인 랜드마크는 '시계탑'이었습니다. 동서남북 네 면에 모두 시계가 있는 그리 크지 않은 탑으로, 정문을 들어서면 바로 보이는 자리에 서 있었습니다. 그런데 네 개의 시계가 모두 조금씩 시간이 달라서 네 시계의 시간이 모두 맞으면 세상의 종말이 온다는 시답잖은 농담이 돌기도 했습니다. 하지만 안타깝게도 십수 년 전에 정문 환경 개선 사업을 하면서 이 시계탑은 철거되었습니다.

시계탑이 사라진 이후, 부산대학교를 찾으시는 분께 추천할 만한 '볼거리'로 첫손에 꼽을 수 있는 것이 '무지개문'과 '인문관' 건물입니다. '무지개문'은 1957년 부산대학교 개교 10주년을 기념하여 만들어진 것으로 도로 위를 가로지르는 거대한 무지개 모양의 아치입니다. 높이 12미터, 폭 15미터로 꽤 큰 구조물인데 모양도 유려하고 우리나라 건축사에서 모더니즘 건축을 대표하는 초기 건축물로 의의도 커서 2014년에 '국가등록문화유산'으로 등록되었습니다. 하지만 의외로 무지개문은 부산대학교에 들어섰을 때 어디에 있는지 한눈에 보이지 않습니다. 왜냐하면 이 문은 원래 정문에 해당하는 도로 위에 건설되었는데, 이 진입로가 너무 좁아서 나중에 다른 쪽으로 정문을 내면서 학교의 주 진입로가 바뀌었거든요. 그래서 정문에

부산대학교 인문관 전경. 뒤로 보이는 금정산과 조화를 이룬 낮고 둥근 모양이 인상적이다.

서 조금 걸어 들어와서 '구舊 정문' 표지판을 따라가야 찾을 수 있습니다.

반면 인문관 건물은 정문을 들어서자마자 정면으로 제일 먼저 들어오는 건물이기 때문에 쉽게 찾을 수 있습니다. 이 건물은 무지개문과 함께 우리나라 근대 건축 1세대를 대표하는 유명한 건축가인 김중업 선생이 설계한 건물입니다. 1956년에 설계를 시작해 1957년 착공, 1959년 준공되었으니 무지개문과 거의 같은 시기에 지어진 건물이지요. 이 건물 역시 2012년 '부산광역시 근대건조물'에, 2014년 '국가등록문화재'에 연달아 지정되어 그 역사적 가치를 널리 인정받고 있습니다.

저도 부산대학교 내의 모든 풍경을 통틀어 이 인문관 건물을 가장 좋아합니다. 뒤로 보이는 금정산의 라인과 조화를 이룬 낮고 둥근 모양, 구석구석 숨어 있는 섬세한 설계가 참 인상적이고 따뜻하게 느껴지는 건물입니다. 한번은 학교 밖에서 점심을 먹고 산책 삼아 천천히 걸어 들어오면서 일부러 인문관 앞쪽으로 길을 잡은 적이 있습니다. 가을 햇살을 받아 반짝반짝 빛나는 하얀 건물이 유난히 정답게 느껴지더군요. 그렇게 느릿느릿 인문관 앞쪽을 어슬렁거리며 수백 번도 더 보았을 건물의 전면부, 건축 용어로 '파사드'라고 부르는 부분을 이리저리 뜯어봤는데, 갑자기 묘한 느낌이 들었습니다. '어라, 이거 뭔가 좀 이상한데?' 그 '묘한 느낌'을 설명하려면 짧지 않은 배경 설명이 필요할 것 같습니다. 자, 지금부터 하나씩 하나씩 풀어보겠습니다.

한국을 대표하는 근대 건축가 김중업

우선 이 건물을 설계한 김중업 건축가의 이야기부터 해야겠네요. 1922년에 태어난 김중업은 광복 후인 1947년에 이미 서울대학교 건축공학과의 조교수가 되어 있었습니다. 겨우 스물다섯의 젊은 나이에 사회적으로 누구에게나 인정받는 안정된 위치에 올라선 것이지요. 1952년 이탈리아 베네치아에서 열린 '세계예술가회의'에 한국 건축가를 대표해서 참석한 그는 당대의 세계적인 건축가였던 프랑스의 르코르뷔지에Le Corbusier를 만납니다. 여전히 더 배우고 성장하고 싶은 열망이 강했던 김중업은 그 자리에서 자신을 제자로 받아달라고 애원합니다. 이미 우리나라 최고의 대학에 자리를 잡았으나 선진 건축을 배우겠다는 일념으로 다시 학생이 되겠다 자처한 것이지요. 르코르뷔지에는 당황해하며 김중업을 만류했다고 합니다. 하지만 석 달 후 또다시 자신을 찾아온 김중업의 열의에 감동한 르코르뷔지에는 약 3년간 그와 함께 일하며 자신의 제자로 키워냅니다.

르코르뷔지에의 제자라면 프랑스나 다른 어떤 나라에서도 번듯

건물 중간 부분을 필로티 기둥으로 띄워 사람들이 자유롭게 오갈 수 있게 했다. 이곳은 학생들이 모이는 공간으로 활용되기도 한다.

한 자리를 얻을 수 있었을 겁니다. 하지만 김중업은 공부를 마친 후 다시 한국으로 돌아오는 과감한 선택을 합니다. 그가 돌아온 때가 1956년 2월이었으니 같은 해에 설계가 시작된 이 인문관 건물은 그가 귀국하자마자 맡은 프로젝트였다고 할 수 있습니다. 서울대학교 교수 출신에 프랑스 유학파, 게다가 세계적인 거장의 제자라는 후광까지 더해졌으니 그 이름값을 뽐내고자 온갖 화려한 시도를 할 법했지요. 하지만 그는 철저하게 부산대학교의 뒷배경에 자리 잡은 금정산의 완만한 라인과 조화를 이루도록 낮고 둥근 모습을 지닌 건물로 설계합니다. 간결한 선, 건물의 무게감을 덜어내기 위해 필로티 기둥으로 건물 전체를 띄우고 그 아래 공간으로 사람들이 자유롭게 오갈 수 있도록 한 배려, 길고 넓은 창을 띠처럼 둘러서 건물 안으로 빛을 한껏 끌어들인 설계까지, 모더니즘 건축의 거장인 르코르뷔지에의 가르침을 충실하게 반영한 멋진 건물이었습니다.

처음 지어질 때 이 건물의 용도는 부산대학교 총장실을 비롯해 본부 행정 부서가 집결된 '본관'이었습니다. 당시 관공서 건물에는 고위 인사나 외부 손님이 차를 타고 건물 현관으로 직접 들어올 수 있도록 회전형 차량 진입로를 만드는 것이 일반적이었습니다. 비가 오는 날 차 문을 열고 내린 손님이 비를 맞지 않도록 진입로에서 현관문에 이르는 짧은 길은 비를 가릴 수 있는 지붕인 '캐노피'를 설치하곤 했습니다. 말은 복잡합니다만, 그냥 일반 가정집의 '처마'를 앞으로 쭉 늘여서 자동차 위를 덮을 정도로 연장한 것이라고 생각하시면 됩니다. 사람이 한쪽 팔을 옆으로 수평이 되게 들어 올린 모양이기 때문에 '외팔보'(캔틸레버, cantilever)라고 불리기도 합니다. 하지만 사람이 팔을 옆으로 들어 올리고 서 있으면 어떤 문제가 생길까요? 오래지 않아 어깨가 빠질 것처럼 고통스러울 겁니다. 어깨 근육만으로 이걸 버티는 것은 역학적으로 봤을 때 매우 힘든 일이기 때문입니다.

그래서 이 캐노피가 무너지는 불상사를 막기 위해 통상 두 가지 방법을 씁니다. 가장 간단한 방법으로는 처마의 끝에 기둥을 세워서

| 인문관의 진입로. 교행이 가능한 2차선 도로와 그 위를 덮는 캐노피의 단순한 직선이 모던한 느낌을 준다.

받치는 것입니다. 튼튼하고 안전한 방법이지만 진입로 쪽에 기둥이 서 있는 꼴이므로 오가는 사람이나 차의 통행에 방해가 되고 답답해 보이기도 합니다. 그래서 현대 건축, 특히 호텔이나 백화점 같은 상업용 건축물에서는 건물 위쪽에 쇠줄이나 쇠막대기를 달아서 마치 현수교처럼 캐노피를 공중에 매달아 놓는 '서스펜디드suspended' 형태를 취하는 경우가 많습니다.

그런데 인문관 건물은 르코르뷔지에의 모더니즘 건축 사상을 충실히 따른 김중업 선생이 건물의 각을 최대한 없애고 벽면 전체를 창문으로 둘렀기 때문에 위쪽에 캐노피를 매달 공간이 없습니다. 그래서 인문관의 캐노피는 어쩔 수 없이 그 끝부분에 기둥을 세워서 받치는 방식을 택했습니다. '뭐 제일 단순하고 확실한 방법이니까 어쩔 수 없었겠지' 하면서 지나치곤 했는데, 다시 찬찬히 살펴보면서 그렇게 '단순한' 일이 아니었음을 깨달았습니다.

부산대학교 인문관 건물은 특이하게도 진입로 바로 앞에 네 개의 도로가 합류하는 자그마한 회전 교차로가 있습니다. 그래서 일반적으로 건물로 들어오는 자동차 진입로가 한 방향으로만 차가 진행하도록 되어 있지만, 이 건물은 좌우 어느 쪽에서 차가 접근하더라

아래쪽에 튀어나온 보가 없이 매끈한 모습을 자랑하는 진입로의 캐노피.

도 충돌하지 않고 교행할 수 있도록 2차선 너비로 만들어야만 했습니다. 일반적인 건물보다 옆으로 훨씬 긴 캐노피가 되었지요. 요즘이라면 이 캐노피를 아크릴 플라스틱이나 유리로 만들었을 테지만, 50년대 건축물이다 보니 콘크리트로 만들어져 있습니다. 건축 소재로서 콘크리트는 위에서 누르는 힘에 버티는 능력인 압축강도가 높아서 고층 아파트를 지을 때 최적의 재료입니다. 하지만 수평 방향으로 길게 만들면 인장강도, 그러니까 위에서 누르는 힘을 버티는 힘이 약해서 쉽게 부서지는 문제가 있습니다. 이것을 보완하기 위해 안에 철근을 넣어 '철근콘크리트'로 만들어서 보강을 하지만, 그래도 중간에 기둥을 두지 않고 긴 수평 공간을 만들어내는 데는 한계가 있습니다. 그래서 인문관 캐노피같이 꽤 긴 콘크리트 평면, 즉 '슬래브'를 만들어내려면 천장을 가로질러서 불룩하게 튀어나온 '보'를 넣는 게 일반적입니다.

그런데 인문관 캐노피 슬래브에는 아래쪽 어디에도 보가 없습니다. '철근콘크리트가 저 정도 길이를 버틸 수 있는 것인가? 아닌데. 아무래도 무리인데……' 하면서 계속 고개를 갸웃거렸습니다. 김중업과 함께 우리나라 근대건축 1세대를 대표하는 건축가 김수근은 서울 워커힐 호텔 안에 'W' 모양을 따서 '힐탑바'(현재는 '피자힐' 건물)라는 레스토랑을 만들었습니다. 그런데 당시 마감 공사를 맡았던 인부들은 철근콘크리트로 W 모양을 만들면 양열이 튀어나오게 되어 건

캐노피 상부의 보. 외부에서 보의 존재를 알 수 없도록 시선의 각도를 계산하여 깎인 형태로 만들었다.

물이 다 무너진다고 하며 무서워서 건물 근처로 오지 않으려 했다고 합니다. 그래서 건축가인 김수근이 직접 W의 날개 부분 아래쪽에 내내 서서 안 무너지니 괜찮다고 안심시키면서 겨우 공사를 진행했다는데, 그게 1963년의 일입니다. 부산대학교 건물은 그보다도 7년이나 앞선 1956년에 만들어졌으니 건축 기술이 더 좋았을 리가 없었겠지요? '어떻게 보를 설치하지도 않고 저렇게 매끈하고 긴 슬래브를 만든 거지?' 고개를 갸웃거리며 그 주변을 몇 바퀴나 맴돌며 살펴보다가 갑자기 어떤 생각이 머리를 스쳤습니다. 그 즉시 건물 안으로 들어가서 위층으로 올라가는 계단을 뛰어올라 창문 쪽으로 달려갔습니다. 역시 그랬구나!

캐노피의 지붕 쪽에 십자 모양의 보가 설치되어 있었습니다. 김중업은 이 캐노피가 건물로 들어서는 사람들의 첫인상을 결정하는 중요한 곳이라는 점을 고려했습니다. 그래서 깔끔한 디자인의 파사드를 만들기 위해 보를 슬래브의 바닥이 아닌 지붕 쪽에 설치하는 기발한 아이디어를 냈던 것입니다. 그러고도 모자라 혹시 외부에서 이 보가 눈에 띄면 지저분해 보일까 봐 보행자의 키 높이를 계산해서 보의 높이를 중앙에서 모서리로 갈수록 낮아지게 설계했습니다. 그래서 이 앞을 수시로 오가면서도 그동안 이 보의 존재 자체를 전혀 눈치챌 수 없었던 것입니다.

건축가의 고심은 여기서 그치지 않았습니다. 사진을 자세히 보면 지붕 테두리의 네 면에 턱이 설치되어 있는데, 이 턱은 여러 가지 기능을 동시에 수행합니다. 일단 그 자체로 모서리에 둘러친 보가 되어 캐노피의 강도를 높여주는 역할을 하고, 시각적으로는 십자로 배치된 보를 보행자의 시야로부터 가려주는 역할도 합니다. 하지만 이에 못지않게 중요한 것은 배수 기능입니다. 단순한 판자 모양의 슬래브로 캐노피를 만들면 비가 올 때 사방으로 물이 흘러내리게 됩니다. 보기에도 안 좋고 차에서 내리는 사람이 비를 피하는 게 곤란한 것도 있지만, 무엇보다 그렇게 흘러내린 빗물이 표면에 얼룩을

| 인문관 안으로 들어서면 아름다운 계단과 기둥, 그리고 후면의 환상적인 창문 배열이 한눈에 들어온다.

만들어서 자주 청소를 해줘야 하는 문제도 생깁니다. 하지만 이렇게 미리 턱을 만들어준 덕분에 물이 흘러내리지 않고 지붕 위에 고이게 됩니다. 그리고 97쪽 캐노피 상부 사진의 좌측 아래쪽으로 보이는 자그마한 구멍으로 흘러내리게 됩니다. 여기서 또 한 가지, 보통 건물 바깥쪽에 홈통을 설치해서 물을 흘려보내는 구조를 택하는 게 일반적이지만 인문관 캐노피의 경우는 홈통조차도 깔끔하게 감추기 위해 캐노피를 떠받치고 있는 기둥 안쪽으로 배수관을 설치했습니

다. 그래서 눈에는 보이지 않지만 자연스럽게 빗물을 땅으로 흘려보낼 수 있었지요.

이 모든 세심한 설계에 감탄을 거듭하며 건물 밖으로 나왔습니다. 밖에서 다시 살펴본 인문관 입구의 캐노피는 그저 하얀색 판자 하나를 대강 꺾어서 무심하게 세워놓은 것처럼 더할 수 없이 단순하고 평범한 모습이지만, 그 모든 고심의 흔적을 조용히 숨기고 있었습니다. 누군가 말한 것처럼, 명품은 디테일을 어떻게 어디까지 추구하는가에 의해 만들어지고, 가장 단순한 형태를 획득하는 것은 의외로 가장 깊은 고민을 필요로 하는 법입니다. 부산대학교 인문관 건물은 이 캐노피뿐 아니라 구석구석 숨어 있는 여러 디테일로 아름답게 물들어 있습니다. 부산에, 혹은 부산대학교에 오실 기회가 있는 분은 잊지 마시고 꼭 한번 오셔서 이 건물의 아름다움을 감상해 보시기를 권합니다.

미국 최초 판상형 아파트의 탄생과 몰락

6

미국에는 왜 아파트 단지가 없을까?

제가 박물관에 가는 것을 좋아하다 보니 주말마다 가족과 함께 이곳저곳을 둘러보곤 합니다. 하지만 시시때때로 돌아다니다 보니 근처에 가볼 만한 곳은 이미 동이 나버렸습니다. 그러다 보니 그 반경이 사는 동네를 넘어 부산 근교에서 전체로, 그리고 경남 지역으로까지 확장되었습니다. 언제부터인가는 '이번 주말에는 어디를 가봐야 하나' 하고 검색하는 것이 일과처럼 되어버릴 정도였지요. 그렇게 여기저기를 찾다가 부산에서 차로 두 시간쯤 걸리는 진주시에 '토지주택박물관'이 새로 생겼다는 걸 알게 되었습니다. 한국토지주택공사LH가 진주시로 본사를 옮기면서 새로 지은 본관에 부대시설로 박물관을 꾸민 모양입니다.

그렇게 가족과 함께 박물관을 방문했을 때, 마침 〈아파트: 새로운 삶을 담다〉라는 기획 전시가 진행되고 있었습니다. 제가 어린 시절이었던 1970년대만 해도 주변에서 아파트를 거의 찾아볼 수 없는, 일부 부자들이 사는 곳으로 인식되었습니다. 서민들이 사는 곳은 골목 사이사이에 자리 잡은, 높아봐야 2층 내외의 낮은 건물로 이루어진 '주택가'였지요. TV 만화 〈아기공룡 둘리〉나 〈검정 고무신〉에 나오는 것처럼 집마다 대문에 문패가 걸려 있고, 그 대문 밖에 서서 "철수야, 놀~자!" 하고 친구 이름을 외치던 그런 공간 말입니다.

하지만 50여 년이 지난 지금, 어느새 아파트는 우리나라를 대표하는 주거 형태로 자리 잡았습니다. 2023년을 기준으로 우리나라 주거 형태 중 아파트가 63퍼센트를 넘어섰고, 이 비율은 최근에 형성된 도시일수록 더욱 높아집니다. 세종특별자치시의 경우는 86.5퍼센트, 용인시 수지구의 경우는 자그마치 92.9퍼센트의 주거지가 아파트로 구성되어 있다고 하니 오늘날 대한민국은 가히 '아파트 공화국'이라고 할 만합니다.

이렇게 아파트가 주된 주거 형태로 선호되는 데에는 나름의 이유가 있습니다. 우선 일자리와 생활 문화의 알짜배기들이 모여 있는 도심과 가깝게 살고 싶어 하는 사람은 많은데, 이들을 다 수용하려면 도심의 높은 땅값을 고려했을 때 고층 아파트가 유리합니다. 게다가 집합 주택의 특성상 냉난방, 보안과 건물의 유지 관리, 청소와 쓰레기 처리 등 여러 생활 수요를 비교적 간편하게 해결할 수 있다는 장점도 크고요. 그래서 어떤 물건이든 한번 생산되면 점차 가치가 떨어지는 게 이치이지만, 오히려 아파트는 우리나라에서 시간이 갈수록 가치가 상승하는 기현상을 보입니다. 아파트를 원하는 사람은 많고 좋은 위치에 자리 잡은 아파트의 수는 제한되어 있으니까요. 그래서 아파트는 단순히 주거 공간만이 아니라 자산 보유 및 투자 수단으로도 각광을 받으면서 우리나라가 '아파트 공화국화'를 이루는 데 이바지했습니다.

대한민국에서 벌어진 그 숨 가쁜 수십 년간의 여정을 보여주는 기획 전시는 매우 흥미로웠습니다. 하지만 왜 이런 현상이 유독 우리나라에서만 급격하게 일어났는가 하는 근본적인 의문을 충분히 설명해주지 못하고 있어 아쉬운 측면도 있었습니다. 사실 따지고 보면 아파트, 그것도 건물 한 채가 아니라 여러 채가 하나의 단지를 구성하는 대규모 단지형 아파트는 유럽 건축계에서 먼저 제안된 것입니다. 1927년 독일 건축가 루트비히 힐베르자이머Ludwig Hilberseimer의 '고층 도시 계획안'에서 주택, 교통 문제를 한꺼번에 해결하기 위한 방안으로 처음 제안된 단지형 아파트는 1952년 세계적인 건축가인 르코르뷔지에가 프랑스 마르세유에 '위니테 다비타시옹Unite d'Habitation'을 만들면서 유명해졌습니다. 외관상 '성냥갑 아파트'의 원형을 보여주는 듯한 직육면체의 이 건물은 도시의 부족한 토지 문제를 해결하기 위한 대안으로 주목받았습니다. 하지만 우리나라와 달리 유럽에서는 구도심의 철거와 재개발이 대단히 어렵고 복잡하기 때문에 실현되기 어려운 방안이었습니다.

따라서 이 아이디어는 구도심의 재개발이 상대적으로 용이하면서도 급격한 도시화로 고층 주거 단지의 수요가 큰 곳, 바로 미국 대도시에 가장 적절한 대안으로 여겨지게 되었습니다. 미국은 일본처럼 지진이 잦아서 고층 건물의 건축이 곤란한 것도 아니고, 유럽처럼 수많은 사람과 역사 유적 등이 얽혀서 재개발에 발목이 잡힐 일도 덜했습니다. 그리고 제2차 세계대전 이후 세계 최고의 강대국으로 떠오르면서 도시로의 인구 집중이 폭발적으로 일어났던 만큼 미국의 대도시보다 아파트 단지가 잘 어울리는 곳은 없을 것입니다.

하지만 오늘날 미국 도심에 고층 빌딩은 있지만 대단지 아파트는 여전히 일반적인 주거 형태로 자리 잡지 못하고 있습니다. 이런 현상에는 몇 차례 시도된 대단지 아파트 건축의 실패가 큰 영향을 주었는데, 특히 재앙에 가까운 실패로 기록된 '프루이트-아이고Pruitt-Igoe'의 사례가 강한 트라우마를 남

프루이트-아이고 폭파 장면.

졌습니다. 이 기획 전시에서도 '실패로 끝난 미국의 아파트 단지 건설'이라는 제목 아래 프루이트-아이고의 사진 몇 장을 보여주었지만, 이 아파트가 어떤 곳이고 왜 실패했는지 충분한 설명을 제공하지는 않더군요. 멀쩡한 아파트 건물을 폭약으로 폭파하는 충격적인 사진을 보면서 그 이면에 담긴 이야기를 풀어봐야겠다고 생각했습니다. 이 장면 이면에는 수십 년간의 지난한 실패의 역사와 복잡하게 뒤엉킨 사람들의 욕망, 그리고 아파트 공화국인 대한민국이 언젠가 마주할지도 모를 여러 문제가 얽혀 있습니다.

화려한 시작, 하지만 불안한 출발

제2차 세계대전이 연합국의 승리로 끝나면서 리더 역할을 했던 미국은 건국 이래 처음으로 전 세계 최강국의 지위에 오르며 황금기를 구가합니다. 1940년대 말에서 50년대에 이르는 이 시기에 미국에서는 소비 수요가 폭발적으로 늘고 이에 부응하여 각종 제조업이 활성화되면서 사람들이 도시로 몰리기 시작했습니다. 많은 미국인이 가장 화려한 전성기로 기억하는 '좋았던 시절'(good old days)의 막이 열린 것입니다.

이런 번영의 시기를 맞아 미국 중부의 대도시였던 세인트루이스 역시 크게 성장해갔습니다. 세인트루이스는 미시시피강과 미주리강의 합류점에 위치한 곳으로, 급격히 발전하는 북부의 대도시로 진입하는 남부 지역 사람들의 기착지로 크게 각광을 받았습니다. 덕분에 이주민의 수가 빠르게 늘어났지만, 이들이 자리 잡고 살 만한 거주지, 특히 직장이 있는 도심지와 가까운 거주지는 매우 부족해졌습니다. 역사가 오래된 세인트루이스도 여느 도시처럼 빈민 거주 지역인 슬럼가가 도심 주변을 둘러싸고 존재했습니다. 도심 접근이 용이한 구역이었으나 일반인이 거주하기에는 지저분하고 불편한 곳으로, 도시 경관을 해칠 뿐 아니라 범죄의 온상이기도 해서 시 당국의 입장에서는 여간 골칫거리가 아니었습니다. 그래서 이 지역을 밀어내고 많은 사람이 거주할 수 있는 판상형 아파트를 지으면 슬럼가를 없애는 동시에 도시 이주민들과 노동자들의 주택도 마련하는 '일석이조'의 효과가 있지 않겠느냐는 아이디어가 제시되었습니다. 시 당국은 물론이고 연방 정부 등 정치권에서도 이 아이디어에 적극적으로 호응하면서 미국 최초의 아파트 단지 건설은 급물살을 타게 되었습니다.

하지만 연방 정부와 정치권에서는 일석이조에 '사회통합'이라는 새 한 마리를 더해서 일석삼조의 효과를 노렸습니다. 애초에 이 슬럼가에 살던 극빈층 대부분이 흑인이었고 남부에서 이주해온 사람도 흑인이 많았기 때문에 새로 짓는 아파트 단지에 흑인이 많이 입주하는 것은 당연한 일이었습니다. 그렇다고 백인 노동자들의 거주 기회를 박탈할 수도 없었고, 당시 미국의 사회문제로 떠오르던 인종 차별 문제를 완화하는 본보기도 보일 겸 해서 흑인과 백인이 함께 사는 단지를 계획한 것입니다. 하지만 당시 흑인과 백인은 화장실, 버스, 수도꼭지까지 따로 사용하는 철저한 '흑백 분리'의 시대였기 때문에 아파트 단지도 흑인 전용 단지와 백인 전용 단지를 구분해서 짓기로 합니다. 흑인 단지에는 제2차 세계대전에 전투기 조종사로 참전했던 흑인 군인 '웬들 프루이트Wendell O. Pruitt'의 이름을, 백인 단지에는 이 프로젝트의 강력한 후원자였던 하원의원 출신 정치인 '윌리엄 아이고William L. Igoe'의 이름을 붙였고, 이 두 이름을 합쳐 '프루이트-아이고'라는 명칭을 확정했습니다.

1951년 프루이트-아이고의 현상설계를 진행하는데, 훗날 뉴욕의 세계무역센터를 설계하는 미노루 야마사키山崎實의 설계안을 채택합니다. 곧바로 착공에 들어가 3년 만인 1954년 완공된 프루이트-아이고는 곧바로 입주가 시작됩니다. 11층짜리 건물 33개 동에 2,762세대, 1만 2천 명이 거주하게 될 미국 최초의 대단지 아파트였습니다. 그만큼 시작은 화려했습니다. 애초에 슬럼가 재개발, 인종 혼합, 노동자 거주 안정 등 공공성을 강조한 시범 케이스로 주목을 받았고, 연방 기금이 투입되어 건설된 단지라서 정치권에서도 대대적으로 홍보했습니다. 여기에 세계적인 건축가인 르코르뷔지에의 꿈이 실

완공 후 프루이트-아이고 단지의 모습. 조경 및 부대시설이 들어서지 않아서 주변이 황무지에 가깝다.

현된, 그가 '빛나는 도시'라고 불렀던 아파트 단지가 드디어 구현되었다는 유명세도 더해졌습니다. 그래서 프루이트-아이고는 미국의 주거 형태가 새로운 시대로, 모더니즘의 단계로 도약했다는 상징물이라며 건축계의 지지를 받기도 했습니다. 그리고 많은 사람이 미국에서 가장 선진적인 '빛나는 도시'로서 프루이트-아이고의 빛이 미국 전역으로 뻗어갈 것이라고 믿었습니다.

하지만 단지가 완공되고 화려하게 스타트를 끊었던 1954년부터 불안한 조짐이 나타나기 시작했습니다. 언론의 주목을 받을 때는 앞다투어 서로 입주하겠다고 해서 경쟁률이 높을 것 같았으나 실제로는 경쟁은커녕 입주율이 100퍼센트를 못 채웠습니다. 흑인 거주 구역인 프루이트 단지가 한 해 먼저 입주자를 받았는데, 예상과 달리 입주율이 95퍼센트에 머물렀습니다. 이듬해 백인 거주의 아이고 단지 입주율은 이보다 9퍼센트나 더 낮은 86퍼센트에 그쳤습니다. 하지만 이것은 이후 일어날 기나긴 몰락의 서막에 불과했습니다. 조만간 더 많은 사람이 들어올 거라는 예상과 정반대로 초기 입주율이 프루이트-아이고 단지의 최고의 입주율이었거든요.

이후 백인 주민이 꾸준히 빠져나가더니 초기에 '60 대 40'이었던 흑인과 백인의 거주 비율이 60년대가 되자 '98 대 2'로 흑인의 거주율이 압도적으로 높아졌습니다. 게다가 흑인 입주자 수도 꾸준히 줄어들면서 69년에는 57.1퍼센트의 입주율을 보였으나, 70년에는 33개 동 중 27개 동이 텅 비는 사태에 이르렀습니다. 결국 71년에 흑인 거주 구역인 프루이트 단지를 폐쇄하고 모든 주민을 아이고 단지로 이동시켰고, 이후에도 입주자 감소가 이어지면서 결국 1972년 프루이트-아이고는 발파 해체를 통해 생을 마감하고 말았습니다. 1954년 완공 이후 18년 만의 일입니다. 철근콘크리트 건물의 최소 수명인 40년의 절반에도 미치지 못한 멀쩡한 건물이 철거된 것입니다. 도대체 이곳에서는 무슨 일이 벌어졌던 것일까요?

급격한 시스템의 붕괴

미국에 아파트가 일반적인 주거 형태로 자리 잡지 못한 이유에 대해서는 여러 가지 해석이 있습니다. 서양인들은 개인주의가 강하고 프라이버시에 대한 욕망이 커서 집단 거주를 꺼린다는 이유도 있고, 미국은 워낙 땅이 넓어서 땅값 부담이 적으므로 건축비가 저렴한 목조 주택으로도 충분하다는 주장도 있습니다. 그러다 보니 아파트는 이런 목조 주택조차 지을 경제적 여유가 없는 빈민 주거의 상징처럼 여겨진다는 지적이 나옵니다. 또한 땅값이 싼 교외 지역에 살면서 차로 장거리 출퇴근을 해도 도로 사정에 여유가 있고 누구나 차가 있다 보니 별문제가 안 되어 굳이 도심에 살고 싶어 하지 않는다는 생활 패턴의 문제를 언급하기도 합니다. 하지만 이런 일반적인 요인들이 프루이트-아이고처럼 단기간에 극적인 종말을 맞은 사건의 원인을 설명하는 데는 충분하지 않습니다. 이 사건에는 이보다 훨씬 지독한, 이보다 나쁠 수 없는 여러 악조건이 중첩되어 한꺼번에 나타났습니다.

첫 번째 문제는 이 아파트 단지가 시작부터 뒤틀린, 정치적 목적에서 비롯된 프로젝트였다는 점이었습니다. 앞서 말했듯이 연방 자금이 이 사업에 투입된 이유는 슬럼가 재개발, 노동자 주택 건설, 흑백 혼합 주거 등 공공성 달성을 목적으로 한 데에 있습니다. 하지만 흑인과 백인 간의 차별과 분리 분위기가 여전히 팽배했던 시절에 억지로 인종 통합 단지를 구성해서 처음부터 백인 입주자들의 거부감이 컸습니다. 게다다 최대한 많은 세대를 수용하면서도 특혜 논란을 피하기 위해 각 세대의 거주 공간을 대단히 좁게 만들어놓았습니다. 발코니는 아예 없었고 방은 몇 개 되지 않았으며, 거실과 주방도 모두 작고 배치된 가구들조차 작은 사이즈여서 5인 이상의 대가족은 거주 자체가 불가능한 수준이었습니다. 당국이 특혜 비난을 피하려다가 상식 이하 수준의 시설로 입주자를 괴롭히는 결과를 초래한 것입니다.

이런 불편함을 부실의 수준으로까지 악화시킨 두 번째 요인은 경제적 문제였습니다. 뜬금없지만 이 문제에는 한국전쟁과 간접적으로 연관됩니다. 이 아파트 단지가 처음 계획되고 착공된 1950년대 초는 우리나라에서 벌어진 한국전쟁의 시기와 정확하게 겹쳐집니다. 연방 정부는 한국전쟁에 적극적으로 파병을 지원하면서 그 비용을 감당하기 위해 엄청난 긴축재정을 실시했고, 그 여파로 프루이트-아이고에 배정된 예산도 대폭 삭감되었습니다. 여기에 전쟁에 필요한 물자를 대기 위해 미국 전역에서 자재가 동원되면서 건축 자재의 가격도 크게 상승했습니다. 결국 프루이트-아이고는 가뜩이나 협소한 크기에 싸구려 자재로 허술하게 지어졌고, 아파트 주변 조경은 모조리 생략되어 콘크리트 박스처럼 건물만 덩그러니 자리 잡게 되었습니다. 주변에 들어서기로 계획되었던 공원, 교통 인프라, 공용 시설도 모두 백지화되었고요. 계획상 1층에 입점 예정이던 쇼핑몰도 무산되어 주민들은 생필품을 구입할 곳이 없었고, 설상가상으로 이 쇼핑몰을 통한 예상 수익이 빠져나가자 주민들이 부담할 유지 관리비만 더욱 올라갔습니다. 그래서 유지비를 아끼기 위해 11층 건물에 엘리베이터가 1, 4, 7, 10층만 서도록 하는 기이한 운영까지 하게 되었습니다. 이렇게 온갖 기본 생활 영역에서 불편이 가중되다 보니 얼마 지나지 않아 형편이 되는 사람은 모두 다른 곳으로 이주하고 정말 가난해서 갈 곳이 없는 사람만 남는 빈곤층 거주지가 되어버렸습니다. 여기에 결정타가 된 것은 1958년 미국 전역을 덮친 경기 침체였습니다. 동부와 서부 해안의 부유한 지역을 중심으로 경제가 움직이는 미국의 특성상 내륙 한가운데 위치한 세인트루이스의 성장 잠재력은 제한적이었는데, 경기 침체까지 닥치자 세인트루이스의 제조업은 급격히 몰락했습니다. 그러니 일자리도 없는데 굳이 도심 지역에 거주해야 할 필요성도 줄어들었고 아파트의 공실률은 크게 높아졌습니다.

이런 악재가 일으킨 연쇄 효과로 세 번째 문제인 유지 관리의 어려움마저 불거지게 되었습니다. 연방 기금으로 건설되고 시가 관리하는 공공시설 형태로 지은 프루이트-아이고는 주민들이 집을 소유하는 것이 아니라 매달 월세를 당국에 납부하는 방식으로 운영되었습니다. 입주자들이 주로 빈곤층 노동자로 형편이 어려운 사람들이었는데, 경기 침체 이후 공실률이 높아지자 다른 사람들이 내지 못하는 유지비까지 떠안아야 했습니다. 임대료가 상승하자 체납률도 급격히 올라갔습니다. 이 문제는 다시 유지 보수비의 부족을 심화시키는 악순환을 만들면서 아파트 시설은 방치 수준으로 나빠졌습니다. 자재 부족에 건설비 삭감으로 대강대강 지어진 아파트라 사후 하자 보수 사항이 많았는데 하자 보수는 고사하고 기본 유지비조차 부족했습니다. 상황이 이쯤 되자 아파트의 중앙난방 시스템, 상하수도 관리, 쓰레기 처리, 청소 등 모든 영역에서 문제가 발생했습니다. 우리는 아파트라는 거주 형태에 익숙해져서 거기에 숨어 있는 많은 사람의 노동, 그리고 이를 지탱하는 거대한 비용의 문제를 심각하게 느끼지 못하는 경우가 많습니다. 하지만 만약 그런 서비스 체계가 붕괴하여 제대로 돌아가지 않는다면 아파트는 거대하고 차가운 쓰레기장이 되어버릴 것입니다. 더구나 이 문제는 개인이 자기 집을 유지 보수하는 것과는 차원이 다르기 때문에 내가 내 집의 문제만 해결하는 것이 불가능한, 손댈 수 없는 차원의 문제가 되어버립니다. 거대한 단지가 제대로 운용되면 비용과 리스크를 분산하는 편리한 시스템이 되지만 문제가 발생하기 시작하면 개인이 어찌할 수 없는 거대한 문젯덩어리가 되고 맙니다.

이렇게 눈덩이처럼 커진 문제들은 최악의 네 번째 문제인 범죄

소굴화로 이어졌습니다. 문제의 발단이 된 것은 유지비를 줄인다는 꼼수로 층을 건너뛰어 운영해온 엘리베이터였습니다. 엘리베이터가 서지 않는 층에 사는 사람들은 어쩔 수 없이 계단을 이용해 자신이 사는 층으로 걸어서 이동해야 했습니다. 그런데 이 으슥한 계단 통로에 숨어 있다가 입주민을 습격하는 강도가 늘어나기 시작했습니다. 이 와중에도 임대료 상승과 체납 누적으로 경비 예산은 계속 줄어들었습니다. 결국 1967년에 민간 경비 업체가 두 손을 들고 완전히 철수해버리자 이 거대한 단지는 손쓸 수 없는 무법 지대가 되어버렸습니다. 빈집을 차지하고 버티는 범죄자도 있었고 각 동의 중간쯤에 넓게 마련된 주민 모임터는 아예 조직폭력 단체의 사무실이 되어버렸습니다. 이들은 아파트의 유리창을 깨고, 벽에 낙서하고, 아무 데나 쓰레기를 버렸지만 이들을 제지하는 이도 쓰레기를 치우는 이도 없었습니다.

게다가 마약 조직이 버젓이 활개를 치고 다녀도 좁은 통로와 구석구석 구획된 공간으로 이루어진 아파트의 구조적 특성상 경찰이 쉽게 진입할 엄두도 내지 못하는 무서운 소굴이 되었습니다. 결국 프루이트-아이고는 빛의 도시가 아니라 세인트루이스의 악몽, 범죄자의 천국이라는 이미지로 각인되었습니다. 오죽하면 2008년에 발표된 〈GTA 4〉(플레이어가 게임 내에서 제한 없이 범죄를 저지를 수 있음)라는 성인오락 게임이 이 아파트 단지를 배경으로 삼았을 정도로 세계적으로 악명을 떨치는 곳이 되고 말았습니다.

'함께 살아가기'의 어려움

상황이 이에 이르자 정치권, 특히 세인트루이스시에서는 프루이트-아이고 아파트를 대단히 불편하고 귀찮은 존재로 여기기 시작했습니다. 상황이 이렇게까지 악화된 데는 세인트루이스시 당국의 책임이 가장 컸습니다. 도시 성장 잠재력을 무시하고 무리하게 단지를 추진한 근본적인 주체였고, 그마저도 부실 공사로 일관했으며, 사후 관리도 엉망진창이었습니다. 어쩌면 처음부터 시 당국이 아파트 단지를 흑인 빈곤층이 거주하는 새로운 슬럼으로 인식하고 제대로 신경 쓰지 않은 것이 원인일지도 모릅니다. 이러한 무신경함은 1969년 그간 증가한 비용을 그대로 입주자에게 떠넘기는 대대적인 임대료 인상을 단행하고 추가 '장기수선충당금'까지 부과하는 결정으로 이어졌습니다. 이에 반발한 거주자들이 9개월에 걸쳐 집세 지불 거부 운동을 벌인 것은 당연한 귀결일 것입니다.

하지만 이 지불 거부 사건은 세인트루이스시에서 프루이트-아이고를 버리는 방향으로 정책 전환을 결심하는 결정적인 계기가 되었습니다. 프루이트-아이고 주민의 생활을 연구한 학자인 레인워터

Lee Rainwater의 자료에 따르면, 외부에서 보는 것과 달리 정작 주민들은 비교적 평범하고 평화로운 삶을 살았다고 합니다. 범죄를 저지르는 것은 주로 외부에서 유입된 범죄자들이었지 거주민이 아니었습니다. 게다가 가난한 주민들의 입장에서는 불편한 점이 많긴 하지만 어쨌든 낮은 소득으로도 생활을 유지할 수 있는 아늑한 보금자리였기 때문입니다.

하지만 기금을 처음 부담했던 연방 도시개발주택부와 시 정부는 이미 철거를 결심하고 1968년부터 주민들에게 이주를 장려했습니다. 앞서 살펴본 1969년의 월세 지불 거부 운동을 계기로 더욱 거세진 이주 압박은 1971년에 단지의 절반인 프루이트 구역을 폐쇄하는 것으로 주민들의 목을 죄었습니다. 이 과정에서 지역 개발회사가 건물 일부를 구입하여 재건하겠다는 제안을 했으나 시 당국은 이 제안마저 거부했습니다. 이 범죄 소굴이 다른 주민들의 원성을 사고 있는 한 애초에 이 단지를 기획한 정치권의 책임이 꾸준히 재소환될 테니 후환을 없애려면 아예 건물의 흔적을 없애야 한다고 생각한 것입니다.

아이고 지역으로 주민을 모조리 몰아넣은 지 불과 1년 후인 1972년에 서둘러 완전 철거를 결정했습니다. 심지어 드라마틱하게 폭파 해체하는 장면을 수많은 미디어를 동원하여 생중계했는데, 이는 아파트의 철거가 '정치적 의도'를 지닌 선택이었다는 점을 분명히 보여줍니다. 심지어 이 생중계를 지켜본 시민들이 "악의 소굴이 무너졌다!"며 좋아했던 것과는 달리, 실제 철거가 4년이나 지난 1976년에야 완결되었다는 점은 이 철거가 급하게 기획된 이벤트였다는 증거가 아닐까 싶습니다.

철거를 과하게 서두른 감이 있다 해도, 냉정히 따져보면 프루이트-아이고는 조만간 철거될 수밖에 없는 운명이었다는 점은 분명합니다. 더 시간을 끌어도 부활시키는 것이 불가능한, 죽음으로 가는 고통스러운 시간만 길어질 뿐인 상황이었습니다. 그렇다면 이 모든 거대한 실패는 도대체 어디에서 비롯된 것이었을까요? 좋은 의도로 시작되었고 우리나라에서는 가장 편리한 주거 형태로 자리 잡은 판상형 아파트가 미국, 아니 이 프루이트-아이고에서는 '폭파'라는 완벽한 실패로 마무리된 핵심적인 이유는 무엇일까요? 앞서 언급한 여러 원인이 모두 작용했을 테지만, 가장 큰 문제는 '공동체의 붕괴'였습니다.

'공유지의 비극'이라는 말을 한 번쯤 들어보셨을 겁니다. 산업혁명 초기 영국에서 벌어졌던 현상으로, 주인이 정해지지 않은 공동 방목장의 경우 사람들이 너도나도 소를 끌고 나와서 욕심껏 풀을 뜯게 할 뿐 아무도 목초를 관리하지 않아서 금세 황폐해지는 상황을 가리키는 용어입니다. 각자 따로 집을 소유하는 거주 방식이라도 내 집 정원에 잡초가 무성해져서 옆집에 피해를 주면 안 되니 귀찮아도 꾸준히 관리해야 합니다. 또한 눈이 내리면 지역 공공의 안녕을 위해 각자 자기 집 앞 도로에 쌓인 눈을 치워야 합니다. 이처럼 공동체의 구성원이라면 누구나 참여해야 하는 '공동생활 영역'이 존재합니다. 하물며 아파트처럼 수많은 사람이 시설을 공유하면서 살아가는 상황에서는 대부분의 생활 관련 문제가 나의 문제인 동시에 모두의 문제가 됩니다.

사람들은 흔히 이것이 '비용'으로 해결될 수 있는 문제라고 생각합니다. 그리고 이러한 생각을 확장해가다 보면 비용이 다수에게 분산되는 공동 주거 형태가 효율적인 생활 방식이라는 결론에 도달하게 됩니다. 하지만 이것은 비용만의 문제는 아닙니다. 어떤 사람이 계속 쓰레기를 아무 데나 버리고, 마구 낙서를 하고, 복도 창문을 두드려 깨고 다닌다고 가정해봅시다. 그 행위가 타인의 목숨을 위협하는 심각한 범죄가 아니라 할지라도 매번 그 비용을 감당하는 것은 쉽지 않습니다. 예를 들어 건물 위아래로 한 라인에 배치된 수십 채의 가구가 모두 하나의 하수관로로 연결되었다고 생각해봅시다. 어느 가구에서 매일같이 오물을 멋대로 변기에 버려서 하수관로가 자주 막힌다면 관을 뚫기 위해 매번 기술자를 부르는 게 온당한 일일까요?

아파트는 똑같은 건물 형태와 복도 구조를 갖추고 있어 한번 사람이 문을 닫고 들어가면 어느 집이 어느 집인지 구분하기 어려울 정도로 익명성이 보장되는 공간입니다. 이 익명성은 어떤 이에게는 고립감을 주고 어떤 이에게는 내가 무슨 짓을 해도 다른 사람이 모를 거라는 해방감을 줍니다. 이 익명성을 극복하고 모든 주민이 함께 살아가는 공동의 주체라는 '커뮤니티' 개념을 공유하지 못한다면 아파트는 지속이 불가능할 것입니다.

오스카 뉴먼Oscar Newman이라는 학자는 프루이트-아이고의 비극을 분석한 보고서를 통해 '방어 가능 공간 이론'(Defensible Space Theory)으로 개념화했습니다. 진정으로 사람이 살아갈 수 있는 공간이 되려면 단지 생활에 필요한 요소를 제공해주는 것만으로는 부족하고, 주변 환경에 대한 거주자의 통제가 가능하고 이에 대한 책임감을 가질 수 있도록 구조물을 배치해야 한다는 이론입니다. 프루이트-아이고 건설 당시 상대적으로 중요성이 떨어져 보인다는 이유로 비용 절약을 위해 조경과 공동생활 시설을 생략해버린 것이 거주자들로 하여금 아파트 단지 전체가 자신들의 삶의 공간이라는 생각을 갖지 못하도록 한 원인은 아니었을까요? 어쩌면 거주자 간의 연대를 차단하는 치명적인 악수惡手였을지도 모릅니다. 사실 그보다 더 크고 근본적인 문제가 있습니다. 애초에 흑인과 백인으로 구분된 단지로, '프루이트'와 '아이고'로 쪼개져 계획된 그 시점에서 이미 '함께 살아가는 곳'으로서의 공간적 의미가 증발해버렸던 것인지도 모릅니다.

프루이트-아이고의 처절한 실패 이후 미국에서 대단지 아파트는 예외적인 주거 형태로 외면받게 되었습니다. 물론 이 한 번의 실패로 미국 내에서 아파트 단지가 사라졌다는 것은 과도한, 혹은 선후가 뒤바뀐 해석일 수도 있습니다. 반대로 이 실패가 공간을 공유하고 제한적인 환경에서 절제와 협력을 바탕으로 살아가야 하는 방식에 미국인들이 익숙하지 않다는 것을 보여주는 하나의 사례가 될 수도 있습니다. 오히려 문제는 대한민국에서 살아가는 우리입니다. 과연 우리는 아파트를 삶의 공간으로 생각하면서 '함께 살아가기'를 실현하기 위해 얼마나 많은 노력을 하고 있을까요? 자산이자 도구로서의 아파트를 넘어서 우리는 과연 '공동체'를 만들어내는 데 성공하고 있는 것일까요?

프루이트-아이고는 과격하리만큼 철저하게 파괴되고 해체되었습니다. 그리고 현재는 그 자리에 공원이 조성되어 있지요. 사람들이 모이고 휴식하고 이야기를 나누고 산책하는 삶의 공간으로 탈바꿈한 셈입니다. 애당초 모든 사람의 삶의 공간을 마련한다는 목적으로 건설되었을 프루이트-아이고가 죽음을 맞이하고 난 후에 비로소 삶의 공간으로 재탄생했다는 것은 참으로 지독한 아이러니가 아닐 수 없습니다.

Chapter

2

시간이 흘러도 지켜야 할 것들

올바름은
느리게 온다

1

오래 걸려도 진심은 통한다

2015년 무렵에 캐나다의 밴쿠버에서 1년간 방문교수 생활을 했습니다. 그곳에서도 미술관과 박물관을 찾아다니는 습관을 버리지 못하고 주말마다 아이들과 함께 이곳저곳을 돌아보곤 했습니다. 하루는 억수 같은 비를 뚫고 밴쿠버 역사박물관을 찾았습니다. 사실 캐나다는 나라 자체로 보면 역사가 그리 길지 않은 데다 밴쿠버가 속한 브리티시컬럼비아주는 가장 늦게 캐나다 연방에 포함된 곳이기도 해서 '역사'라고 할 만한 것이 많지는 않습니다. 여느 박물관처럼 고대 유물이 화려하게 늘어서 있는 것도 아니고 엄청난 가치를 지닌 보물이 있는 곳도 아니라서 규모도 무척 아담했습니다. 하지만 저는 신기한 물건을 구경하는 것보다는 거기에 담긴 내용에 더 관심이 많은 터라 그 작은 공간에 빼곡하게 나열된 밴쿠버의 현대사가 재미있고 인상적이었습니다.

그중 특히 인상적인 것은 '안티-네온 운동'과 관련된 전시물과 자료였습니다. 밴쿠버 시내를 돌아다니다 보면 거리와 건물에 간판과 광고물이 거의 없거나 최소한의 수준으로만 유지되어 있음을 알 수 있습니다. 관광객의 입장에서는 매우 깔끔하게 정돈된 것처럼 보여서 무척 인상적이었습니다. 달리 생각하면 우리나라의 거리 풍경이 유난히 요란한 편이지요. 유럽의 도시들에서는 간판이 소박하거나 아예 없는 것이 일반적이라서 '유럽의 영향을 받은 밴쿠버도 처음부터 이런 모습을 유지해왔나 보네' 하고 무심하게 지나쳤습니다. 그런데 돌이켜 생각해보면 밴쿠버는 유럽이 아닌 북미 대륙에 위치한 도시고, 인접국인 미국의 대도시들에 비교해보면 이러한 도심의 풍경이 '일반적'이지 않다는 것을 깨닫게 됩니다. 뉴욕, 로스앤젤레스, 샌프란시스코, 라스베이거스의 화려한 풍경을 생각하면 밴쿠버는 거의 절간 같은 분위기입니다. 그렇다면 밴쿠버의 원래 도시 풍경은 어떤 것이었을까요?

이 사진은 박물관에 전시된 과거 밴쿠버 시내의 모습입니다. 1930~40년대 모습인데 각종 간판과 광고로 눈이 어지러운, 현재와는 너무나도 다른 모습입니다. 이러한 간판과 광고의 무질서한 난립에 처음으로 제동을 건 것은 밴쿠버 시민들이었습니다. 밴쿠버 사람들은 지역사회에 대한 애정이 각별한 편인데 밴쿠버의 아름다운 거리, 특히 자연환경이 무분별한 간판의 난립으로 오염되고 있다는 생각에 꾸준히 문제를 제기했습니다. 하지만 개선의 기미가 없자 시민단체인 '지역사회예술협회'(The Community Art Council, CAC)을 만들어 조직적인 개선 요구 운동에 들어갑니다. 이 단체는 광고물, 그중에서도 가장 큰 시각 공해를 일으키는 네온사인 규제를 모토로 내세웠습니다. 그런데 처음 광고 공해의 문제가 제기된 것이 1950년대 초였고

| 과거 밴쿠버 시내의 모습.

단체가 설립된 것은 1958년이니 사실 좀 늦은 감이 있지요. 게다가 단체의 활동 방식도 답답하기 그지없었습니다. 당장 거리로 뛰쳐나가 항의 시위를 벌이고 서명운동, 탄원서 제출, 관련자 소송 등 다른 시민들의 관심을 끌 만한 적극적인 활동을 벌여야 할 것 같은데, 정작 CAC의 활동은 시장에게 편지 쓰기 운동, 좋은 간판과 나쁜 간판의 평가 보고서 정기 발간, 상인의 의식 계몽 운동 등이었습니다. 도무지 어느 세월에 효과를 볼 수 있을까 의심스러운 지루하고 조용한 활동뿐이었습니다.

게다가 당장의 돈벌이가 급한 상인들은 단체의 활동에도 요지부동이었습니다. 아니나 다를까, 5년 동안의 활동에도 아무런 실질적 변화가 없자 이 운동은 와해의 수순으로 가는가 싶었습니다. 하지만 1964년을 전후로 미국 전역이 민권운동의 열기에 휩싸이자 그 영향을 받은 캐나다에서도 시민운동의 한 영역으로 다시 부활하여 좀 더 체계적인 입법 청원 운동으로 발전합니다. CAC는 네온사인을 비롯한 과도한 간판 공해를 막는 법안을 만듭니다. 하지만 이번에는 이 법안으로 생계를 위협받게 된 간판업자들이 '간판제작자연합회'를 결성하여 강력한 법안 저지 운동을 벌입니다. 결국 재정적 뒷받침까지 갖춘 이들의 집요한 방해로 입법은 좌절됩니다.

다시 사그라드는가 싶던 이 운동은 4년 후인 1968년 미국 서부해안을 중심으로 확산되던 '히피 무브먼트Hippie Movement' 공동체의 지원으로 다시 불사조처럼 부활합니다. 안티네온 운동은 '네온의 악몽에서 깨어나자!'는 슬로건을 내세워 앞서 만들었던 법안을 시의회에 상정하는 데까지 이릅니다. 하지만 시의회에서는 이 법안이 통과될 경우 경제가 위축될 것을 우려하여 매우 소극적인 태도를 보였고 네온사인 광고가 정말 문제가 있는지 환경영향평가를 해야 한다며 입법을 차일피일 지연시킵니다.

결국 이 법이 통과된 것은 다시 6년이 지난 1974년이었습니다. 법안의 내용은 네온사인 광고를 포괄적으로 제한하는 것으로 매우 강력한 효과를 지녔습니다. 그렇다면 모든 문제가 해결된 것일까요? 아닙니다. 시의회는 법안을 통과시키면서 기존 상인들의 재산권을 보호해야 한다며 네온사인의 신규 제작만 제한하고 기존 네온사인의 사용권은 그대로 인정한다는 내용을 넣었습니다. 이미 설치된 네온사인 간판은 그 수명을 다해야 철거가 가능했습니다. 결국 법안 통과 후 다시 10년의 세월이 지난 1980년대 말에 와서야 비로소 밴쿠버 거리는 광고 공해에서 벗어나 서서히 제 모습을 찾아가기 시작했습니다.

자그마치 30년이나 걸린 CAC의 활동은 정말 지난한 과정이었습니다. 하지만 법이 만들어진 후 밴쿠버 거리가 아름다운 자태를 드러내자 밴쿠버 인근의 버너비Burnaby, 코퀴틀럼Coquitlam, 서리Surrey, 랭리Langley 등의 지역에서도 주민들이 차례로 같은 법을 마련해달라고 정치인과 행정기관에 요구했습니다. 이로써 네온사인 금지는 밴쿠버 전역에 '문화'로 자리 잡게 되었습니다.

공원에 마지막으로 남은 집

박물관 창문을 타고 흘러내리는 빗물을 잠시 바라보며 긴 세월 동안 많은 이가 쏟아부은 노력을 생각해봤습니다. 그러다 문득 '스탠리파크Stanley Park'에 갔을 때 비슷한 느낌을 받았던 것이 떠올랐습니다. 스탠리파크는 밴쿠버의 북쪽에 있는 숲입니다. 사실 지도를 보면 스탠리파크는 '북쪽'이라고 부르기 애매할 만큼 밴쿠버에서 매우 넓은 영역을 차지하고 있습니다. 도시 전체의 절반을 차지할 만큼의 크기로, 북쪽 어딘가에 위치하고 있다기보다는 북부 전체가 스탠리파크라고 봐도 무방할 정도입니다. 처음 이 공원을 만든 사람이 당시 캐나다 총독이었던 스탠리였기 때문에 이런 이름이 붙었는데, 북미 아이스하키 리그의 우승컵인 '스탠리컵'도 이 사람의 이름에서 따왔습니다.

그런데 스탠리 총독이 '만든'이라는 표현도 따지고 보면 문제가 좀 있습니다. 단지 그는 당시로서는 남아도는 땅이었던, 게다가 바다로 길이 끊겨 북쪽 지역으로 더 나아갈 수도 없는 별 쓸모도 없었던 이 지역을 국립공원으로 '선언'했을 뿐입니다. 게다가 특별히 예산을 투입하거나 가꾼 것도 아니었지요. 오히려 빽빽했던 산림의 빈터에 장미를 심고 키운 것은 스탠리파크를 모두가 즐길 수 있는 공원으로 만들겠다는 마음에서 자발적으로 모인 시민들이었습니다. 소위 '전문 정원사'들은 "장미처럼 연약한 꽃은 거친 밴쿠버 환경에서 자랄 수 없다"며 만류했지만, 그런 우려와 달리 사람들이 뿌린 씨앗이 하나둘 싹을 띄우고 줄기가 자라 잎이 달리더니 꽃이 피기 시작했습니다. 그렇게 해서 스탠리파크에서 가장 아름다운 풍경을 자랑하는 장미 공원으로 자리 잡았습니다.

1900년대에 들어서면서 밴쿠버는 폭발적으로 성장했고 도시의 가용 토지가 한계에 도달하자 시 당국과 개발업자들은 자연스럽게 북쪽의 빈 땅인 스탠리파크의 개발을 고려하기 시작했습니다. 도시를 확장할 수 있는 가장 손쉬운 방법이었으니까요. 하지만 스탠리파크를 만들고 가꾸어온 시민들이 공원의 주택지 전용을 막아섭니다. 결국 시민들의 반대에 막혀 스탠리파크는 국립공원으로, 시민들의 휴식처로 무사히 살아남을 수 있었습니다. 개발의 여지만 있다면 수시로 멀쩡한 건물을 철거하고 도시 전체를 뒤엎는 것이 일상인 한국의 상황에서 보면 밴쿠버 시민들의 이러한 노력은 매우 이상해 보이기도 합니다. 하지만 그들의 노력이 밴쿠버를 세계에서 가장 살기 좋은 도시 순위에서 1, 2위를 차지하는 도시로 만들어냈습니다.

세계에서 가장 유명한 관광지이자 상업도시 중 한 곳인 밴쿠버의 번화한 시내 거리를 걷다가 곧장 스탠리파크의 원시림으로 들어가는 경험은 정말 특이하고 경이롭습니다. 그런데 이렇게 스탠리파크가 국립공원이 되는 것이 모든 이에게 좋은 일은 아니었습니다. 국립공원으로 '선언'된 지역에도 많지는 않지만 원래 살던 사람들이 있었거든요. 스탠리파크가 국립공원으로 지정되자 그 지역에 살던 사람들도 하나둘 떠나기 시작합니다. 몇십 년에 걸쳐 거의 모두 이주해 나갔지만 딱 한 집, 백발이 성성한 노인인 팀 커밍스 부부는 남아 고집스럽게 떠나기를 거부했습니다.

국립공원 부지 내에 유일하게 남은 팀 커밍스 부부가 몇 년이 지나도 이주할 생각을 하지 않자 시 당국은 지원 조건을 제시하며 이주를 권했습니다. 사실 이들은 이 지역의 원주민으로 선점권을 인정받는 인디언, 요즘 말로 '선주민'(First Nations)도 아닌 백인 부부였습니다. 게다가 생계도 밴쿠버 시내에서 양복점을 하는 것으로 꾸려가고 있었기 때문에 굳이 이들이 이 숲에 살아야 할 절실한 이유도 없었습니다. 마침내 시 당국이 행정적 절차를 동원해 이 부부의 이주를 강제하려고 하자 이들은 소송을 제기했습니다. 여러모로 봐도 부부가 이곳에 주거를 유지할 법적 근거는 없어 보였지만 법원은 의외로 시 당국이 아니라 부부의 손을 들어주었습니다. 특별할 것 없는, "부부

1958년까지 스탠리파크 내에 마지막으로 남아 있던 팀 커밍스의 집.

의 나이가 많으니 이제 좀 있으면 자연스럽게 떠날 텐데 굳이 억지로 떠나게 할 필요는 없잖은가"라는 동네 촌장님의 중재 같은 판결이었습니다.

우리 입장에서 보면 참 속 편하고 게으른 판결처럼 보입니다. 하지만 시간이 지나면 이루어질 일은 당연히 이루어지게 마련입니다. 1958년 이들 중 마지막까지 남았던 아내가 세상을 떠나면서 스탠리파크 국립공원은 완전히 시민의 품으로 돌아왔습니다. 부부는 자신들이 평생 살아온 곳에서 천수를 다하고 떠났고, 시는 불편한 과정을 감수하지 않아도 되었으며, 공원의 아름다운 풍경과 미담이 함께 남게 되었습니다.

캐나다인들은 시간이 자신들의 편에 서 있다고 생각하는 것 같습니다. '시간은 우리의 것'이라는 그들의 믿음 혹은 가치관은 이 공원의 해안가를 두르고 있는 제방에서도 묵묵히 드러납니다. 이 제방은 태평양과 맞닿은 공원 해안가의 침식을 막기 위해 쌓았기 때문에 '시 월Sea Wall'이라는 이름을 붙였습니다. 28킬로미터 정도 되는 이 제방을 다 쌓는 데 50년 가까이 걸렸습니다. 제방 건설에 참여한 한 건축가는 30여 년 이상 거의 평생에 걸쳐 이 일에 매달렸으나 결국 완공을 보지 못하고 생을 마감했다고 합니다.

처음 이 이야기를 스탠리파크 소개 책자에서 읽었을 때 매우 황당한 기분이 들었습니다. 우리나라 건설사라면 5개월이면 충분하지 않았을까 싶은 일을 50년이나 했다는 게 믿어지지 않았기 때문입니다. 하지만 다시 생각해보니 꼭 그렇지만도 아닌 일이라는 것을 깨닫게 되었습니다. 스탠리파크의 제방은 자그마치 50년의 세월이 들어간, 어떤 이의 일생이 들어간 제방입니다. 그 긴 과정을 거쳐 만들어진 이 제방을 쉽게 무너뜨리고 뒤틀어버릴 수 있을까요? 파도로부터 스탠리파크를 지키기 위해 쌓은 제방이지만 세월의 광풍과 조변석개하는 인심으로부터 공원을 보호하는 역할도 하고 있었던 것입니다.

스탠리파크를 두르고 있는 제방인 '시 월'.

조 아저씨의 이야기

스탠리파크가 국립공원으로 지정된 1890년대 말, 이 해안가에는 '조'라는 애칭의 아저씨가 늘 자리를 잡고 있었다고 합니다. 젊었을 때 수영 선수였던 이 바베이도스Barbados 출신의 흑인 이민자 조 포테스Joe Fortes는 바다를 좋아해서 해안가에 죽치고 앉아 매일같이 수영을 하고 바닷가에 놀러 오는 아이들에게도 수영을 가르치는 것을 낙으로 삼았습니다.

'올드 블랙 조'라는 별명으로 불렸던 조 포테스.

이렇게 설명하니 꼭 '한량'과 '노숙자'가 결합된 수상한 아저씨처럼 보이네요. 하지만 순수한 선의로 아이들에게 수영을 가르치는 마음이 느껴졌기 때문에 아이들도, 그 부모들도 모두 조를 좋아했다고 합니다. 그렇게 시간이 쌓이고 인연이 겹치면서 40여 년간 수천 명의 밴쿠버 아이들이 조에게 수영을 배웠고, '조 아저씨'는 '처음 배우는 수영'의 상징이자 스탠리파크 해변의 심벌이 되었습니다. 게다가 그 세월 동안 바다에 빠진 사람들의 생명을 구한 것만 백 명이 넘었습니다. 조는 그 공로를 인정받아 밴쿠버시로부터 최초의 민간 해안 구조대 자격을 부여받기에 이릅니다.

하지만 이렇게 철인 같은 그도 세월의 흐름을 비껴갈 수 없었습니다. 나이가 들면서 기력이 쇠해가던 그가 사망했다는 소식이 전해졌습니다. 그러자 밴쿠버 사람들은 모두 깊은 슬픔에 젖었고 시 차원에서 공식적으로 성대한 장례식을 치러주었다고 합니다. 전형적인 캐나다식 영웅의 모습이란 이런 것입니다. 작지만 분명한 것, 오랜 시간을 두고 쌓아가는 것, 나 아닌 다른 사람과 공동체를 위해 배려하고 노력하는 것, 그렇게 대단하지 않을지라도 많은 사람에게 어떤 단단한 삶의 요소를 만들어 준 사람을 캐나다인들은 높이 평가하고 감사해하며 절대로 잊지 않습니다.

조 아저씨를 기억하는 시민들의 기부로 만든 음수대.

조를 기억하는 이들이 그를 기념하기 위해 만든 것은 동상도 비석도 아닌 해변가의 자그마한 음수대였습니다. 아이들이 목을 축일 수 있는 낮은 높이로 만든 음수대. '처음 배우는 수영'에 아이들과 늘 함께했던 조 아저씨를 기억하는 그들의 방식으로 가장 어울리는 기념물이 아닐 수 없습니다. 주의해서 보지 않으면 잘 보이지 않을 정도로 대단치 않은 음수대지만 사람들은 이것에 얽힌 사연을 거듭해서 떠올리고 그들의 아이들에게 이야기를 들려주며 조 아저씨를 기억할 것입니다. 벌써 100년이 지난 이야기를 이방인으로서 그곳에 잠시 머물렀던 제가 마음에 담아둘 정도로 말입니다.

시든 담쟁이 잎 하나

퍼뜩 상념에서 깨어나 보니 어느덧 집에 돌아갈 시간이 되었습니다. 박물관의 출구를 찾아 나가는데 한쪽 벽면에 진홍색 벨벳 천이 드리워진 곳이 보였습니다. 무심히 지나치려다가 천을 들추어보라는 설명문을 발견하고 그 고운 천을 가만히 걷어 올려봤습니다. 그곳에는 아주 작고 시든 담쟁이 잎 하나가 오롯이 담긴 액자가 걸려 있었습니다. 이 담쟁이 잎에는 'Vote For Women'(여성에게 참정권을)이라는 글자가 금박으로 새겨져 있었습니다.

여성도 참정권을 가져야 한다는 것은 당연한 일입니다. 하지만 이 당연한 일이 이루어지는 데는 오랜 세월 동안 수많은 사람의 노력과 희생이 필요했습니다. 결정적인 계기는 1800년대 초부터 불타

올랐던 '여성참정권 운동'(Women's Suffrage Movement)이었습니다. 영국에서는 에밀리 데이비슨Emily Wilding Davison이 여성참정권을 주장하고자 왕과 왕비가 참관하는 경마 대회에 깃발을 들고 뛰어들었다가 경주마에 치여 사망했습니다. 그리고 미국에서는 자매들과 몸을 묶고 투표장에 들어갔던 수전 앤서니Susan B. Anthony가 체포되어 '여성으로서의 덕목을 어긴 죄'로 재판에 회부되었습니다. 밴쿠버의 여성들은 참정권을 주장하면서 흔한 피켓이나 배지 대신 희망을 상징하는 담쟁이 잎을 활용했습니다. 살아 있는 담쟁이 잎에 '여성에게 참정권을!'이라고 새겨서 모자와 가슴에 달고 다녔지요. 그리고 100년이 넘는 여성참정권주의자들의 노력 끝에 1917년 밴쿠버 여성들의 참정권이

밴쿠버 역사박물관에 전시된 담쟁이 잎으로 만든 배지.

인정되었습니다. 그리고 평범한 여성으로서 그 운동에 헌신한 플로렌스 로스Florence Roth 부인은 늘 달고 다니던 이 담쟁이 잎을 조심스레 떼어내 보관했습니다. 밴쿠버 역사박물관이 개장 준비를 하는 과정에서 이 담쟁이 잎을 기증받았고, 100년이 넘은 이 잎을 온전히 보관하기 위해 빛을 조금이라도 덜 받도록 전시물을 천으로 덮어두는 예외적인 보호 조치를 한 것이었습니다.

하지만 늘 시작이 어려울 뿐, 일단 구르기 시작한 눈덩이는 금세 역사의 도로 위를 내달리며 거대해지게 마련입니다. 밴쿠버 여성들에게 참정권이 인정되고 바로 이듬해인 1918년 캐나다 전역에서 여성의 참정권이 인정되는 법이 통과되었습니다. 그리고 오늘날 전 세계에서 여성참정권의 정당성을 의심하는 목소리는 거의 사라진 상태입니다.

올바름은 결코 쉽게 얻어지지 않습니다. 그리고 쉽게 얻은 권리는 쉽게 퇴색하지만, 반대로 단단한 돌을 하나씩 깔아 만든 길은 쉬이 닳지 않는 법이지요. 마치 물리법칙처럼 오랜 시간을 견디는 것은 그만큼 오랜 시간을 두고 애정을 쏟은 것들뿐입니다. 너무 성급하게 기대하지도 말고, 너무 쉽게 좌절하지도 말아야 합니다. 올바름은 그렇게 느리게 얻어지는 것이니까요.

샌프란시스코의 케이블카

2

언덕의 도시

캐나다에서 방문교수 생활을 하던 중에 시간을 내어 가족과 함께 미국 여행을 다녀왔습니다. 작은 자동차를 몰고 미국의 서해안 지대를 모두 훑어가며 샌디에이고까지 내려가는 왕복 8천 킬로미터가 넘는 대장정이었습니다. 보름이 넘는 길고 힘든 여행이었지만 새롭게 보고 생각할 거리도 많이 얻은 보람 있는 여행이었습니다. 도중에 들른 많은 도시 가운데 제가 가장 인상 깊었던 곳은 샌프란시스코였습니다. 여기서 '인상 깊었다'는 말은 좋은 의미이기도 하고 나쁜 의미이기도 합니다. 제가 살고 있는 부산은 좁은 땅에 많은 사람이 몰려 살다 보니 도로가 미로처럼 꼬이고 복잡해서 우리나라에서 교통 사정이 안 좋기로 첫손에 꼽히는 곳입니다. 그런 열악한 도로 사정에 익숙한 저조차도 혀를 내두를 정도로 도로가 엉망진창으로 꼬여 있는 곳은 샌프란시스코가 처음이었습니다.

제가 머문 호텔 앞의 도로는 여러 방향에서 진입할 수 있도록 반원형 회전 일방통행로로 구성되어 있었는데 이틀간 열댓 번을 오가면서도 단 한 번도 깔끔하게 진입하지 못하고 몇 번이나 뱅글뱅글 헤매야 했습니다. 게다가 신호등이 태부족인 데다가 비보호 좌회전이 대부분인데 차량의 숫자가 엄청나게 많다 보니 좌회전이 불가능한 상황이 많았습니다. 그리고 어찌어찌 목적지에 도착해서 보면 주

샌프란시스코의 급경사 도로.

차 공간을 찾는 것이 하늘의 별 따기였습니다. 한번은 아이들이 컵라면을 먹고 싶다고 해서 작은 식료품 가게에 갔는데 차를 세울 곳이 없었습니다. 주차 공간이 비길 기다리며 같은 블록을 세 바퀴째 돌 때면 내가 지금 뭐 하고 있는 건가 싶어 화가 치밀어 오르기도 했습니다. 게다가 비가 부족한 동네라서 한 해 동안 비 오는 날을 열 손가락으로 꼽을 만큼 적다더니, 하필 제가 머문 며칠간은 장마 수준의 폭우가 내렸습니다. 그리고 추운 날씨에 내린 비가 얼어붙으면서 샌프란시스코 외곽 도로는 완전히 빙판이 되어버렸지요. 가뜩이나 빙판길에 잘 미끄러지는 후륜구동 차를 몰고 있던 저는 덜덜 떨면서

운전을 해야 했습니다.

하지만 다른 무엇보다 저를 놀라게 만든 것은 샌프란시스코 어딜 가나 우뚝우뚝 솟아 있는 어마어마한 언덕의 위용이었습니다. 사람이 이런 곳에서까지 집을 짓고 살아야 하나 싶은 생각이 들 정도로 가파른 언덕에 앞으로 쏟아질 듯이 지어진 건물들. 여기에 입김을 세게 불면 후드득 옆으로 굴러떨어질 것처럼 바짝 기울여서 주차한 차들은 그냥 바라만 봐도 아찔한 수준이었습니다. 그러나 이런 모든 기막히고 짜증나는 풍경이 한데 모여 '샌프란시스코'라는 강렬한 개성을 만들어내고 있었습니다. 영화 〈더 록〉이나 〈인사이드 아웃〉처럼 지독한 언덕 장면이 나오는 영화 혹은 만화영화를 볼 때, '아, 샌프란시스코가 배경이구나' 하고 생각하면 정답일 정도니까요. 한번 가보면 절대로 잊지 못할 도시, 볼거리도 이야깃거리도 많은 곳. '언덕의 도시'라는 샌프란시스코의 정체성을 단 한 장면으로 보여주는 대상이 제게는 이곳에서 발견한 '케이블카'였습니다.

샌프란시스코 케이블카의 탄생

우리는 주변에서 '살기 좋은 도시'라는 표현을 흔히 접하게 됩니다. 대개 새로운 도시는 그곳이 이미 살기 좋은 곳이라서가 아니라 거기서 살아야만 하는 이유가 먼저 존재하기 때문에 만들어집니다. 당연한 말이지만 어떻게든 살기 좋은 곳으로, 적어도 인간이 살아가는 게 가능한 곳으로 만들겠다는 노력이 뒤따른 결과로 도시가 형성되는 것이겠지요. 특히 항구도시는 지리적으로 주요 항로에 가까운 곳이어야 한다는 절대적인 조건이 필수적입니다. 또한 큰 배가 접안할 수 있도록 수심이 급격히 깊어지는 곳이라야 합니다. 따라서 가파른 언덕에 도시가 자리 잡게 되는 경우가 많습니다. 우리나라 대표 항구도시인 부산이 인구에 비해 평지가 극히 부족한 언덕에 위치한 이유도 여기에 있지요. 샌프란시스코 역시 처음에는 군사적으로

샌프란시스코 도심의 모습.

방어에 용이한 천혜의 항구라는 이유로, 이후에는 캘리포니아에서 금광이 발견되었다는 소문에 온갖 사람이 한꺼번에 몰려드는 '골드러시Gold Ruch'가 시작되면서 그 배후지로 급격하게 성장하게 된 사례였습니다.

문제는 도시가 급팽창하면서 처음에는 사람들이 살기를 꺼린 높은 언덕 위에까지 집들이 들어서면서 여기에 접근할 교통수단이 마땅치 않았다는 점입니다. 당시의 주된 교통수단인 마차는 이 언덕을 절대로 올라갈 수 없었습니다. 세계 박람회를 계기로 유럽 등지에서 '문명화된 도시'의 상징물처럼 경쟁적으로 도입했던 트램tram도 불가능했습니다. 둘 다 바퀴의 마찰력을 이용해서 올라가야 하는데 경사가 심해서 바퀴가 미끄러졌기 때문입니다. 이렇게 가파른 언덕을 기차로 오르려면 크게 세 가지 방식이 가능합니다. 하나는 기차가 지그재그로 전진과 후진을 거듭하며 올라가는 스위치백switchback 방식이 있고 또 하나는 산 전체를 큰 원을 그리면서 빙글빙글 올라가는 루프loop 방식입니다. 둘 다 주로 탄광이나 산림 벌채에 사용되는 이동 방식으로, 설치에 많은 여유 공간이 필요하기 때문에 안 그래도 땅값 비싼 도시에는 애초에 적용이 불가능합니다. 나머지 하나는 톱니바퀴 레일 방식으로, 지금도 스위스 산악 열차나 오스트리아 잘츠카머구트Salzkammergut 산악 열차 등은 이 방식으로 관광객을 실어 나르고 있습니다. 이 방식이라면 샌프란시스코의 급경사도 충분히 오를 수 있지만, 문제는 도시에는 경사 구간만 이어지는 것이 아니라 평지도 있다는 것입니다. 즉, 평지에서는 톱니바퀴 방식을 쓸 수 없습니다. 에너지 소모도 쓸데없이 클 뿐 아니라 소음도 대단히 크지요. 또한 도로를 마차와 공유해야 하는데 도로 한가운데 떡하니 톱니바퀴가 주르륵 늘어서서 길을 막는 상황이 벌어지면 안 되었습니다. 그래서 스위스 산악 열차의 경우에는 평지 구간과 산악 구간에서 각각 기차를 갈아타는 방식을 택하지만, 대중교통을 이용하면서 모든 승객이 내려서 전차를 갈아타는 일을 반복하는 것은 불가능한 일입니다.

이런 상황에서 멋진 아이디어가 하나 제시됩니다. 금광에서 광부와 캐낸 광물을 실어 나르는 케이블카를 활용해보면 어떠냐는 것이었습니다. 당시 금광의 케이블카는 요즘 스키장의 곤돌라와 비슷한 모양이었습니다. 즉, 기둥을 주르륵 세우고 공중에 케이블을 드리운 후 여기에 수많은 바구니를 달아서 캐낸 광물을 담아 옮기는 방식이었지요. 이 광산 케이블카를 설계하던 기술자들은 공중에 매달았던 케이블을 거꾸로 지하에 묻고 그 위를 바퀴를 단 마차가 케이블을 붙잡고 달리게 하면 되지 않을까 하는 아이디어를 떠올리게 됩니다. 사실 이러한 '도시 케이블카' 아이디어는 1830년대에 이미 여러 사람이 생각해냈지만 실현할 기술도 부족하고 굳이 도로를 파내면서까지 그런 걸 만들 이유도 없어서 실용화되지는 못했습니다.

| 케이블카 박물관에서 지금도 작동하고 있는 동력 모터들.

하지만 샌프란시스코는 금광 시설 기술의 보유, 그리고 '그런 것'이 반드시 필요한 언덕 위의 도시라는 지리적 여건이 맞아떨어지면서 세계 최초로 대규모의 상업화된 케이블카가 만들어질 수 있었습니다. 이것이 불과 1873년의 일이었습니다.

물론 별것 아닌 것처럼 써놓은 아이디어를 실제로 어떻게 구현할 것인가 상상해보면 보통 일이 아니라는 것을 알 수 있습니다. 도시 전역의 도로 바닥에 쇠뭉치 케이블을 깔고 하루 스물네 시간, 일년 365일 내내 '드르륵' 돌리는 것입니다. 케이블카에 올라탄 차장이 차 아래쪽에 달린 커다란 쇠집게로 그 움직이는 케이블을 꽉 붙잡으면 속력이 붙고, 코너를 돌거나 차를 세울 때는 차장이 집게를 놓고 브레이크를 거는 방식이었습니다. 마치 요트가 돛을 펼쳐서 바람을 받으며 달려가다가 속도를 줄일 땐 돛을 걷는 것처럼 말입니다. 샌프란시스코 관광 홍보 사진에 흔히 등장하는 노면 케이블카의 사진을 그저 '귀엽네' 하고 넘긴 분이 많을 겁니다. 하지만 우리가 흔히 보던 트램 같은 전차와 달리 말 그대로 '움직이는 도로'를 도시 전체의 지하에 깔아놓은 엄청나게 스펙터클한 교통수단인 셈입니다.

지하 케이블로 도시 전체를 연결하기 위해서 각 블록이 꺾이는 곳마다 커다란 강철 도르래를 설치해서 이리저리 꺾이면서도 도시 전체에 케이블이 움직일 수 있도록 배치하는 것이 필요했습니다. 여기에 필요한 동력을 제공하기 위해 샌프란시스코 구석구석에 여러 군데의 '파워 플랜트'를 만들고 여기에 모터를 설치해서 지하에 깔아놓은 케이블을 끌어당기도록 했습니다. 살인적인 언덕 경사와 교통지옥 사이에 끼어서 시달리던 샌프란시스코 주민들은 두 손 들어 새로운 교통수단을 환영했습니다. 케이블카는 개통 즉시 가장 일반적인 통근 수단으로 부상했습니다. 전성기 때는 각기 독립된 23개의 노선이 동시에 운행했다고 하니 말 그대로 '살아 움직이는 도시'였던 셈입니다. 그리고 샌프란시스코에서의 대성공을 모델로 영국, 프랑스, 호주 등에서도 도심 케이블카 회사가 생겨났습니다.

갑작스러운 몰락, 그 후

하지만 케이블카에 대한 열광이 거대했던 만큼 몰락도 갑작스럽게 다가왔습니다. 운송 기술이 발전함에 따라 전기로 운행하는 트램도 어느 정도의 경사를 올라갈 수 있게 되었고, 샌프란시스코를 제외한 경사가 덜한 다른 도시의 케이블카들은 급속히 몰락했습니다. 샌프란시스코 역시 버스의 등장으로 케이블카의 경쟁력이 점차 약화되었습니다. 가장 결정적인 계기는 1906년 도시 전체를 덮친 대지진이었습니다. 초기 시설 투자 비용이 큰 케이블카의 특성상 지진

샌프란시스코의 관광 명물이 된 케이블카.

각 지역별로 케이블을 분담하여 돌리는 파워 플랜트의 모습

으로 도로시설물이 모두 파괴되면서 괴멸적 타격을 입은 케이블카 업체들이 복구에 다시 거대한 비용을 조달할 방법이 없었습니다. 게다가 샌프란시스코 시민들은 하루빨리 도시가 원상회복하기를 바랐기 때문에 도로 한가운데를 파내고 케이블 시설을 하는 데 걸리는 시간을 용납하지 않는 분위기였습니다. 결국 피해 규모가 적었던 8개의 라인만 운영을 재개하는 데 그칩니다. 이조차도 자동차의 보급이 급격히 늘어나면서 케이블카의 수입은 줄어드는 반면, 노후 시설의 유지 보수에 드는 비용은 계속 증가했습니다. 공동 운영자로

참여하던 시 당국은 1947년 적자를 이유로 운영에서 완전히 손을 떼고 노선 폐쇄를 결정했습니다.

하지만 시 당국의 결정에 27명의 여성이 폐쇄 반대를 외치며 '케이블카를 구하기 위한 시민위원회'를 구성했습니다. 이들은 케이블카가 샌프란시스코의 역사이자 정체성이기 때문에 소중히 보호해야 할 문화유산이라고 주장했습니다. 이 위원회의 활발한 활동으로 케이블카 문제가 공론화의 장에 올라 결국 주민투표 안건으로 상정되었습니다. 주민투표 결과는 폐지 반대가 압도적으로 많았고, 결국 수익성 문제로 민간이 감당할 수 없게 된 케이블카 운영을 완전히 샌프란시스코시에서 전담하도록 하는 조례가 통과되었습니다. 비록 최종적으로 운행 라인이 세 노선으로 줄어들었지만 이 라인에 연결된 케이블 파워 플랜트는 '케이블카 박물관'으로 바뀌어 일반에 공개되었습니다. 이 과정에서 케이블카가 상징하는 샌프란시스코의 독특한 정체성에 매료된 사람들이 케이블카의 관광 상품화를 적극적으로 추진하게 됩니다. 그 결과 케이블카는 알카트라즈Alcatraz 교도소, 금문교와 함께 샌프란시스코를 대표하는 3대 명물이 되었는데, 특히 이들 중 직접 체험하고 가까이에서 즐길 수 있으며 열쇠고리나 냉장고 자석 같은 기념품으로 만들기 가장 좋은 관광 상품으로 자리잡았습니다.

기억을 지키는 사람들

미국 종단 여행 중 샌프란시스코에서 오래 머물 시간이 없었지만 딱 한 곳을 가야 한다면 바로 이곳, 케이블카 박물관에 가보고 싶었습니다. 케이블카 박물관에서 작동하고 있는 네 개의 모터가 세 라인의 케이블카를 움직이는 핵심 설비입니다. 각 라인에 하나씩 세 개의 모터가 있고 나머지 하나는 모든 라인에 힘을 더해주면서 비상시를 대비하는 공용 모터입니다.

케이블카 박물관에서 제가 느낀 감정은, 뜻밖에도 '고마움'이었습니다. 무언가를 파괴하는 데는 그리 많은 품이 들지 않는 법입니다. 하지만 지키고 보존하는 일에는 반드시 누군가의 엄청난 노력과 희생이 필요합니다. 만약 우리가 쓰레기 하나 없이 깔끔한 골목길을 지나다녔다면 비록 보지 못했더라도 필시 누군가의 손길이 있었다는 것을 알아야 합니다. 오랜 시간을 버텨낸 낡은 무쇠 도르래를 쓰다듬으며 제가 감격에 젖을 수 있었던 것은 언젠가 케이블카 박물관을 방문할 여행자를 위해 이 도르래 곁에서 함께 시간을 버텨준 많은 사람이 있었기 때문일 것입니다.

그리고 이런 감상은 다시 제가 머무르고 있던 밴쿠버로 거슬러 올라가 그곳에서 가장 좋아했던 '딥 코브Deep Cove'라는 조그만 항구의 풍경으로 옮겨갔습니다. 바람조차 드문 프레이저강의 상류에 자리

| 캐나다 밴쿠버 딥코브 항구의 평화로운 모습.

잡은 곳으로 정박되어 있는 하얀 요트들, '스윽스윽' 물결을 헤치며 조용히 지나가는 카약을 탄 사람들, 무심한 갈매기와 아름드리 전나무로 빽빽한 숲이 둘러싸고 있는 '아무 일 없을 것 같은' 그런 곳이지요. 딥코브를 세 번째 방문했을 때, 저는 길가 한구석에 허름하게 자리 잡은 '역사관'(Heritage Center)이라는 조그만 사무실을 발견했습니다. 화려하지는 않지만 사진과 문서 등의 사료를 꼼꼼하게 모아 전시해 놓은 곳이었습니다. 내부를 안내하던 나이 지긋한 자원봉사자 아주머니와 이런저런 이야기를 하다가 문득 평소에 지녀왔던 의문이 생각나서 질문을 던져봤습니다.

"지금 이곳은 밴쿠버 전역에서 가장 빠르게 성장하는 신흥 거주

지역인 노스밴쿠버의 바로 옆이잖습니까? 밴쿠버 도심에서도 차로 20분 정도밖에 안 되는 가까운 거리라서 당연히 택지로 개발해야 한다는 요구가 많았을 것 같은데요. 어떻게 이렇게 자연 그대로의 아름다운 모습으로 남을 수 있었나요?"

그러자 자원봉사자는 웃으며 대답했습니다.

"당연히 이곳을 개발하려는 시도가 여러 번 있었어요. 100년쯤 전부터 여기를 공업지대로 만들려는 시도가 꾸준히 있었어요. 지난 몇십 년간은 말씀하신 것처럼 신도시가 발달하고 부동산 가격이 올라가면서 이곳을 일반 주택지로 개발하려는 행정 당국의 시도가 여러 차례 있었답니다. 하지만 그때마다 이곳 주민은 물론 밴쿠버 시민들, 그리고 다른 지역의 캐나다 사람들도 힘을 모아 팁코브를 지켜야 한다고 함께 싸워주었기 때문에 지금의 모습을 지킬 수 있었어요. 이렇게 볼품없는 작은 사무실이지만 자원봉사자들의 도움으로 우리 단체가 계속 사무실을 유지하면서 지역의 역사를 모으고 알리려고 노력하는 것도 딥코브를 지키기 위해서이고요. 사실 계속 개발 압력은 이어지고 있어요. 실제로 타운하우스나 상업 시설이 외곽에서부터 조금씩 들어오고 있어서 얼마나 버틸 수 있을지는 모르겠어요. 딥코브가 너무 유명해진 게 문제입니다. 20년이나 30년 후에는 지금의 모습이 모두 사라질지도 모르겠지만, 어쨌든 저는 내일도 모레도 여기로 출근할 거예요. 할 수 있는 일을 해야지요."

비에 젖은 창문 밖으로 보이는 케이블카의 모습.

사실 이런 일들은 샌프란시스코에도 마찬가지여서 케이블카가 시의 상징으로 완전히 자리 잡은 지금도 케이블카를 폐쇄하려는 시도가 이어지고 있습니다. 사고가 많이 일어난다는 둥 위험하고 다른 교통수단에 방해가 된다는 둥, 여러 가지 이유를 붙이지만 역시 핵심은 경제적 효율성에 관한 문제일 것입니다. 이미 있는 것을 유지하는 데 돈을 쓰기보다는 새롭고 더 멋진 사업에 재원을 돌려서 치적을 쌓고 싶어 하는 정치인들의 욕심, 도심 재개발에 걸림돌이 되는 오래된 케이블카 시설을 제거하고 싶은 건축업자와 기업의 필요

등이 맞물려 끈질기게 압박을 거듭 가하는 것입니다. 박물관 시설임에도 입장료가 무료로 운영되는 케이블카 박물관의 운영 방침을 보면서 '어떻게든 더 많은 사람에게 케이블카의 소중함을 알려야 한다'는 팽팽한 긴장감 같은 것을 느낀 것도 그 때문이었을 것입니다.

'소중한 것을 지키는 데는 대가가 따른다.' 항상 역사나 사회로부터 무언가를 얻어내려고만 했던 우리는, '발전'이라는 담론에 중독된 우리는 과연 지켜야 할 어떤 것을 위해 무언가를 희생할 준비가 되어 있을까 하는 의문이 들었습니다. 아니, 그보다 먼저 지킬 가치가 있는 소중한 것들이 우리 안에 남아 있기는 할까요? 압축 성장에 떠밀려 모든 과거를 갈아엎었다가 이제는 거꾸로 관광객을 모을 수 있는 이야깃거리라면 실화든 전설이든 가릴 것 없이 끌어다 붙이는 부박한 도시들을 표류하던 제가 이곳 샌프란시스코에서 한순간 망연한 심정이 되었습니다.

곰을 위한 쓰레기통

3

테니스 강국 캐나다?

스포츠라면 가리지 않고 다 좋아하는 편이지만, 특히 배구와 테니스를 좋아합니다. 배구는 그냥 보기만 하는 편이지만 테니스는 20년 넘게 매주 두 번씩 운동 삼아 칠 정도로 애정이 깊은 스포츠입니다. 물론 테니스 경기를 보는 것도 좋아하는데, 2021년 'US 오픈' 대회가 매우 기억에 남습니다. 전 세계에 걸쳐 연중 내내 치러지는 수많은 테니스 대회 중, 가장 권위를 인정받는 네 개의 대회를 '그랜드 슬램 대회'라고 부르는데 미국에서 열리는 US 오픈 대회는 영국의 윔블던, 호주의 호주 오픈, 프랑스의 롤랑가로스 오픈과 함께 이 그랜드 슬램 대회에 속하는 아주 큰 이벤트입니다.

당연히 당대의 내로라하는 선수들이 출전해서 치열한 각축을 벌이는데, 2021년 US 오픈에서는 특이하게도 남녀 각각 두 명씩 총 네 명의 캐나다 선수가 한꺼번에 16강에 올랐습니다. 캐나다는 국토는 큰 편이지만 인구는 3,800만 명 정도로 우리나라보다도 적은 편인데 남녀 합쳐서 32명인 전체 16강 진출자의 8분의 1을 차지한 셈이니 꽤 비중이 컸다고 할 수 있습니다. 게다가 캐나다가 그동안 테니스 종목에 강한 면모를 보인 나라도 아니었다는 점을 생각하면 매우 의외의 결과이기도 하고요.

그런데 더 재미있는 건 선수들의 면면입니다. 남자부에서는 오제알리아심Felix Auger-Aliassime과 샤포발로프Denis Shapovalov, 여자부에서는 앤드레스쿠Bianca Andreescu, 페르난데스Leylah Fernandez 선수가 16강에 올라갔는데, 이름만 보면 약간 의아한 느낌이 듭니다. 모두 영미권에서 흔히 사용되는 이름이 아니기 때문입니다. 익히 알려진 것처럼 캐나다는 영국계와 프랑스계 주민이 합쳐져 만들어진 국가이지만 이렇게 단순하게 말하는 것도 문제가 좀 있습니다. 캐나다가 건국된 이후 다양한 국가로부터 이민자가 끊임없이 유입되었고 그들이 '캐나다'라는 국가의 정체성을 확대하고 발전시키는 동력이 되었기 때문입니다.

2021년 US 오픈의 '사건'은 그 대표적인 예라고 할 수 있습니다. 오제알리아심은 아버지가 서아프리카 토고 출신이고, 샤포발로프는 우크라이나계 어머니와 이스라엘 출신 아버지 사이에서 태어났습니다. 앤드레스쿠는 가족 모두가 루마니아인인데 함께 캐나다로 이민을 온 케이스이고, 여자부 결승까지 올라서 파란을 일으킨 페르난데스는 에콰도르계 아버지와 필리핀계 어머니 사이에서 태어난 선수입니다. 이들보다 앞서 공포의 강서브로 캐나다를 대표했던 테니스 선수인 라오니치Milos Raonic도 유고슬라비아 세르비아계 가족력을 지녔지요.

이들 모두 이민자 출신이라는 점과 함께 하나 더 주목한 점은 이들의 '젊음'이었습니다. 2021년 당시 샤포발로프가 22세로 제일 연장자였고 오제알리아심과 앤드레스쿠가 21세, 심지어 페르난데스는 18세에 불과했습니다. 당시 이들이 코트에서 펄펄 나는 모습을 보면서 '젊은 캐나다'의 힘을 한껏 느낄 수 있었습니다.

이민자의 나라, 캐나다

우리나라에서 저출산·고령화의 경고음이 울린 지는 이미 오래되었고 예정된 파멸에 대한 공포도 점차 현실로 다가오고 있습니다. 특별한 계기로 사람들이 갑자기 아이를 많이 낳는 '자연출산율'의 증가로 이런 문제를 해결한 사례는 거의 없습니다. 사실 자연출산율의 감소는 우리나라뿐 아니라 전 세계적으로 선진국들 사이에 일반화된 문제이기도 합니다. 결국 유일한 대안은 인구 감소에 대비해 사회적인 충격을 완화하는 제도적 대안을 마련하면서 이민 정책을 적극적으로 펼쳐나가는 방법일 것입니다.

캐나다는 이민을 통한 인구 증가의 대표적인 성공 사례라고 할 수 있을 것입니다. 일반적으로 인구재생산 출산율, 그러니까 현재 수준의 인구를 유지하기 위한 출산율을 한 가구당 2.1명 정도로 봅니다. 부부가 본인들의 숫자만큼 인구를 유지하려면 기본적으로 두 명을 낳아야 하고 여기에 사고나 질병 등의 이유로 일찍 사망하는 경우를 고려한 수치 0.1을 합한 최소 기준입니다. 2021년 통계청의 '인구동향조사'에 따르면 우리나라의 '합계출산율'은 0.808명입니다. 게다가 이 수치는 계속 더 떨어지고 있지요. 캐나다라고 해서 합계출산율이 우리나라보다 엄청나게 높은 것은 아닙니다. 물론 우리나라보다는 상황이 낫지만 2021년 캐나다 통계청이 발표한 캐나다의 전국 출산율은 1.40명으로, 그중 가장 낮은 수치를 보인 브리티시컬럼비아주는 1.17명에 불과했습니다. 전체 인구의 상당수가 거주하는 대도시 밴쿠버가 브리티시컬럼비아주에 속해 있음을 고려할 때, 도시화가 진행될수록 출산율이 떨어진다는 경향성을 보여주는 사례라 하겠습니다.

그럼에도 불구하고 캐나다의 인구수가 감소하기는커녕 계속해서 증가하고 있다는 점은 참으로 놀랍습니다. 심지어 캐나다 통계청의 장래인구 추계에 따르면 캐나다의 총인구는 2021년 기준 3,824만 6,100명에서 47년 후인 2068년에는 최고 7,401만 8,000명까지 자그마치 두 배로 증가할 것으로 예상되고 있습니다. '기대수명'과 국제이동 등 각종 변수를 최저치로 낮추고 예상한 저위 추계 시나리오에서조차 4,491만 4,300명으로 여전히 2021년보다 증가된 수치입니다. 또한 그 변수를 중간값으로 놓고 예상한다 해도 약 5,700만 명으로 2021년 대비 약 67퍼센트의 인구 증가가 예상되고 있습니다.

이러한 인구 증가의 원인으로 이민자의 유입을 빼놓을 수 없습니다. 2021년 기준으로 캐나다 전체 인구의 약 25퍼센트를 이민자들이 차지하고 있고, 2041년까지 약 33퍼센트 이상이 될 것으로 예측됩니다. 캐나다 역사상 최대치일 뿐 아니라 현재 G7 국가 중에서도 가장 높은 수치입니다. 이민자의 숫자는 2016년 이민 절차의 간소화 이후로 급증하고 있는데, 2016년에서 2021년 사이 노동시장에 새로 진입한 노동자 다섯 명 중 네 명이 이민자일 정도입니다.

이렇게 환상적인 수치를 들여다보고 있노라면 당장 국가 소멸을 걱정해야 하는 우리의 입장에서는 캐나다의 상황이 마냥 부럽기만 합니다. 하지만 한 사회 내에서 이렇게 다양한 인종과 배경을 가진 사람들이 한데 모여 살아간다는 것이, 이질적인 요소를 한가득 안고 간다는 일이 그리 쉽고 간단한 일이 아니라는 우려도 들 수밖에 없습니다. 저도 캐나다에서 1년 동안 살면서 이러한 복잡한 문제들을 풀어나가기 위해 얼마나 많은 몸부림이 민관에서 동시다발적으로 이루어졌는지 목격할 수 있었습니다. 이러한 움직임 중에서 가장 인상 깊었던 것은 대단한 제도나 시설이 아니었습니다. 다소 뜬금없지만, 길에서 흔히 볼 수 있는 '쓰레기통'이었습니다.

쓰레기통의 비밀

다문화 사회로의 이행은 저출산의 절벽에 몰린 우리나라에서도 피할 수 없는 당면 과제로 떠오르고 있습니다. 하지만 다문화 사회화라는 것이 단순히 이민자를 최대한 많이 받아들이면 되는 것은 아닐 것입니다. 무조건 받기만 한다면 방송인 '타일러'나 '알베르토' 같은 분들처럼 알아서 한국말 잘하고 막걸리와 김치전을 척척 먹으면서 잘 적응해서 살아갈 것이라는 막연한 기대는 근거도 없을 뿐더러 어찌 보면 위험한 낙관이기도 하니까요. 오랫동안 '우리'라는 울타리와 같은 사고에 강하게 집착해온 대한민국의 입장에서는 생각보다 훨씬 큰 혼란이 있을 것이고, 그에 대한 거부감도 강하게 드러날 것입니다. 따라서 이러한 문제를 감수하고서라도 '함께 살아가겠다'는 강한 의지가 있어야 다문화 사회로의 이행이 성공적으로 이루어질 수 있을 것입니다. 그렇다면 '함께 살아가겠다는 의지'는 어느 정도의 수준이라야 할까요? 저는 캐나다의 쓰레기통을 보면서 깊은 인상을 받았고, 동시에 깊이 좌절했습니다.

캐나다의 쓰레기통, 특히 인적이 드문 산이나 호숫가 공원 같은 곳에 있는 쓰레기통은 예외 없이 쇳덩어리로 만들어져 있고 특이한 손잡이가 달려 있습니다. 처음 이 쓰레기통을 봤을 때 도대체 어떻게 열어야 할지 몰라 당황해서 한참을 두리번거려야 했습니다. 이 쓰레기통을 열려면 위쪽의 덮개 부분에 손목을 돌려서 손바닥을 위로 한 채로 집어넣어서 레버를 당겨야 합니다.

이렇게 복잡한 구조의 쓰레기통을 만든 이유는 뭘까요? 어이없게도 사람이 아니라 곰을 위한, 정확히 말하자면 곰이 쓰레기통을 열고 뒤지는 것을 막기 위해 설계한 것입니다. 곰은 머리가 좋은 동물이라서 웬만한 잠금장치는 쉽게 열어버린다고 합니다. 그런데 곰은 뼈의 구조상 앞발을 쓸 때 손등이 바닥을 향하도록 관절을 틀어서 넣는 것이 매우 힘든 일이라고 합니다. 그래서 이런 식으로 만들

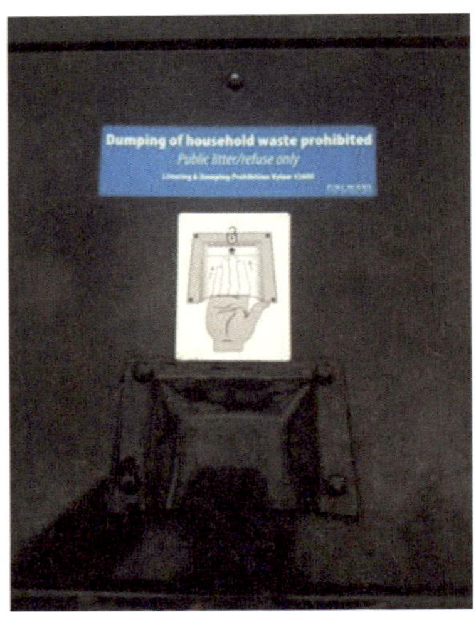

| 밴쿠버의 철제 쓰레기통.

| 손바닥이 보이게 넣어 당겨야 열리는 구조를 알려주는 설명문.

어진 쓰레기통은 곰이 제대로 열 수 없습니다. 하지만 곰은 아주 힘이 좋은 맹수이니 쓰레기통을 열지 못하면 그냥 부숴버리거나 질질 끌고 갈 수도 있습니다. 이걸 막기 위해 쓰레기통 전체를 육중한 강철로 만들고, 아예 그 자리에서 움직일 수 없도록 콘크리트 블록 위에 단단히 박아버린 것입니다.

쓰레기가 대단한 가치가 있어서 이걸 지키기 위해서 그런 것도 아니고 곰이 어지르면 치우는 게 귀찮아서 택한 방법도 아닙니다. 이렇게까지 하는 이유는 인간이 남긴 음식에 곰이 맛을 들이면 숲을 지나는 여행객에게 덤비는 일이 생기기 때문입니다. 나아가 도심으로 내려와서 가가호호 돌아다니며 사람을 위협할 수도 있지요. 만약 그렇게 인간에게 해를 입히는 일이 생기면 어떻게 될까요? 아무리 곰에 호의적이고 보호에 동의하는 사람들이라고 해도 당장 자신의 안전에 위협이 된다면 결국 사살하자는 주장을 할 수밖에 없을 것입니다. 따라서 번거롭고 비싼 쓰레기통을 만든 이유는 궁극적으로 곰을 보호하기 위한 노력이었던 것입니다.

이와 유사한 다른 사례도 있습니다. 제가 밴쿠버에 처음 갔을 때 아이들을 보낸 초등학교와 중학교에서 받은 두툼한 안내 자료 속에는 'Bear Alert'라는 것이 있었습니다. 우리말로 번역하면 '곰 출현 경보' 정도가 되겠네요. 처음엔 이게 도대체 무슨 소린가 싶었는데 사방으로 숲이 많은 캐나다에서는 곰이 도심으로 내려오는 일이 종종 있다고 합니다. 만약 이 곰이 학교 쪽으로 접근하는 것이 발견되면 이 곰 출현 경보가 내려지고 모든 학생을 학교 건물 내로 피신시킨 후 건물 전체를 폐쇄합니다. 곰이 들어오지 못하도록 학교의 모든 외부 문은 육중한 철제로 되어 있고 창문에도 철제 셔터가 달려 있습니다. 그리고 학부모가 차를 몰고 학교로 와야 학생들을 한 명씩 하교시키므로 곰 경보가 울리고 가정에 통보가 가면 아이들을 데리러 오라는 당부사항이었습니다.

학교뿐이 아니었습니다. 하루는 시내에서 차를 몰고 가다가 신호도 없는 곳에 별다른 이유도 없이 차들이 모두 멈춰 서 있었습니다. 무슨 일인가 싶어 창밖으로 내다보니 왕복 6차선 도로를 곰 가족이 유유히 가로질러 가고 있었고 이를 기다려주느라 모든 차가 멈춰 선 것이었습니다. 제가 살던 집에도 세 번 정도 곰이 내려온 적이 있었는데, 한번은 곰이 갑자기 집 안에 불이 켜져서 당황했는지 울타리를 들이받고 뛰쳐나갔습니다. 그 바람에 집을 둘러싸고 있던 울타리가 모두 넘어져 부서져버렸지요. 하지만 어떤 경우에도 뉴스나 주변의 캐나다인들로부터 "그러니까 곰을 모두 다 잡아다 가두자"거나 "사살해버리자"는 말을 들어본 적이 없습니다. 오히려 곰 때문에 바쁜 도심 교통이 30분 넘게 마비되어도 싱글거리며 구경하거나 곰이 자신의 집 울타리를 때려 부수는데도 신기해하면서 사진 찍는 걸 본 적은 있지요. 울타리 수리비가 꽤 나올 텐데도 말입니다. 그들이 이렇게 여유롭게 대처할 수 있는 건 주변의 사람들이 아무도 짜증을 내지 않으니 자신도 짜증을 내지 않는 게 당연하다고 생각하는 사회적 분위기 때문이 아닐까 생각했습니다.

이러한 장면들을 보면서 만약 이러한 일이 우리나라에서 벌어졌다면 어땠을까 상상해보았습니다. 유기묘나 유기견의 최소한의 생명을 보호하는 일조차 합의 수준을 만들어내지 못하는 사회, 아니 사람보다 차가 먼저 가는 것이 당연하고 '효율'이 '삶'보다 우선하는 가치라고 생각하는 사회에서 과연 곰을 위해 저렇게 많은 비용과 비효율, 사회적 비용과 희생을 감당하자는 합의가 가능할까요?

그저 가끔 어슬렁거리며 나타났다가 사라지는 곰과 공존하는 데도 저렇게 많은 비용이 필요하다면 '다른 사람과 함께 살아가는' 데는 당연히 이보다 훨씬 더 큰 비용과 비효율과 희생이 요구될 것입니다. 그런 희생을 충분히 감내할 수 있다고, 감내해야 한다고 믿는 이들이 다수가 될 때 비로소 우리는 '함께 살아가기'를 위한 최소한의 준비를 갖추었다고 할 수 있을 것입니다. 단순히 다문화 이민자들의 이질성만을 말하는 것이 아닙니다. 같은 대한민국 국민이라도 서로 생각과 가치가 천양지차로 달라지고 있는, 이미 이질성이 팽배한 사회 속에서 우리는 서로를 존중하며 공존할 준비가 되어 있는 것일까요? 지난 압축 성장의 시기를 통해 DNA에 깊이 새겨 넣은 '서로 경쟁하는 사회'에서 '함께 살아가는 사회'로 전환할 마음 자세가 갖춰진 것일까요?

곰을 위한 쓰레기통을 보면서 제가 느낀 깊은 좌절은 '머리'로는 충분히 이해가 되는 이 쓰레기통의 존재가 여전히 '마음'으로 받아들이지 못한다는 데서 온 것이었습니다. '사람도 살기 팍팍한 세상인데 겨우 곰을 배려하자고 이 정도 비용을 들인다고?' '이렇게 귀찮고 불편한 일들을 감수한다고?' '이렇게까지 하면서 인간이 굳이 곰하고 같이 살 필요가 있나?' 다문화 사회로 이행하는 것이 우리가 가야 할 피할 수 없는 길이며 우리가 적극적으로 받아들여야 하는 미래라는 것을 충분히 납득하고 주변 사람들에게 기회가 될 때마다 열심히 이야기하고 있는 저조차도 아직 '이 정도 각오'는 되어 있지 않은 것입니다.

그러니 단순히 성장하고 있는 젊은 캐나다를 부러워하기에 앞서 우리에게도 그런 미래를 위해 무엇을 얼마나 포기하고 받아들일 마음의 준비가 되었을까, 우리가 '함께 살아가기'에 얼마나 대비하고 있는 것일까, 혹은 아직 얼마나 멀었나를 가늠할 때마다 이 장면을 마치 리트머스 시험지처럼 머릿속으로 거듭 떠올려봐야 할 것 같습니다. '곰을 위한 쓰레기통', 우리도 만들 수 있을까요?

누런 종잇조각 하나: 제헌헌법 이야기

4

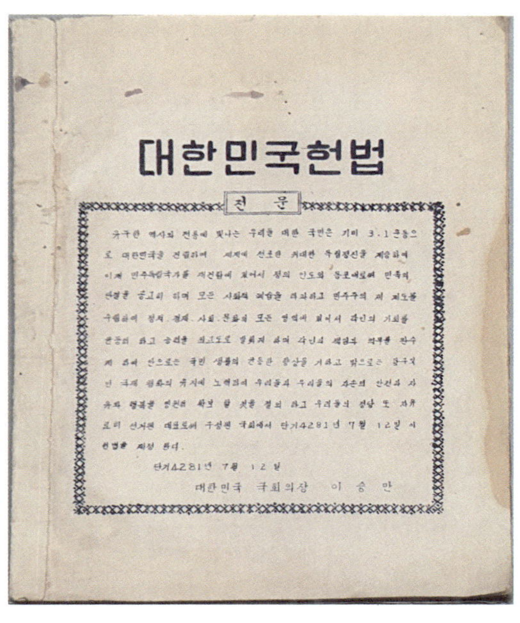

대한민국헌법

전 문

유구한 역사와 전통에 빛나는 우리들 대한 국민은 기미 3.1운동으로 대한민국을 건립하여 세계에 선포한 위대한 독립정신을 계승하여 이제 민주독립국가를 재건함에 있어서 정의 인도와 동포애로써 민족의 단결을 공고히 하며 모든 사회적 폐습을 타파하고 민주주의 제 제도를 수립하여 정치, 경제, 사회, 문화의 모든 영역에 있어서 각인의 기회를 균등히 하고 능력을 최고도로 발휘케 하며 각인의 책임과 의무를 완수케 하여 안으로는 국민 생활의 균등한 향상을 기하고 밖으로는 항구적인 국제 평화의 유지에 노력하여 우리들과 우리들의 자손의 안전과 자유와 행복을 영원히 확보할 것을 결의하고 우리들의 정당 또 자유로히 선거된 대표로써 구성된 국회에서 단기4281년 7월 12일 이 헌법을 제정 한다.

단기4281년 7월 12일

대한민국 국회의장 이 승 만

역사의 한 조각

취미가 뭔지 물으면 독서나 음악 감상과 함께 가장 많이 나오는 대답이 '여행'이 아닐까 싶습니다. 솔직히 말하자면 저는 여행을 별로 좋아하지 않는 편입니다. 누군가 그 이유를 물으면 내가 가장 좋아하는 것을 가장 선호하는 상태로 만들어놓은 가장 편안한 곳이 집인데, 일껏 그렇게 만들어놓은 장소를 떠나서 굳이 불편한 곳으로 갈 이유가 없지 않은가 하고 답하곤 합니다. 무척 게으른 삶의 태도이긴 합니다만, 그런데도 제가 여행에서 의미를 찾는 것은 여태 접하지 못했던 새로운 장소와 사람, 물건들 특히 거기에 얽힌 이야기를 발견할 수 있기 때문입니다. 아는 만큼 보이고, 보이는 만큼 느끼고, 느끼는 만큼 생각하게 되는 법이라서 이런저런 사정을 알고 나면 새삼 모든 것이 달리 보이는 신기한 경험을 하게 되는데, 저는 그 순간의 희열을 무척 좋아합니다. 그래서 여행을 가면 가능한 한 시간을 내어 그곳에 있는 박물관들을 돌아보려고 애쓰는 편입니다.

제가 부산으로 내려온 지 20년이 다 되어갑니다. 젊은 시절 서울에서 오래 살았지만, 이제는 서울을 방문할 때마다 마치 완전히 새로운 도시로 여행을 가는 느낌을 받습니다. 한번은 서울 방문길에 제가 부산에 내려간 사이 새로 생긴 '대한민국역사박물관'에 들러보았습니다. 학창시절부터 우리나라의 역사에 대해 수없이 보고 듣고 배운

터라 과연 여기에 새로운 무언가가 있을까 싶기도 했습니다. 하지만 그렇기에 더더욱 특별한 주제를 정하지도 않은 '역사박물관'이라는 곳에 전시하고 보여줄 만한 것이 과연 뭐가 있을지 궁금했습니다.

박물관의 여러 전시물 수준은 대체로 평이했습니다. 주로 현대사에 관련된 여러 가지 물건이 전시되고 있었는데 딱히 특별할 것은 없어 보였습니다. 그러다가 문득 구석진 벽에 걸린 액자 속 종이 한 장에 눈길이 멈추었습니다. 대한민국 제헌헌법 전문을 담은 문서였습니다. '어, 이거 원문 원고는 소실됐다고 알고 있었는데.' 놀란 마음에 다시 살펴보니 언뜻 손글씨처럼 보인 문서는 다름 아닌 인쇄물이었습니다. 제헌헌법 공포 당시 전국에 배포된 인쇄물 중 하나로 여겨집니다. 철필로 긁어 만든 판에 등사기로 밀어서 만든 조악한 인쇄물이라서 손글씨 모양이 그대로 남아 있는 것이지요. 전국적으로 배포된 수량이 상당할 테니 문서의 희소성이나 역사적 가치가 그리 대단한 것은 아닙니다. 그러니 이렇게

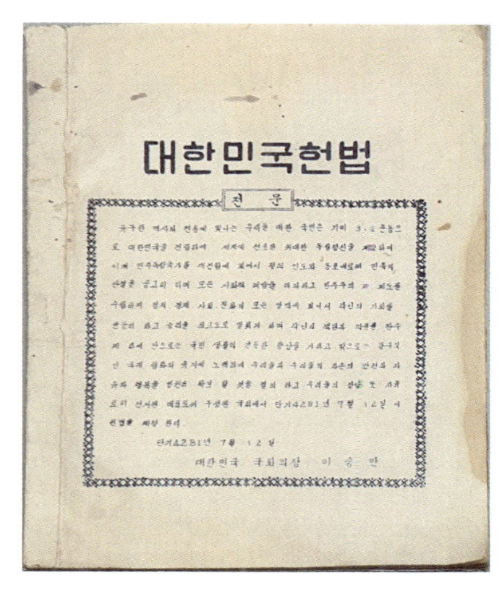
대한민국헌법

전문

단기4281년 7월 12일

대한민국 국회의장 이승만

우리나라 최초의 헌법인 제헌헌법 전문.

사람들의 눈길이 잘 닿지도 않는 곳에 별다른 설명도 없이 걸어둔 것이겠지요.

하지만 법 교육 전공자로서 이 종이 한 장에 담긴 수많은 사연을 잘 알고 있는 저는 정말 감격스러운 조우였습니다. 누렇게 변한 이 종이 한 장에 담긴 의미와 역사는 그리 간단한 것이 아니기 때문입니다. 대학에서 강의를 하면서 제헌헌법을 비롯한 헌법 조항을 학생들에게 수없이 보여주고 설명해왔습니다. 하지만 컴퓨터의 법조문 연혁 검색 화면에서만 보던 문장들을 인쇄된 실물로 만나게 되니 완전히 다른 느낌이었습니다. 한 문장 한 문장 읽어나갈수록 그 뒤에 숨은 이야기들이 아우성치는 소리가 귓전에 울리더군요. 하지만 박물관에 있던 관람객들이 눈길조차 주지 않고 지나치는 것이 너무나 안타까웠습니다. 당장에 관람객들을 붙들어놓고 들려주고 싶었던 이야기들을 지금 이 자리에서 풀어보려고 합니다.

헌법, 국가의 탄생

이 종잇조각의 의미를 설명하려면 먼저 '헌법'이 어떤 성격을 가졌는지 간단히 살펴봐야 할 것 같습니다. 지금 우리가 살고 있는 민주국가의 기본 원칙이 '법치주의'라는 것은 많이들 알고 있습니다.

하지만 법이 어느 시대나 장소에 존재하고 있었으므로 법치가 늘 있었던 것 아닌가 하는 의문을 가질 수 있습니다. 두 사람만 모여도 서로 지켜야 할 예의가 있고 약속이 생겨나기 마련이니, 그 모든 규범을 크게 보아 '법'이라고 한다면 사람이 모여 사는 곳에는 언제나 법이 함께했다고 볼 수 있을 것이기 때문입니다.

'법치法治'가 현대적 의미를 지니는 이유는 민주국가 이전의 여러 국가 형태에서는 통치의 주체가 몇몇 사람 혹은 특정 계급에 한정되는 인간에 의한 통치, 즉 '인치人治'의 방식이었기 때문입니다. 즉 법이 있더라도 소수의 사람이 효율적인 통치를 위한 도구로 사용할 뿐인 것입니다. '인치'에 대응하는 '법치'는 말 그대로 '법이 통치'하는 것입니다. 법이 통치한다는 말은 단순히 명문화된 법 조항이 강제력을 갖는다는 것만을 의미하지는 않습니다. 즉 그 법이 국민 다수의 의지가 모여 만들어진 '합의'라는 점에서 인치와 차별성을 갖는 것입니다.

문제는 국가가 점점 거대하고 복잡해지는 만큼 법도 그 범위와 분량이 방대해져서 일반인들이 접근해서 직접 모든 일을 결정할 수 없다는 점입니다. 따라서 법을 만들고, 적용하고, 집행하는 일을 결국 입법부, 사법부, 행정부의 정치인과 전문가 집단에게 맡길 수밖에 없게 되었습니다. 그런데 만약 이 전문가 집단이 자신들의 이익을 앞세워서 과거 인치의 시대처럼 스스로 특권계급이 되어 마구 권력을 휘두르면 어떻게 해야 할까요? 근대 민주국가에서는 그런 일이 벌어지지 않도록 모든 법률과 권력작용의 목적과 기본 원칙을 미리 밝혀두고 있습니다. 따라서 만약 어떤 권력작용이 이 원칙에 어긋나는 경우 통제가 가능하도록 설계되어 있습니다. 마치 옥황상제도 감당할 수 없을 만큼 강한 무력을 지닌 손오공의 머리에 긴고주를 씌워 엉뚱한 짓을 하려고 하면 삼장법사가 주문을 외워 막는 것처럼, 국민이 국가의 권력작용을 통제할 수 있도록 하는 장치인 셈입니다. 이런 목적으로 만들어진 긴고주와 같은 법, 그래서 '법 중의 법' 혹은 '법 위의 법'이라고 불리는 것이 바로 '헌법'입니다. 그래서 근대 민주국가의 핵심이 되는 법이라고 할 수 있습니다. 이에 따라 민주국가의 기본 원칙은 단순한 '법치주의'가 아니라 헌법에 입각하여 국가가 운영된다는 본래의 의미를 살려 '입헌주의'(constitutionalism)라고 하는 것이 보다 정확할 것입니다.

헌법이 지닌 이런 의미 때문에 일제강점기를 벗어나 해방을 맞이한 후, 대한민국의 건국 과정에서 우리 국민에게 '헌법을 만든다'는 행위는 곧 국가를 만든다는 것, 그것도 과거의 봉건국가나 식민지 상태를 극복한 새로운 민주국가를 건설하는 의미로 받아들여졌습니다. 헌법이 있고 나서야 국가의 제도적 기반도 자리 잡을 수 있고 이를 담당할 국회의원이나 대통령도 뽑을 수 있었으니, 헌법을 서둘러 만들기 위해 많은 사람의 노력이 투여되었습니다. 그 결과

탄생한 대한민국의 맨 처음 만들어진 헌법을 '제헌헌법'이라고 부릅니다. 이 누런 종이 한 조각은 그 제헌헌법의 앞머리에 들어간 '전문'입니다.

여기서 '전문前文'의 뜻은 한자 그대로 '앞에 들어가는 글'입니다. 대개는 헌법의 입법 목적이나 취지 등을 담는데, 국가에 따라 혹은 법에 따라 전문이 없는 경우도 많습니다. 책의 앞머리에 들어가는 '서문'과 비슷한데 그것을 주의 깊게 읽는 사람이 드문 것처럼 불과 한 장밖에 안 되는 전문도 얼핏 스치듯 읽으면 뻔하디뻔한 이야기 같아서 그냥 형식적으로 붙여놓은 장식 같은 것인가 하는 분도 있습니다. 하지만 전문은 헌법 본문 내 각각의 조항이 어떤 목적과 가치를 지향하는지 밝히는 부분이므로 오히려 각 조항을 해석하는 근거로서 아주 크고 강력한 의미를 지니고 있습니다. 심지어 학자들 사이에서 헌법 전문은 원칙적으로 개정이 불가한 부분으로 여겨지기도 합니다. 자구나 표현을 하나도 건드리면 안 된다는 뜻이 아니라 거기에 담긴 근본적인 가치가 바뀌어서는 안 된다는 뜻입니다. 만약 우리나라가 현재 전문에서 밝힌 민주공화국의 가치를 포기하고 독재국가나 전체국가로 바뀌어 헌법 전문의 내용이 그렇게 달라진다면 그것은 단순한 '헌법 개정'이 아닙니다. 이는 과거의 국가가 완전히 사라지고 새로운 형태의 국가가 탄생하는 '폐제廢制'에 해당합니다. 이렇게 헌법 전문은 짧은 내용이지만 우리나라 헌법 전체의 지향점을 밝혀놓고 있다는 특징 때문에 중고등학교 교과서나 대학 헌법 수업에서 가장 흔하게 다루는 내용이기도 합니다.

하지만 손바닥만 한 짧은 글이라고 만만히 보면 안 됩니다. 이 짧은 글을 통해 지난한 우리 민족과 민주주의의 역사, 그리고 함께하는 미래를 향한 열망을 꾹꾹 눌러 담았기 때문입니다. 이제 이 색 바랜 종이 한 장에 담긴 뜻을 좀 더 세세히 살펴보도록 할까요.

한 줄 한 줄에 새긴 의미

유구한 역사와 전통에 빛나는 우리들 대한 국민은 기미 3·1운동으
로 대한민국을 건립하여 세계에 선포한 위대한 독립정신을 계승하여

제헌헌법 전문의 첫 두 줄의 내용.

제헌헌법 전문의 첫 두 줄에서는 우리 역사의 유구함을 이야기하면서 삼일운동 이야기를 강조하고 있습니다. 얼핏 읽으면 평범해 보이는 이 문구를 조금 깊이 생각해보면 약간 의아하기도 합니다. 왜 하늘이 처음 열렸다는 단군의 이야기도 아니고, 우리 민족의 생활권역이 가장 넓었다는 삼국시대나 통일 왕조로 발전했던 통일신라와 고려도 아니고, 일제 침탈 전까지 마지막 왕조로서 정통성을

지닌 조선이나 대한제국도 아닌, 일제강점기 현실에서 아무것도 바꾸지 못한 것처럼 느껴지는 삼일운동의 이야기를 첫머리에 강조한 것일까요? 여기에는 깊은 뜻이 담겨 있습니다.

일제강점기를 살아가면서 울분에 차 독립을 꿈꾸는 사람이었다고 상상해봅시다. 대한제국을 무너뜨린 일제의 통치에 저항하는 독립운동이라면 강점기 이전의 대한제국 혹은 조선 시대로 돌아가려는 지향점을 갖는 것이 당연할 것입니다. 이런 과거로의 회귀를 지향하는 운동이나 사상을 황제의 상징인 옥구슬을 되찾는다는 뜻의 '복벽주의復辟主義'라고 부릅니다. 하지만 1910년 일제의 강제 합병인 경술국치庚戌國恥 이후 조선 왕가는 일제 통치에 순응하고 그 일부로 흡수되는 수순을 밟았으므로 독립운동에는 전혀 앞장서지 못했습니다. 게다가 개화기 이후 계몽운동의 영향으로 근대국가와 민주주의의 가치를 알게 된 사람들은 독립의 진정한 의미를 찾으려면 과거의 왕조로 회귀하지 말고 민주공화정을 원칙으로 한 근대 민주국가의 건설로 나아가야 한다고 주장했습니다. 하지만 이들의 주장에도 불구하고 우리나라 역사상 민중 주도의 혁명으로 국가를 수립한 경험이 없었기 때문에 과연 우리에게도 '시민'의 개념이 존재하는지, 우리나라에서 민주주의가 가능할지 아무도 자신할 수 없습니다.

1919년에 일어난 삼일운동은 그러한 머뭇거림을 한 번에 해소해준 말 그대로 거대한 '혁명'이었습니다. 비록 그 자체로 일제를 이 땅에서 몰아낼 수는 없었지만 잠들어 있는 줄만 알았던 전국의 시민이 거리로 쏟아져 나와 일시에 "독립 만세!"를 목숨을 걸고 외치는 장면은 이후 민주공화국으로서 '대한민국'이 성립할 수 있다는 가능성과 자신감을 모두에게 인식시켜준 커다란 계기가 되었습니다. 삼일운동 직후인 4월 11일, 상해에서 임시정부가 출범하면서 우리 역사상 최초의 헌법이라고 할 수 있는 '대한민국 임시헌장'을 만들었습니다. 임시헌장 제1조를 '대한민국은 민주공화국제로 함'이라고 못 박으면서 삼일운동을 통해 우리가 나아갈 길은 과거의 봉건국가가 아니라 민주공화국이라는 점을 분명히 했습니다. 이 조항이 지금까지도 우리 헌법의 첫머리를 지키고 있다는 점은 삼일운동이 우리 민족의 정치사에 결정적인 전환점이 되었음을 분명하게 보여주고 있는 것입니다.

따라서 대한민국의 건국은 1948년 8월 15일이었지만 그 시작점을 1919년 4월 11일 임시헌장의 공포 시점으로 소급해볼 수 있습니다. 그리고 이 임시헌장은 이후 약 30년간 다섯 차례의 개정을 거치며 임시정부의 헌법으로 계속 다듬어지게 됩니다. 제헌헌법을 1948년 5월에서 7월에 이르는, 하지만 실제 제정 작업은 고작 한 달 남짓 되는 짧은 시간 내에 이루어질 수 있었던 이유도 이미 30년 가까이 다듬고 운영해온 임시정부 헌법의 내용을 기반으로 했기 때문입니다. 이것은 제헌헌법의 기초를 잡은 유진오 박사가 직접 언급한 내용이기

이제 민주독립국가를 재건함에 있어서 정의 인도와 동포애로써 민족의
단결을 공고히 하며 모든 사회적 폐습을 타파하고 민주주의 제 제도를
수립하여 정치. 경제. 사회. 문화의 모든 영역에 있어서 각인의 기회를

| 제헌헌법 전문 중 세 번째 줄부터 다섯 번째 줄까지의 내용.

도 합니다. 제헌헌법 전문에서 세 번째 줄에 '민주독립국가를 재건함'이라고 명시하면서 '재건'이라는 표현을 쓴 것도 이런 맥락을 반영한 것입니다.

제헌헌법 전문의 네 번째 줄에 '사회적 폐습을 타파'한다고 밝힌 것은 일차적으로 일제강점기의 폐습을 의미하지만, 궁극적으로 민주공화국 수립의 의의를 생각해보면 그 이전의 봉건국가에서 있었던 신분제, 차별 등의 문제를 부수겠다는 뜻이기도 합니다. 그래서 그다음에 '민주주의 제도를 수립'이라는 표현이 나오는 것입니다.

수립하여 정치. 경제. 사회. 문화의 모든 영역에 있어서 각인의 기회를
균등히 하고 능력을 최고도로 발휘케 하며 각인의 책임과 의무를 완수
케 하여 안으로는 국민 생활의 균등한 향상을 기하고 밖으로는 항구적

| 제헌헌법 전문 중 여섯 번째 줄부터 여덟 번째 줄까지의 내용.

제헌헌법 전문에서 일고여덟 번째 줄에 두 번이나 연이어 나오

는 '균등'이라는 표현을 주목해볼 필요가 있습니다. 우리 헌법을 폄하하는 사람들이 흔히 하는 말 중 하나는 '급해서 여기저기서 베껴서 만든 헌법'이라는 주장입니다. 그 말에 전혀 근거가 없는 것은 아닙니다. 맨 처음 만들었던 임시정부 헌장의 경우, 당시 먼저 만들어져 있던 중화민국 헌법을 상당 부분 참고했고, 제헌헌법은 당시 가장 앞선 내용을 담았다고 평가받던 독일의 바이마르헌법의 내용이 일부 포함되어 있습니다. 하지만 신생국가에서 처음 헌법을 만들면서 앞선 경험을 지닌 국가의 헌법을 참고하는 것은 당연하고 자연스러운 일입니다. 오히려 아무것도 모르면서 섣부르게 잘못된 헌법을 만들기보다는 좋은 선례를 빠르게 흡수하는 방법이기도 합니다. 그러니 저 비판은 애초부터 잘못된 것이지만, 우리 헌법이 이것을 넘어서서 우리만의 새로운 이념을 뼈대로 내세웠다는 점에서 보면 더욱 더 부정확한 비판입니다.

제헌헌법에는 중국이나 독일 등에서는 찾아볼 수 없었던 '삼균주의三均主義'라는 이념이 새롭게 담겨 있습니다. '삼균', 말 그대로 세 가지가 균등해야 한다는 것인데 정치, 경제, 교육의 영역에서 균등한 기회와 향상을 보장해야 한다는 원칙입니다. 이 원칙은 당시 임시정부에서 활동하고 있던 소앙 조용은 선생께서 개인의 재산과 자유를 중시하는 우익 세력의 주장과 모든 영역에서의 평등을 강조하는 좌익 세력의 주장 사이에서 절충점을 찾기 위해 제시한 것이었습니다. '절충'이라고 하니 이도저도 아닌 것처럼 오해하실 수 있지만 이 삼균주의가 우리나라의 현대사에 끼친 영향력은 어마어마한 것이었습니다. 우선 정치 영역에서의 균등 원칙으로 우리는 대한민국이 개국하자마자 모든 국민이 똑같이 투표권을 갖는 보통선거 원칙을 관철시켰습니다. 서구 민주국가에서도 이 보통선거를 실현하기 위해 차티스트운동, 여성참정권 운동, 노예해방 운동과 같은 숱한 사회적 갈등과 희생을 치러가며 수백 년의 혼란을 겪었습니다. 생각해보면 우리가 조선이라는 봉건사회를 건너 공화국을 세우면서 이 문제를 단박에 해결했다는 것은 대단한 사회적 자산을 쌓은 것이라고 할 수 있습니다. 게다가 교육의 균등 원칙에 의거해 모든 사람이 최소한의 교육을 보장받는 의무교육이 자리 잡으면서 뜨거운 교육열을 바탕으로 한 우수한 인재의 힘으로 우리나라가 빠르게 성장하는 원동력을 확보했습니다. 그리고 경제적 균등 원칙을 통해 경제 영역에서 공정한 경쟁을 보장함으로써 압축 성장이 빠지기 쉬운 극심한 빈부의 격차, 사회적 계급화로 인한 분열 등을 완화시킬 수 있었습니다. 제헌헌법이 삼균주의를 기반으로 하여 성립되면서 이 모든 원칙이 한꺼번에 정립되었기 때문에 우리나라는 불필요한 갈등 요소를 줄이고 빠르게 근대국가로 진입할 수 있었습니다.

그다음에 등장하는 '국제 평화의 유지'는 조금 뜬금없는 내용으로 보일 수도 있습니다. 이 내용이 들어간 것은 제헌헌법이 만들어지

게 하여 안으로는 국민 생활의 균등한 향상을 기하고 밖으로는 항구적
인 국제 평화의 유지에 노력하여 우리들과 우리들의 자손의 안전과 자
유와 행복을 영원히 확보 할 것을 결의 하고 우리들의 정당 또 자유

| 제헌헌법 전문 중 아홉 번째 줄부터 열한 번째 줄까지의 내용.

던 당시의 시대적 상황과 관련이 있습니다. 당시 우리나라의 38도선 이북 지역은 이미 김일성을 중심으로 한 공산당 정권이 자리를 잡은 상태였습니다. 반면 남한은 아직도 정부를 수립하려고 노력하는 단계였고, 이를 방해하기 위한 좌익 세력의 파괴 활동이 극성을 부리던 시점이었습니다. 따라서 대한민국의 기초를 놓기 위해 모인 제헌 의원들의 큰 고민 중 하나는 남한과 북한 중에 어느 쪽이 국제 사회로부터 '정통성 있는 정부'로 인정받을 것인가 하는 점이었습니다. 때문에 '국제 평화'에 관한 내용의 삽입은 남한 정부의 정통성을 국제 사회로부터 인정받겠다는 의지의 표현 중 하나였습니다. 뭘 그렇게까지 눈치를 봐야 하나 할 수 있지만 단순한 '눈치 보기'라고 나쁘게만 볼 것은 아닙니다. 이렇게 국제적인 상식에 맞추어 헌법의 내용을 조정함으로써 절대 사라질 것 같지 않던 우리 사회의 폐습들이 한 방에 사라지는 효과도 있었기 때문입니다. 헌법 제11조와 제12조 등에서 형사 절차와 관련해 국민의 인권을 보호하는 제도를 세세하게 밝힌 것이 대표적인 사례입니다. 당시 '고문 금지' 원칙이 제시되

자 어떤 의원이 "아니, 고문하지 않고 수사를 어떻게 한단 말이오?" 하고 되묻기도 했답니다. 일제강점기를 거치면서 고문이 당연한 수사 관행이자 악습으로 뿌리 깊게 자리 잡고 있었음을 보여주는 일이지요. 과거와 달리 우리가 이 발언을 읽고 경악하는 사회에 살고 있다는 것은 헌법 제정 이전과 이후에 우리 사회의 '상식'이 얼마나 극적으로 바뀌었는지를 잘 보여주는 사례라고 할 수 있습니다.

씁쓸한 제헌절

단기4281년 7월 12일
대한민국 국회의장 이 승 만

제헌헌법 전문 중 마지막 줄 내용.

헌법 전문의 마지막 줄에 '서기 1948년'이 아닌 '단기 4281년'이라고 쓰여 있습니다. 이는 해방 직후 우리 민족의 유구한 역사와 고유한 정체성을 강조하기 위해 단기를 사용하던 관행을 그대로 따른 것이지요. 또한 '대통령 이승만'이 아니라 '국회의장 이승만'이라고 표기한 것도 눈길을 끄는데, 사실 논리적으로 보면 이게 당연한 일입니다. 앞서 말했듯이 국가가 있어야 입법부, 행정부, 사법부의 체계도 만들어지게 되고, 이 체계가 만들어지고 난 후에야 각 부를 이끌 대통령이나 대법원장도 뽑을 수 있는 것입니다. 그리고 그 모든 전제가 되는 '국가'가 있으려면 먼저 헌법이 있어야 하는데 그것이 마련되어 있지 않았으므로 국가도 대통령도 있을 수가 없었지요. 그래서 당시 헌법을 만들기 위해 모인 제헌국회만 있었으므로 이승만은 국회의장의 자격으로 헌법을 공포한 것입니다. 이 짧은 표현은 헌법이 모든 국가 건설 작업의 시작점이 된다는 것을 간접적으로 보여주고 있습니다.

당시 남한은 1945년 8월 15일 해방과 함께 시작된 3년간의 미군정시대가 마무리되는 1948년 8월 15일까지 어떻게든 정부를 수립해야 한다는 '마감 시한'에 쫓기고 있었습니다. 그 시한 이후로 미군의 군정이 연장되면 남한의 정부 수립이 언제까지 지연될지 예측할 수 없는 혼란에 빠져들게 되기 때문이었습니다. 그럼에도 정부 수립의 1차 조건인 헌법을 만들기 위해 지난한 협상과 모색의 과정은 계속되었습니다. 결국 마감 시한을 불과 석 달 남긴 1948년 5월 10일에 헌법을 만들 '제헌의원' 선출을 위한 선거 일정을 겨우 잡을 수 있었습니다. 그러자 좌익 세력은 선거를 저지하고 혼란을 조장하기 위해 그 직전인 1948년 4월부터 총공세를 펼쳤고 온 나라는 벌집을 쑤신 듯 어수선했습니다. 겨우겨우 5월 10일 총선거를 치르고 여기서 선출된 제헌의원들이 5월 31일에 처음 모였고, 이후 임시정부 헌법을 기반으로 한 유진오의 헌법안과 권승렬의 헌법안을 비교해가며 수정한 헌법안이 7월 12일에 최종으로 제정되었습니다. 이 제헌의회를 이끈 사람이 이승만 국회의장이었고, 이후 국회 내부의 간접선거를 통해 이승만이 대한민국 초대 대통령으로 선출됩니다.

여기서 눈썰미가 있는 분이라면 '그렇다면 제헌의원들은 헌법을 만든 것으로 역할을 다했으니 해산하고 이제 헌법에 따라 만들어진 국회를 구성할 국회의원도 다시 뽑아야 하는 것 아닌가?' 하는 생각을 하셨을 것입니다. 논리적으로는 그 말이 맞지만, 이 제헌의원들은 국회의원으로 신분을 바꾸어 그대로 임기를 이어나가게 됩니다. 어렵게 선출된 제헌의원들이 불과 두어 달 활동하고 모두 해산하는 것도 어색하고, 앞서 제헌의원을 선출할 때 좌익 세력의 4월 총공세로 큰 혼란을 겪었던 터라 겨우 1년도 되지 않아 또다시 전국 규모의 선거를 통해 그런 혼란을 반복하는 것은 모두가 꺼리는 상황이기도 했습니다.

따라서 8월 15일은 우리가 일제강점기에서 해방된 광복절이기도 하지만 미군정시대가 마무리된 시점이기도 합니다. 그리고 대한민국 정부가 정식으로 출범한 정부 수립 기념일이기도 합니다. 8월 15일에 대통령이 연설하는 관행이 만들어진 것도 이러한 여러 사정이 고려된 것입니다.

헌법 전문에 표기된 것처럼 헌법이 국회를 통과해 제정된 날은

7월 12일이지만, 전국에 공포되어 실제로 효력을 발휘하기 시작한 시점은 제정 후 닷새가 지난 7월 17일입니다. 때문에 제헌절이 7월 17일로 정해졌습니다. 근대국가로서 대한민국이 탄생한 시점인 만큼 1949년 제정된 '국경일에 관한 법률'을 통해 삼일절, 광복절, 개천절과 함께 국경일로 포함되어 오랫동안 공휴일로 운영되었습니다. 하지만 공휴일이 너무 많아 생산성이 떨어진다는 이유로 2008년부터 공휴일에서 제외되어 2025년 현재까지 제헌절은 '공휴일 아닌 국경일'로 남아 있습니다.

어차피 국경일의 지위는 유지하고 있으니 상관없는 것 아닌가 하고 생각하실 수 있습니다. 하지만 국경일을 정하는 이유는 국민에게 그날의 의미를 다시 한번 생각해볼 계기를 마련해주기 위함입니다. 따라서 '공휴일 아닌 국경일'은 아주 큰 한계를 지닐 수밖에 없습니다. 더구나 최근 극단적인 주장과 타협 없는 대결로 사회의 분열이 우려되는 시점에서 대한민국의 근간이자 공통의 합의 기반인 헌법이 지닌 의의와 가치는 더욱 커지고 있습니다. 그런데 정작 우리는 '하루 더 일해서 생산성을 높이자'는 얄팍한 이유로 제헌절을 잊어가고 있으니 법 교육 전공자이기에 앞서 국민의 한 사람으로서 입맛이 대단히 씁쓸합니다. 어쩌면 이 제헌헌법 전문 앞을 그냥 스쳐 지나쳤던 사람들의 무관심도 대한민국의 민주공화국으로서의 뿌리에 대한 홀대가 꾸준히 쌓인 결과가 아닐까 싶어 새삼 안타깝습니다.

한힌샘 주시경의 하얀 꿈

5

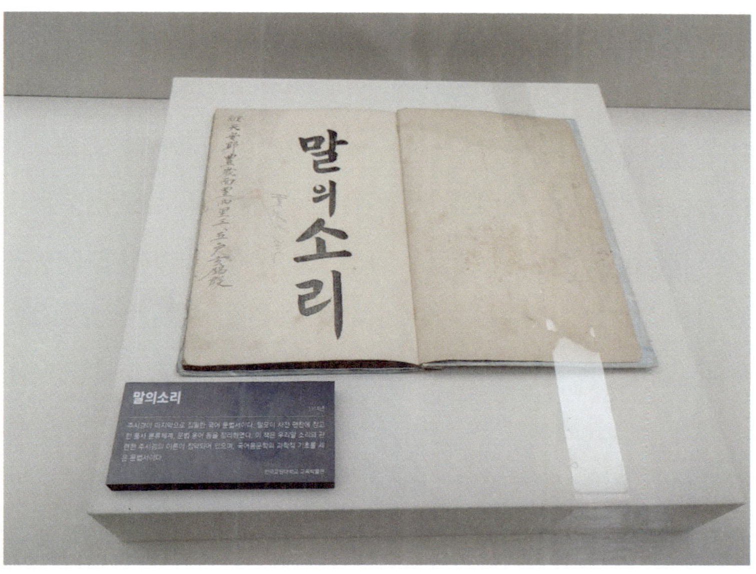

한글의 뿌리를 심은 주시경

부산대학교 안에는 작은 박물관이 하나 있습니다. 건물도 고풍스럽고 학교 한가운데 자리 잡고 있어서 접근성도 좋은 편이지만 사람들의 발길이 그리 잦은 곳은 아닙니다. 게다가 가장 유명한 소장품이 사람의 뼈 표본이라서인지 어딘가 으스스한 느낌이 드는 곳이기도 합니다. 하지만 작은 박물관의 한계를 넘어 다양한 전시 시도를 꾸준히 하고 있어서 참으로 좋아하고 또 시간이 나는 대로 들르는 곳입니다.

몇 년 전의 일입니다. 한번은 점심 식사를 마치고 산책 겸 들른 박물관 특별전시실에서 우리나라의 목판 인쇄술에 관한 전시를 하고 있었습니다. 그런데 그 한편을 비워서 한글과 관련된 자료를 같이 전시했더군요. 한글날 즈음의 시점도 아니었지만 아마도 '한글'이라는 문자의 문제가 '인쇄술'과 함께 연상되는 주제라서 포함시킨 모양이었습니다. 그러니까 굳이 따지자면 본 전시의 애피타이저와 같은 느낌이었는데, 첫 패널

주시경 선생의 생애를 설명하는 전시물.

에 담겨 있는 주시경 선생의 사진을 마주한 순간부터 숨이 턱 막혀서 걸음을 쉽게 옮길 수 없었습니다. 한때 개인적으로 한글맞춤법에 흥미를 느껴서 잠시 공부를 할 때 그토록 감탄해 마지않던 분이었는데 꽤 오래 잊고 살았음을 뒤늦게 깨달은 것입니다. 패널 속에 담긴 한 장의 사진, 그리고 사연들을요.

전시 패널의 내용을 읽으면서 여러 가지 생각이 뭉게뭉게 피어올랐습니다. 이 패널 정도만 해도 글의 분량이 적지 않다 하겠지만, 사실 이 내용을 읽고 구절마다 담긴 사연을 다 미루어 짐작할 수 있는 사람이 얼마나 있을까 하는 생각이 들었습니다. 숨을 들이쉬고 내쉬듯이 우리가 너무나 당연하게 쓰고 있는 한글의 뿌리를 심은 그 파란만장한 사연을 아예 걸음을 멈추고 하나하나 되새기듯 보았습니다.

'훈민정음訓民正音'은 모두가 아는 것처럼 조선 시대 세종대왕 대에 만들어졌습니다. 하지만 그 창제 의도가 '우리말에 맞는 우리 글'을 만들기 위해서였는지에 대해서는 의문의 여지가 있습니다. 그보다는 당대 동북아시아 지역에서 보편적으로 통용되던 중국의 한자를 읽을 때 우리말 발음이 중국의 표준 발음과 차이가 나서 이를 교정하고 통일하려는 목적이 컸을 것입니다. 이런 발음의 차이는 중국어를 통역하는 사람들에게나 문제가 되는 게 아니었을까 싶지만 의외로 당대 조선의 사대부에게는 매우 중요한 문제였습니다. 사대부의 교양의 척도이자 중요한 소통 방식 중 하나였던 한자를 이용한 문장 짓기에서 각 글자의 운을 맞추는 것은 중요한 문장 형식이었습니다. 그런데 발음이 중국과 다르다면 어떻게 운을 맞춰야 할지 알 수 없겠지요. 그러니까 백성을 가르치는 올바른 소리라는 뜻을 지닌 '훈민정음'에서 '백성에게 가르치려고 한'(訓民) '올바른 소리'(正音)는 한자음일 가능성이 높습니다.

하지만 그러한 창제 의도가 훈민정음이 가진 높은 가치를 떨어뜨리는 것은 결코 아닙니다. 애초에 한자음을 올바르게 배우도록 하는 보조적인 역할을 염두에 두고 한글을 창제했을 수도 있습니다. 하지만 창제 과정에서 뜻을 표기하는 한자의 성격을 버리고 음을 그대로 나타내는 '표음문자'를 만들어냈는데, 결과적으로 '표의문자'인 한자와는 완전히 다른 문자 체계를 이룩한 것입니다. 이처럼 한글은 우리의 고유한 문자 체계이자 오늘날 세계적으로도 엄청난 잠재력을 인정받는 언어가 되었습니다.

근대국가의 꿈 혹은 환상

아쉽게도 그러한 잠재력은 조선 시대 동안에는 수면 아래에서 꿈틀거리고만 있었습니다. 한자를 배우기 어려웠던 여성이나 평민

외에도 양반도 보조적인 표기 수단으로 폭넓게 한글을 사용했지만 어디까지나 '보조적 지위'를 벗어나지 못한 한계를 가지고 있었습니다. 그 잠재력이 긴 잠을 깨고 마침내 세상에 펼쳐지기 시작한 것은 구한말부터였습니다. 19세기 말에서 20세기 초에 걸쳐 전 세계 모든 국가의 과제는 어떻게 하면 봉건국가에서 근대국가로의 변신에 성공 할 수 있는가였습니다. 이 과제를 다른 나라보다 먼저 풀어내면 영국이나 일본처럼 부국강병이 가능한 것이고, 여기에서 뒤처지면 인도나 중국처럼 제국주의 국가의 먹잇감이 된다는 불안감에 쫓겨 '변화'는 누구도 거부할 수 없는 지상 과제가 되었습니다. 그래서 무엇이 되었든 과거의 제도와 습속, 이른바 '구습'을 깨뜨리는 일은 일단 '좋은 일'로 여겨지게 되었습니다. 과거의 세상은 어둠 속에 파묻혀서 방향을 모르고 헤매는 꿈과 같은 나쁜 것이기 때문에 블을 켜서 '그 어둠을 밝힌다'(the enlightenment), 어리석음을 깬다는 의미의 '계몽啓蒙'이라는 말이 널리 확산되었습니다.

구한말 한글 관련 논의의 시작 역시 이러한 계몽의 차원, 그러니까 낡은 습속이었던 한자를 버리고 선망의 대상인 서구 국가들이 쓰는 알파벳과 같은 표음문자를 쓰자는 것에서부터 시작되었습니다. 1896년 〈독립신문〉이 우리나라 최초의 순 한글 신문으로 발간된 것은 그 자체로 혁명적인 의미를 내포하고 있었습니다. 주시경은 이 〈독립신문〉의 발행 작업에 함께 참여하면서 한글에 대한 관심을 키

우게 되었고, 그 관심은 1905년을 전후로 주시경의 평생을 건 사업으로 변모하게 됩니다. 1905년은 우리 역사에서 매우 크고 불행한 전환점이었습니다. '을사늑약'으로 우리의 국권이 사실상 일본에게 침탈된 해이기 때문입니다. 그래서 이를 기점으로 한글의 근대적 의미는 '계몽'을 넘어 '민족주의'와 결합되었습니다. 주시경은 일정 지역에 사는 사람들은 자연환경, 기후, 풍토에 맞는 내적 특성을 공유하는 언어를 사용하므로, 독립한 언어가 있다면 그것을 사용하는 사람들이 독립된 특성을 가진 한 덩어리의 사람들, 즉 '민족' 개념으로 묶일 수 있으므로 이 사람들이 독립한 국가를 가지는 것은 당연하다고 주장합니다. 다시 말해 일본어와 다른 우리말과 우리글이 있다면 그것이 우리가 일본으로부터 독립해서 별도의 국가를 구성할 수 있는 강력한 근거가 된다고 본 것입니다. 이러한 사고 과정을 통해 한자를 완전히 한글로 대체하는 문제는 국가와 민족의 존립과도 연계된 문제로 확장됩니다.

그래서 이 즈음에 새롭게 등장하는 용어가 바로 '한글'입니다. 사실 1910년 이전까지는 한글이라는 명칭이 없었고 '언문'이라는 표현이 널리 쓰였습니다. '한글'은 주시경과 그 제자들이 중심이 되어 만든 조선어연구회(훗날 조선어학회)에서 주로 쓰던 표현이었지요. 이들이 1926년에 '한글날'의 시초가 되는 기념일을 제정할 때도 그 명칭을 '가갸날'이라고 정한 것을 보면 그때까지도 '한글'이라는 명칭이 보편화되지 못한 것이 아닐까 추측할 수 있습니다. 육당 최남선의 글에서 '한글'의 '한'이 '큰 글'이라는 뜻과 함께 '대한민국'을 의미한다고 밝힌 것은 한글의 등장과 성장에 민족주의 염원이 강하게 결합되어 있었음을 보여줍니다.

한글맞춤법의 험난한 여정

하지만 한글이 민족의 정신을 담은 어엿한 우리글로 우뚝 서기에는 여전히 커다란 한계를 지니고 있었습니다. 이 문제를 가장 먼저, 가장 민감하게 인식한 이가 바로 주시경이었습니다. 그는 1901년부터 1905년까지 외국인에게 한국어를 가르치는 교사의 역할을 했는데, 그 과정에서 한글을 타자의 시선에서 바라볼 수 있었습니다. 매일같이 쓰는 우리말을 소리 나는 대로 옮겨 적는 한글에 대해 표기의 방식이 매번 조금씩 달라져도 모어 화자인 우리는 그리 큰 문제의식을 갖지 않습니다. '꽃', '꼬치', '꼬츨', '꼿꼬지' 등 표현이 중구난방이라도 소리를 그대로 받아들이면 의미를 유추해내는 데 별 어려움이 없기 때문입니다. 하지만 이러한 일관성의 부족은 우리말을 처음 배우는 사람에게는 혼란스럽고 어려운 문제가 될 수밖에 없습니다. 게다가 모어 화자라고 해도 앞뒤의 맥락이 없다면 '꼿', '꼳',

'꽃' 등 표기가 제각각인 말에 대해 이 단어가 무슨 의미인지 유추해내기 어렵거나 부정확하게 될 수밖에 없습니다. 근대국가로의 발전 과정에서 표음문자가 발휘하는 가장 큰 힘이 '누구나 같은 의미를 공유할 수 있다'는 '보편성'이라는 점을 고려할 때, 일관성의 부족은 심각한 한계라고 할 수 있습니다.

주시경은 단어마다 고유한 원래의 음이 있다고 상정하고 이것을 '본음'이라고 불렀습니다. 그리고 발음을 할 때 나는 소리는 이 본음이 잠시 흐트러져 나는 '임시의 음'으로 봤습니다. '우리말'이 실체이고 '한글'은 이 실체의 반영물, 즉 그림자와 같은 것이니 발음은 편한 대로 하더라도 표기는 실체의 모습을 제대로 반영하도록 본음을 살려서 적어야 한다는 것입니다. 이것이 바로 주시경이 강조하는 '본음 이론'입니다.

사실 표음문자라는 특성을 해치지 않기 위해 본래의 음, 즉 '본음'이라는 표현을 쓰고 있습니다. 하지만 주시경의 본음 이론은 표음문자, 그것도 자음과 모음을 결합해서 모아쓰기를 하는 한글의 한계를 극복하기 위해 부분적으로 표의문자의 특성을 도입한 고육지책이라고 할 수 있습니다. '낫', '낮', '낯', '낱' 등 발음으로는 구별되지 않는 말들을 고유의 표기 방식을 통해 의미를 부여하는 것이기 때문입니다. 현재 한글맞춤법 제1장 총칙의 제1항인 '소리대로 적되, 어법

| 주시경이 쓴 문법서인 《조선말갈》과 유고집 《조선어문법》.

에 맞도록'에서 '어법'이 바로 본음을 살려 적으라는 주시경의 이론이 반영된 결과물입니다. 이러한 방식이 한글을 체계화하는 데 가장 효과적이라는 확신으로 주시경은 여러 문법책을 저술하고 조선어학회를 조직하여 한글 연구자를 키워내기도 했습니다.

하지만 '본음 이론'을 바탕으로 한 주시경의 시도는 당대에 많은 반발에 부딪혔습니다. 애초에 한자에서 한글로의 전환을 시도한 이유가 표의문자를 버리고 근대적 언어인 표음문자 체계로 바꾸기 위해서인데 주시경의 방식은 표음도 표의도 아닌 애매모호한 표기법이 아닌가 하는 당연한 비판이 제기된 것이지요. 게다가 당시 사람들이 전혀 사용하지 않던 '낫', '낱', '낯'과 같은 받침을 붙인 새로운

| 주시경이 마지막으로 집필한 문법서《말의 소리》.

단어가 등장했죠. 또한 한 걸음 더 나아가 동일한 단어의 수를 최대한 줄이기 위해 받침의 개수를 늘리다 보니 '젊다', '않다', '앉다', '밝다' 등 겹받침까지 도입했습니다. 그러니 우리말을 쓰는 우리나라 사람들마저도 국어 공부를 처음부터 다시 해야 할 판이었지요. 상황이 이리 되고 보니 강력한 반발이 뒤따르는 것은 충분히 예상할 수 있는 일이었습니다.

이러한 혼란스러운 상황을 정리하기 위해 조선총독부는 한글맞춤법의 정리 작업에 나서게 됩니다. 우리는 일제강점기 때 우리말이 지독하게 탄압을 당하기만 했을 것으로 생각하지만 그러한 본격적인 탄압이 이루어진 때는 일본이 벼랑 끝으로 몰린 태평양전쟁 말기였습니다. 그리고 그 이전인 1930년대 초반까지는 한글과 우리말이 완전한 말살의 대상이 되었던 것은 아닙니다. 하지만 그렇다고 해서 일제가 조선인을 배려하거나 존중해서 이러한 정책을 택한 것은 절대로 아닙니다. 제국주의 국가의 입장에서 식민 지배를 더 효율적으로 하려면 그 나라의 언어 체계를 잘 이용하는 것이 필요하다는 판단에서 나온 선택이었을 뿐입니다. 그래서 당시 일제는 조선어를 잘하는 일선 경찰에게 인센티브를 주었을 뿐만 아니라 1911년부터 9년간 장기간에 걸친 작업을 통해 1920년 《조선어사전》을 펴내기도 했습니다.

조선총독부 차원에서 추진된 한글맞춤법 정리 작업도 이런 통치 효율화 정책의 일환이었습니다. 당시 총독부는 〈조선교육령〉을 통해 각 학교에서 주당 20시간 이상의 조선어 수업을 필수 과목으로 편성했는데, 이 수업에서 쓸 교재를 편찬하기 위해 한글맞춤법 정리 작업에 착수한 것입니다. 그래서 1912년, 1921년, 1930년까지 각각 9년이라는 시간차를 두고 세 차례에 걸쳐 '언문철자법'이 정리·공포되었고, 이로써 한글맞춤법이 체계화되고 널리 보급되는 계기가 되었습니다.

특히 1930년대 제3차 언문철자법 논의 과정에는 조선어학회 학자들이 주도적으로 참여했습니다. 영화 〈말모이〉에서 조선어학회 회원들의 일제 치하에서 한글을 지키기 위해 목숨을 걸고 벌이는 사투를 생각해보면 총독부의 한글맞춤법 개정안 작업에 조선어학회가 적극적으로 협력한 사실은 참으로 아이러니합니다. 하지만 앞서 말씀드린 것처럼 조선어 말살 정책은 일제가 본격적으로 태평양전쟁에 돌입한 이후, 특히 군부가 일본의 정권을 완전히 장악한 1942년부터 약 3년간에 걸쳐 지독하게 벌어진 일이었습니다.

그래서 1930년 제3차 언문철자법 논의 과정에는 조선어학회도 적극적으로 참여하지만 후에 벌어질 조선어 탄압과는 다른 차원에서 정책적 의견 차이가 발생하게 됩니다. 3차 개정 작업을 주도한 조선어학회의 학자들은 '어법에 맞게' 한글을 쓰기 위해 말의 본음 혹

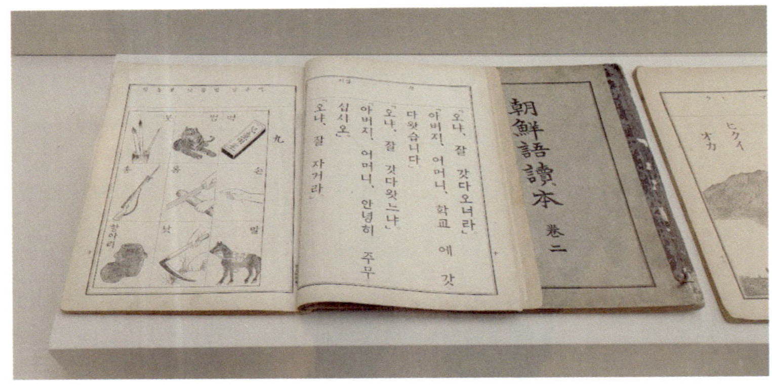

| 일제강점기 때 조선어 수업에 사용되었던 《조선어독본》.

은 원형을 설정하고 사람들이 생전 처음 보는 받침을 강제로 쓰도록 해야 한다고 주장합니다. 반면 행정기관으로서 보수적인 행보를 보일 수밖에 없는 조선총독부의 입장에서는 이러한 주장을 수용하기가 곤란했던 것입니다. 총독부 입장에서 완전히 새로운 학술적 개념을 받아들이는 한편 이 개념을 사람들의 언어생활에 강제를 가해가면서까지 관철하는 것이 쉬운 일이 아니었습니다. 결국 제3차 언문철자법 개정도 조선어학회의 주장이 절반 정도만 받아들여진 애매한 형태의 타협으로 마무리되었습니다.

이러한 결과에 크게 실망한 조선어학회는 결국 어렵고 힘든 길이지만 독자적으로 맞춤법 통일안을 마련하기로 합니다. 이를 위해 1930년부터 1933년까지 약 4년 동안 회의 횟수만 125회, 회의 시간으로는 433시간, 그리고 보이지 않는 각고의 노력을 더 많이 기울여 마침내 1933년 '한글맞춤법통일안'을 내놓습니다.

그렇게 많은 고민과 시간이 투여된 한글맞춤법통일안은 정작 발표 직후에는 그리 큰 반향을 얻지 못했습니다. 일부 신문이 이 맞춤법 통일안에 따라 표기하겠다고 선언하기도 했지만, 앞서 살펴본 것처럼 그간 별문제 없이 편하게 써온 말을 처음부터 다시 배우는 수고를 ―그것이 아무리 장기적으로는 옳은 방향이라 해도― 무릅쓸 사람은 많지 않았던 것입니다. 게다가 이후 일제가 세계대전의 참화에 본격적으로 뛰어들면서 한글의 문제는 사람들의 관심사에서 점

조선어학회의 피땀이 어린 '한글맞춤법통일안'. 1933년 판본에는 '마춤법'이라고 표기되어 있다.

차 밀려나고 말았습니다. 그리고 본격적인 군국주의 국가로 변신한 일본이 우리나라에서 민족적 성격을 가진 모든 활동을 탄압하면서 조선어학회와 한글 운동도 모두 크게 위축되었습니다.

하지만 아이러니하게도 일제의 탄압은 한글에 커다란 기회가 되기도 했습니다. 우리 사회의 많은 수의 지식인이 변절하여 친일의 길로 들어서던 그 시점에 조선어학회는 모진 탄압에도, 특히 자신들을 타깃 삼아 무리한 체포와 모진 고문을 가했던 이른바 '조선어학회 사건'을 견디면서 우직하게 한글의 기치를 지켰습니다. 그 결과 조선어학회는 해방 이후 그 권위와 진정성을 가장 인정받는 전문가 집단으로 우뚝 서게 되었습니다. 1945년 이후 미군정시대로 들어서면서 가장 시급한 과제였던 교과서 제작에 조선어학회의 전문가들이 핵심 역할을 하는 것은 당연한 일었습니다. 또한 정부 차원에서 추진

한글학회가 만든 우리나라 최초의 한글 대사전인 《조선말 큰사전》.

된 한글맞춤법통일안에도 '소리대로 적되, 어법에 맞도록'이라는 대원칙이 전면 수용되었습니다. 이러한 지난한 과정을 거쳐 오늘날 우리가 알고 있는, 이 글이 쓰이고 자연스레 읽히는 토대가 되는 '한글 맞춤법'이 성립된 것입니다.

한글을 필생의 업으로 정하고 불꽃처럼 살다가 서른여덟 너무 젊은 나이에 세상을 떠난 주시경 선생의 사진을 다시 들여다봅니다. 우리가 너무도 당연하게 발을 디디고 사는 이 세상의 기반을 다지신, '크고 하얀 샘'이라는 뜻으로 붙인 '한힌샘'이라는 아름다운 호가 참 잘 어울리는 분이라는 생각이 듭니다. 우리에게 '한글'이라는 '크고 하얀 꿈'을 전하신 그 뜻이 참 아름답다고 생각합니다. 선생께서 남긴 이 한글을 아름답게 써야겠다는 다짐을 담은 눈빛을 유리창 너머로 보내며 오래도록 그 자리에 서 있었습니다.

Chapter

3

우리가 생각하는 것들이 진실일까?

이상한 가족사진:
네 개의 지층

1

첫 번째 지층, '아빠, 같이 가요!'

캐나다라는 나라의 시작은 영국과 프랑스에서 주로 비버 사냥 등 상업적인 목적으로 들어온 사람들이 도시를 이루고 살면서부터였습니다. 유럽인인 이들은 대서양을 거쳐 아메리카 대륙에 도착했습니다. 그들이 처음 들어선 항구는 동해안 쪽에 자리 잡은 핼리팩스Halifax를 중심으로 한 노바스코샤Nova Scotia주 지역이었습니다. 그곳에서 프랑스계를 중심으로 한 퀘벡Quebec과 몬트리올Montreal, 영국계를 중심으로 한 토론토Toronto 등의 대도시가 발달한 것은 자연스러운 귀결이었지요. 반면 태평양을 접하고 있는 서해안 지역은 상대적으로 늦게 개발이 시작되었습니다. 캐나다의 내륙지역을 관통하는 것이 어려웠기 때문에 배가 남미 끝단까지 빙 돌아서 와야만 했습니다. 그렇게 처음으로 서해안 지역에 도착하여 정착지를 건설한 사람은 영국의 탐험가 '조지 밴쿠버George Vancouver'였습니다. 그는 내륙으로 들어가는 대신, 바로 앞에 있는 섬에 정착지를 건설했습니다. 그의 이름을 딴 이 '밴쿠버 아일랜드'는 그렇게 캐나다 서해안 지역의 시작점이 되었지요. 그 섬 앞쪽으로 상륙이 용이한 지역에 사람이 모여들면서 도시가 형성되었고, 그 도시의 이름도 섬의 이름을 따라 어물쩍 짓다 보니 '밴쿠버'가 되어버렸습니다.

밴쿠버가 본격적으로 발전하기 시작한 것은 유럽 중심의 세계관에서 벗어나 아시아와 중동 지역의 중요성이 부각된 '태평양 시대'가 열리면서부터라고 할 수 있습니다. 항구도시로서 밴쿠버의 가치가 크게 높아진 것이지요. 사실 밴쿠버에 살면서도 배를 탈 일은 거의 없기 때문에 이곳이 항구도시임을 잊는 경우가 많습니다. 어느 날 가족과 함께 구도심으로 나들이를 나왔다가 밴쿠버 뉴웨스트민스터New Westminster 지역의 페리Ferry 항구 지역을 돌아보게 되었습니다. 그리고 그곳에서 사진 한 장을 발견하고 한참을 그 자리에 서서 홀린 듯이 이 사진과 여기에 얽힌 사연을 떠올리게 되었습니다.

태평양 시대를 연 주요 항구도시로서 밴쿠버의 가치가 새롭게 인식이 된 계기는 씁쓸하게도 전쟁이었습니다. 1939년 제2차 세계대전이 발발하자 캐나다 역시 영연방의 일원으로서 본국인 영국과 함께 독일에 선전포고를 하고 즉각 전시체제로 전환합니다. 대서양의 건너편 멀리 자리 잡고 있는 이곳 브리티시컬럼비아주에도 전쟁의 충격이 국가의 신경망을 타고 전해져 수많은 젊은이가 전쟁에 투입됩니다. 이들을 수송하기 위해 교통과 운송 수단도 바쁘게 움직이기 시작했습니다. 브리티시컬럼비아주의 가장 큰 도시이자 항구인 밴쿠버에는 전장에 나가는 군인들의 행진이 연일 이어졌지요.

이 장면을 담기 위해 뉴웨스트민스터의 페리 항구 앞에서 대기하던 지역신문의 사진기자 클로드 데틀로프Claude P. Dettloff는 8번가를

'아빠, 같이 가요!'라는 제목으로 많은 사람의 심금을 울린 사진(클로드 데틀로프, 1940).

따라 행군하며 내려오는 군인들을 찍고 있었습니다. 그리고 우연히 한 아이가 엄마의 손을 뿌리치고 행군 중인 아빠에게 달려가는 장면을 카메라에 담았습니다. 정말 찰나의 순간, 말 그대로 '우연히' 찍힌 한 장면이지만 이 사진에는 사람들의 심금을 울리는 모든 것이 꽉 들어차 있었습니다. 유명한 사진작가 앙리 카르티에 브레송Henri Cartier Bresson은 사물의 본질을 보여주는 한순간을 잡아내는 것이 핵심이라는 뜻에서 '결정적 순간'(decisive moment)이라는 표현을 사용하며 늘 빠르게 꺼내 들 수 있는 소형 사진기만을 고집했다고 합니다. 철학자인 롤랑 바르트Roland Barthes는《카메라 루시다》에서 보는 이들의 마음 속 어떤 부분을 단번에 찔러 들어오는 '푼크툼punctum'이라는 요소가 사진 이미지의 제일 중요한 부분이라고 이야기했습니다. 이 사진이야말로 그들이 어려운 이론으로 설명한 '결정적 순간'과 '푼크툼'을 화면 한가운데 꽂아둔 듯한 사진이었습니다. 목숨 걸고 전쟁에 나가는 청년들의 비장함, 국가를 지킨다는 명예, 하지만 이들을 떠나보내야 하는 가족들의 아픔, 무사히 돌아올 기약이 없다는 슬픔, 그 모든 것을 꾹꾹 누르고 거리를 두고 행진하는 군인과 가족들, 그 사이를 순진한 사랑만으로 가로질러 아빠에게 달려가는 아이의 애절한 마음까지, 그 모든 것이 순식간에 사진 밖으로 튀어나와 보는 이의 오장육부를 찔러대는 '푼크툼'.

'아빠, 같이 가요!'(Daddy, Wait for me!)라는 제목으로 지역신문에 게재된 한 장의 사진은 곧 캐나다 전역에 알려져 제2차 세계대전을 대표하는 이미지가 되었습니다. 그리고 유명한 사진 잡지인 《라이프》에 다시 게재되면서 전 세계적인 유명세를 탔습니다. 이 사진 한 장으로 데틀로프의 인생이 완전히 뒤바뀔 정도였지요. 전시 동원 체제를 운영 중이었던 캐나다 정부는 국내의 모든 학교 교실에 이 사진을 게시하여 전쟁에 대한 사람들의 관심과 의지를 끌어올리도록 합니다. 그리고 전쟁 자금을 동원하기 위한 '전시 채권'(War Bond) 광고에도 이 사진을 적극 활용하기도 했지요. 이렇게 이 사진은 전정에 임하는 캐나다인의 희생과 의지를 보여주는 상징이 되기도 합니다.

전쟁이 끝난 후 다행히 이 사진 속의 아버지는 무사히 돌아와 "아빠, 같이 가요!"를 외치던 아들과 감격적인 해후를 합니다. 이 자리에도 데틀로프가 다시 참여해 부자의 아름다운 상봉을 사진으로 남겼습니다. 참 아름답고 매끈한 서사의 완성이었습니다. 생각해보면 너무 매끈한 마무리입니다. 과연 이게 전부일까 의심이 생길 만큼요.

두 번째 지층, '잭의 이야기'

잭Jack은 브리티시컬럼비아주의 여러 지역 중에서도 촌구석 중의 촌구석에 해당하는 '오카나간Okanagan' 출신의 농사꾼이었습니다. 춥고 외진 오카나간 계곡에서 소처럼 일하며 과일이며 채소를 재배해 인근의 대도시인 밴쿠버에 내다 팔아 근근이 생계를 이어가던 성실한 농부였지요. 그가 유일하게 내세울 수 있는 자부심은 당시 캐나다는 모병제라 꼭 가지 않아도 되는 군대를 용감하게 다녀와서 캐나다 국민으로서의 의무를 다했다는 것이었습니다.

하지만 그의 나이도 이미 서른셋으로, 예비군에 편입되어 있었지만 제대한 지도 꽤 시간이 지났고 아내와 아들까지 있는 어엿한 가정의 가장이었습니다. 그러나 제2차 세계대전이 발발하자 그는 다시금 예전의 자부심이 가슴속에서 끓어오르는 것을 느끼며 다른 누구보다 먼저 용감하게 전쟁에 나가려고 했습니다. 하지만 그가 편입되어 있는 예비군 부대는 현역 부대보다 후순위였기 때문에 아직 소집 명령이 내려오지는 않은 상황이었지요.

이웃의 청년들이 너도나도 자원입대를 하는 상황을 안타까운 마음으로 지켜보던 잭은 자신도 자원입대를 해야겠다는 결심을 세웁니다. 하지만 아내인 버니스는 이런 잭의 결정을 강하게 반대합니다. 사랑하는 남편이 스스로 사지에 뛰어들겠다는데 말리지 않을 아내는 없을 것입니다. 하지만 버니스에게는 이것 외에도 좀 더 현실적인 반대의 이유가 있었습니다. 제대병인 잭이 예비군 부대로 편입되어 소집에 응하게 되면 제대 당시의 계급인 병장 계급으로 월급을 받게 되지만 자원입대를 하면 신규 부대에 재편성되므로 최하급병인 일병으로 가야 하는데, 이 경우 월급이 절반으로 깎이기 대문이었습니다. 목숨이 오고 가는 마당에 월급이 문제냐고 할 수도 있습니다. 하지만 산골 마을에서 남편의 육체노동으로 농사를 지어 생계를 빠듯하게 유지하던 버니스의 입장에서는 이 또한 자신과 어린 아들의 '목숨이 오고 가는' 문제였습니다. 오히려 그녀에게는 오로지 남자의 자존심을 세우겠다고 전쟁터에 나가지 못해 안달하는 남편의 모습이 영웅적으로 보이기보다는 사춘기 소년의 철없는 불장난처럼 보였겠지요.

그들은 수없이 다투었으나 잭은 끝까지 고집을 꺾지 않았고 결국 자원입대를 강행하여 서른 중반의 나이에 일병으로 강등된 상태로 전쟁터로 향하게 됩니다. 화가 난 버니스는 그렇게 전쟁이 좋다면 마음대로 하라고 소리를 지르지만 남편이 전쟁터에 나가는데 배웅도 하지 않는다고 이웃에게 눈치를 받을까 봐 어쩔 수 없이 파병 행진 배웅 행사에는 따라 나갑니다. 하지만 마음이 좋을 리 없었겠지요. 그래서 다른 병사들의 가족은 행진 대열과 나란히 걸었지만 자신은 아들 워런의 손을 잡고 멀찍이 떨어져서 딴청을 부리고 있었지요. 죽음을 무릅쓰고 나서는 마지막 길에 가족의 응원조차 받지 못한 잭은 미어지는 가슴을 부여안고 터벅터벅 걷고 있었습니다.

그런데 바로 그 순간, 버니스가 잠시 딴생각을 하는 사이에 아들 워런이 엄마의 손을 놓고 아빠 쪽으로 달려가며 큰 소리로 외칩니다. "아빠, 같이 가요!" 당황한 버니스는 워런을 붙잡으려고 손을 뻗었지만 아들은 이미 저만치 달려간 뒤였습니다. 자신을 향해 달려오는 아들을 보고 감격한 잭은 오른손에 들고 있던 소총을 왼손으로 옮겨 쥐고 아들에게 손을 내밀었습니다. 그는 울고 있었고, 우리가 본 사진은 바로 그 순간을 담은 것이었습니다.

세 번째 지층, '아들 워런의 이야기'

데틀로프의 사진은 캐나다 전체에, 아니 세계적으로도 널리 알려진 유명한 전쟁 사진이 되었으나 정작 사진의 주인공인 워런의 삶은 그리 영광스럽지 않았습니다. 육체노동이 대부분을 차지하는 농가의 일을 생각해보면 아버지의 노동력이 절대적인 농가에서 젊은 아버지가 빠져나간 자리를 채울 수 있는 것은 아무것도 없기 때문입니다. 결국 생계가 어려워진 어머니 버니스는 정다운 친구와 이웃이 있는 고향 오카나간을 떠나 일자리가 있는 대도시 밴쿠버로 이사했습니다. 그리고 닥치는 대로 막일을 하며 간신히 입에 풀칠하는 삶을 이어갔지요.

하루하루 고통에 시달리던 버니스는 자신의 의견을 무시하고 가족을 내팽개친 남편 잭을 결코 용서하지 않았습니다. 그는 프랑스 전선에서 생사를 넘나드는 전투를 하고 있던 남편에게 전시 우편으로 이혼 서류를 보냈고 그들은 결국 전쟁 중에 이혼을 했습니다. 하지만 당시 1900년대 초의 보수적인 캐나다 사회 분위기에서 '이혼'이란 매우 낯선 낱말이었고, 게다가 전쟁에 나간 남편을 버린 가족이라는 낙인까지 덧붙었으니 주변의 시선은 결코 곱지 않았습니다. 아직 나이가 어렸던 워런은 지독한 가난과 더불어 주위 사람과 또래 아이들의 멸시 어린 시선을 견뎌야 했습니다. 그의 사진에 캐나다의 명예와 자랑거리라며 그토록 열광하는 이들이 동시에 실제 인물인 그에게 '비정상적인 가정 출신'이라는 낙인이 찍힌 시선을 보내는 것은 지독한 아이러니였습니다.

길었던 전쟁이 끝나고 마침내 무사히 돌아온 아버지 잭과 워런에게 우리가 상상하는 것과 같은 '감격적인 해후' 같은 것은 없었습니다. 따지고 보면 당연한 일입니다. 이미 부부는 남남인 상태였고 양육권은 아내인 버니스가 가지고 있었으니까요. 앞서 이야기한 데틀로프의 '아버지와 아들의 해후' 사진은 신문사가 주도하여 만들어 낸 어색한 연출 장면이었을 뿐입니다. 그리고 그 어색함 때문이었을까요? 워런은 그 후로 죽을 때까지 다시는 아버지를 만나지 않았습니다. 밴쿠버라는 도시에 진절머리가 난 워런은 성장한 후 밴쿠버를 떠나 인근의 섬인 밴쿠버 아일랜드로 거주지를 옮겨 평생을 그곳에서 살았습니다.

네 번째 지층, '검은 외투의 여인'

데틀로프의 사진에서 늘 주목받은 것은 잭의 가족 세 사람이지만 사실 이 사진에는 또 다른 사람들의 이야기가 숨어 있습니다. 다시 사진을 잘 살펴보면 멀리 버니스의 뒤편으로 검은 외투를 입은 망연자실한 표정의 여인이 찍혀 있습니다. '아그네스'라는 이름의 여성은 가족 중에서 한꺼번에 징집되어 이 행진 대열에 끼어 있는 두 오빠를 배웅하러 나온 참이었습니다. 어쩌면 스스로의 의지로 길을 나서는 잭보다 강제로 징집되어 끌려가는 입장인 이 형제가 더 두렵고 무서운 마음이었을 것입니다. 귀여운 여동생 앞에서 애써 늠름한 표정을 지어보려 하지만 자꾸 얼굴이 굳어지고 걸음은 무거워졌겠지요. '이 행군이 향하는 길의 끝은 어떤 곳일까?' '나는 다시 이 길을 걸어서 되돌아올 수 있을까?' '다시 가족과 친구들을 만날 수 있을까?'

불행하게도 아그네스의 두 오빠는 잭보다 운이 좋지 못했습니다. 큰오빠는 임무 수행 중에 전사했습니다. 작은오빠는 다행히 살아 돌아왔지만 '다행'이라고 말하는 게 어울리지 않을 만큼 상황이 좋지 않았습니다. 전쟁 후유증으로 정신분열증이 심각해져서 의가사제대를 했기 때문입니다. 아그네스의 딱딱하게 굳은 표정은 오빠들의 불행을 예감했기 때문이었을까요? 캐나다 전역에 보급되어 어딜 가나 피할 수 없었던 이 사진 속 자신의 표정을, 오빠들의 행군 모습을 평생 되풀이해서 바라보아야 했던, 그날의 두려움과 두 오빠의 불행한 결말을 쉴 새 없이 되새김질해야 했던 그녀는 어떤 마음이었을까요?

아그네스의 큰오빠가 사망한 전투는 독일의 한 시골 마을인 '아른험Arnhem'에서 벌어진 전투였습니다. 유명한 전쟁영화 〈머나먼 다리〉에서 묘사된 연합군의 초대형 작전인 '마켓 가든 작전'의 가장 처절한 전투로, 아른험 다리를 두고 벌어진 공방전이었습니다. 당시 독일은 이미 패색이 짙어가고 있었습니다. 연합군이 노르망디에 대규모로 상륙하면서 유럽 전선에서 독일군이 일방적으로 몰리는 분위기였으니까요. 하지만 이런 상황에서 오히려 더 조바심을 내는 것은 지고 있는 독일군이 아니라 이기고 있는 연합군 쪽이었습니다. 이대로 전쟁이 끝나버리면 더 이상 전공을 세울 수 없어 출셋길이 영영 막히게 될 거라고 생각하는 사람이 적지 않았거든요. 특히 독일의 수도 베를린을 향해 미국의 미치광이 패튼 장군과 영국의 고집쟁이 몽고메리 장군은 마치 스포츠를 하듯 서로 경쟁하며 진군 속도 다툼을 벌이고 있었습니다.

패튼이 전차 군단을 앞세워 파죽지세로 진격 속도를 높이자 몸이 달아오른 몽고메리 장군은 상식적으로 도저히 있을 수 없는 작전을 꺼내 들었습니다. 독일군이 밀리고 있다고는 하지만 아직 엄청난 부대가 득시글거리는 전장 한가운데에 공수부대를 투하하여 먼저 다리와 주요 거점을 장악한 후, 이 소수 병력이 버티는 사이에 마치 점과 점을 이어 선을 만드는 것처럼 주력부대가 신속하게 밀고 들어가 눈 깜짝할 사이에 베를린까지 진격해 가버리겠다는 '마켓 가든 작전'이었습니다.

이렇게 말로만 들으면 신묘불측한 멋진 전략처럼 생각되지만 조금만 더 생각해보면 성공 가능성이 극히 희박한 위험하기 짝이 없는 작전이었습니다. 공수부대는 비행기에서 낙하산을 타고 낙하하는 병력이기 때문에 몸을 가볍게 하기 위해 아주 경미한 수준의 무장밖에 할 수 없습니다. 게다가 탱크나 장갑차 등의 기계화 전력의 지원은 전혀 받을 수 없으며 심지어 낙하하는 병력도 정규 보병에 비해 숫자가 말도 안 되게 적은 '특수부대'입니다. 이들로 하여금 적군이 요새까지 만들어 완전하게 장악하고 있는 요충지들을 단숨에 점령하게 만들겠다는 것도, 그 상태에서 언제 올지 모르는 아군 주력부대가 도착할 때까지 사방에서 밀려드는 적군의 공세를 버티며

다리가 파괴되지 않도록 지키겠다는 것도 모두 불가능한 일이라는 것을 누구나 예측할 수 있는 무모한 도박이었습니다.

하지만 영국군 총사령관이자 연합군의 지상군 사령관을 차지하고 있던 몽고메리의 고집으로 이 작전은 실행에 옮겨집니다. 고립무원의 상태로 적군의 바다에 던져진 공수부대원들은 극심한 희생을 치른 끝에 아른험 다리를 장악하는 데까지는 성공합니다. 하지만 아군 주력부대의 전진이 독일군의 저항으로 지지부진한 사이 완전히 포위를 당해 사실상 전멸하게 됩니다. 이 작전에서 가장 어이없는 부분은 작전 자체의 무모함보다도 당시 연합군에게 이런 무모함을 무릅쓸 이유가 전혀 없었다는 것입니다. 독일군의 전세는 누가 보아도 완전히 기울어가고 있었기 때문에 시간의 문제일 뿐 '어차피 이길' 전쟁이었습니다. 따라서 이 작전은 전략적인 면에서는 하등의 가치도 없는, 순전히 몽고메리 장군 개인의 명예욕을 채워주기 위한 것이었지요. 아른험의 다리에서 죽어간 아그네스의 오빠는 속된 말로 '개죽음'을 당한 것입니다.

뒤에 남은 이야기

광역 밴쿠버시의 외곽에 자리한 뉴웨스트민스터 지역은 전쟁이 끝났지만 무역항이 되기에는 규모가 너무 작았기 때문에 세월에 뒤처지며 계속 낙후되었습니다. 그러다가 일본, 중국 등 아시아 지역과 북미 지역의 무역이 급증하는 '태평양 시대'를 맞아 밴쿠버시도 팽창하게 되었고, 이 낡은 지역도 재개발이 이루어지면서 역사적 명소로 뒤늦게 주목을 받게 되었습니다. 시 당국은 당연히 이곳을 배경으로 한 가장 유명한 사진인 〈아빠, 같이 가요!〉를 활용할 생각을 하게 됩니다. 그래서 페리 항구와 잇닿아 있던 당시의 기차역을 철거하는 대신에 보존하고 바로 그 옆 잭의 부대가 행군해 내려오던 8번가 사거리에 이 사진을 부조 형태의 조각으로 만든 커다란 동상을 세우기로 합니다.

예정된 이 동상의 제막식 날이 다가오자 당국은 누가 이 영광스러운 자리에서 동상의 막을 걷는 역할을 맡을 것인가 고민하게 됩니다. 아무리 생각해봐도 이 자리의 주인공을 맡을 사람은 오직 한 사람, 밴쿠버 아일랜드에서 병든 몸을 의탁해 살아가는 79세의 노인이 된 '워런'뿐이었습니다. 참석 요청 전화를 받은 워런은 한참을 고민하고 주저하다가 결국 참석하겠다는 뜻을 밝혔습니다. 아주 오래전 자신의 곁을, 그리고 끝내 세상을 떠난 아버지를 만날 수 있는 마지막 기회였기 때문입니다. 돌이켜 보니 데틀로프의 사진은 워런의 가족이 함께 찍힌 마지막 사진이었습니다. 그러고 보면 참으로 '이상한 가족사진'이 아닌가요?

뉴웨스민스터 항구에 설치된 기념비.

진실의 층위

2

Causerie ou Rédaction. — Que *représente* cette scène ? — *Où* se passe-t-elle ? — A quelle *époque* ? — Quel est le *personnage principal* ? — Son *attitude*. — Les *autres* personnages. — Leur *attitude*. — *Impression* que vous laisse cette scène.

조코비치의 사인이 불러온 논란

전 세계 테니스 대회를 대표하는 그랜드슬램 중 하나인 프랑스 오픈에서 2021년 우승은 세르비아 출신의 노바크 조코비치Novak Djokovic 선수에게 돌아갔습니다. 그의 23번째 그랜드슬램 우승이라서 사람들은 '사상 최고의 테니스 선수'(Greatest Of All Time, GOAT)의 영예는 역시 조코비치에게 돌아가야 하는 것이 아닐까 하며 감탄했지요.

하지만 이 대회 초반에 조코비치는 자칫하면 실격당할 수도 있는 심각한 논란에 휩싸이기도 했습니다. 프랑스 오픈은 전 세계의 테니스 팬들이 중계를 지켜보는 인기 있는 대회인 만큼 경기가 끝난 후 서비스 타임을 제공합니다. 승리한 선수가 중계 카메라 위의 유리판에 사인을 남김으로써 마치 TV를 통해 보고 있는 팬들이 직접 선수에게 사인을 받은 것 같은 기분을 느끼게 해주지요. 그런데 조코비치가 2라운드 경기를 승리한 후 코트를 나가면서 이 유리판에 '코소보는 세르비아의 심장이다. 폭력을 멈추어달라'고 쓴 것이 엄청난 논란을 불러왔습니다. 그 즉시 프랑스테니스협회장 명의로 비난 성명이 나왔을 뿐 아니라 코소보테니스위원회는 프랑스테니스협회, 국제올림픽위원회, 국제테니스연맹에 조코비치의 징계를 요구하는 서한을 보내는 등의 소동이 일어났습니다.

테니스 3대 천왕으로 불린 노바크 조코비치의 사인.

도대체 이 문구가 무슨 의미이기에 이렇게 심각한 상황으로 발전하게 된 것일까요? 왜 조코비치는 테니스 대회 도중에 뜬금없이 이런 문구를 적은 것일까요? 제가 알고 있던 여러 사정을 머릿속으로 찬찬히 정리하다 보니 문득 예전에 봤던 영화(혹은 만화) 한 편이 떠올랐습니다. 넷플릭스를 통해 시청했던 〈더 리버레이터The Liberator〉라는 작품이었습니다.

진실은 하나인가?

앞서 '영화 혹은 만화'라고 명명한 이유는 이 작품이 '트리오스코프trioscope'라는 독특한 기술을 쓴 작품이었기 때문입니다. 애니메이션과 실사 영화의 중간쯤이라고 할 수 있는 기법으로, 그린 스크린 앞에서 실사로 배우들의 연기를 찍고 여기에 만화처럼 보이도록 이펙트를 넣은 뒤, 다시 배경과 특수효과 등을 추가해서 최종적인 결과물을 만드는 방식입니다. 이런 방식은 기본적으로 외부 로케이션 촬영이 필요 없고 배경, 미술, 조명 등에 많은 물량을 투입할 필요가 없습니다. 그린 스크린과 배우만 있으면 어떤 장면이든 무한한 표현이 가능하므로 비용을 획기적으로 줄일 수 있습니다. 애니메이션과 실사의 장점만 따온 것이라고 할 수 있지요. 트리오스코프는 게임에 들어가는 '리얼 엔진' 기술처럼 특정 회사가 특허를 가지고 있는 제품의 브랜드명이라서 일정 비용을 내면 트리오스코프 회사에서 기술 지원을 해주는 방식으로 운영되고 있습니다. 〈더 리버레이터〉는 트리오스코프가 협업해서 만든 최초의 장편영화입니다.

〈더 리버레이터〉는 제2차 세계대전을 배경으로 한 작품입니다. 하지만 일반적인 전쟁영화와 달리 이 작품에서 가장 인상적이었던 부분은 전투 장면이 아니고 주인공이 부상을 입어 후방으로 이송되어 치료를 받으며 요양을 할 때, 심심해하는 병사들을 위해 오락거리로 틀어주는 만화영화를 보는 장면이었습니다. 만화영화 〈뽀빠이〉가 필름으로 상영되는 것을 극장 안에서 주인공과 다른 병사들이 지켜보고 있는 장면인데, 사실 이건 '만화 속의 만화'이지만 이 장면에서 영화는 '〈뽀빠이〉는 만화, 나는 실사다'를 주장하고 있습니다. 그런데 바로 다음에 이어지는 장면은 극장에서 전쟁의 현재 상황을 보여주는 뉴스 필름을 상영하는 장면입니다. 이건 실제 전쟁 뉴스 필름을 그대로 삽입해서 보여주는데, 그러다 보니 화면 밖에서 이 뉴스 필름을 보는 군인들보다 '훨씬 더 진짜 실사'가 스크린에 등장하는 아이러니한 상황이 연출되었습니다. 하지만 가만히 살펴보면 제2차 세계대전 때의 뉴스 필름이라는 게 당시의 기술적, 상황적 한계 때문에 흑백으로 급하게 찍은, 여기저기 툭툭 끊기는 장면들이 거칠게 편집된 잡동사니의 덩어리 같은 영상입니다. 이것을 '실제'라고 할 수 있을까요?

최근 거실의 TV를 교체하면서 느꼈던 이질감도 함께 떠올랐습니다. 이전의 TV는 10년 가까이 쓴 구형 제품이었는데 이번에 최신 제품으로 교체하고 보니 화질의 차이가 명확하게 느껴졌습니다. 특히 UHD 방송이나 블루레이처럼 고해상도 영상을 보면 마치 눈앞에 실제 배우들이 서 있는 것 같은 느낌이 들 정도였습니다. 하지만 이렇게 더 선명한 화질로 영화나 드라마를 보는 것이 '더 좋은 것'이라고 할 수 있는지, '더 진짜'라고 할 수 있는지 엉뚱한 의문이 들었습니다. 화질이 너무 좋다 보니 드라마 속 배우들의 메이크업 상태까지 확인할 수 있고 마블 히어로 영화를 보면 아이언맨의 슈트나 타노스의 건틀릿이 무시무시한 무기가 아니라 플라스틱 장난감이라는 티가 확 났습니다. 그러니까 전에는 시청자의 입장에서 '영화와 드라마'를 보는 느낌이었다면 이제는 카메라로 영화나 드라마를 촬영하는 현장에서 배우를 바라보는 관계자나 매니저가 된 느낌이라고 해야 할까요. 눈앞에서 배우들이 '연기'를 하고 있다는 게 명확히 느껴지는 상황에서는 당연히 영화의 이야기에 몰입하는 것이 힘들어집니다. 마치 미인의 얼굴을 더 잘 보겠다며 확대에 확대를 거듭한 끝에 그 얼굴의 모공과 세포 안쪽까지 현미경을 들이대는 게 '더 나은 일'이 아닌 것처럼, 고화질의 화면은 제가 원하지 않았던 어떤 '층위'를 넘어가버린 것입니다.

층위의 문제

과거 중국이 우리나라에 압박을 가하기 위해 한국 출신 연예인의 활동을 제한하는 이른바 '한한령'을 내린 적이 있습니다. 여기에 동북공정 논란까지 더해져 한중 감정이 급격히 악화되기 시작했지요. 이런 시기에 어느 주간지에 실린 중국 교포분의 글을 읽은 적이 있습니다. 그분의 논지는 실제로 중국에는 반한 감정이 별로 없고, 김치가 중국의 음식이라고 주장하는 사람도 없으며, 동북공정 같은 일은 아무도 모르고, 한한령도 중국 사회에 별다른 영향을 주지 않았는데, 오히려 한국의 근거 없는 반중 감정이 더 문제라는 것이었습니다. 중국에서 살아본 적도 없고, 당시 중국에 살고 있지도 않았으니 그 주장을 검증할 방법은 없지만 그분의 경험 범위 안에서 틀림없이 진실을 쓰신 것이라고 생각합니다.

하지만 이 주장이 글쓴이의 '경험 범위'라는 층위에 갇혀 있다는 점도 생각해봐야 합니다. 이 글에서 저자가 동북공정의 문제를 확인하기 위해 택한 방법은 자신이 사는 동네의 중학교 역사 교사에게 전화를 걸어서 이런 문제가 있다는 거 아느냐고 묻는 것이었습니다. 전화를 받은 역사 교사가 '나는 그런 거 모른다. 중국 역사가 워낙 내용이 많아서 그거 가르치기도 바쁘다'고 답했다지만 그렇다고 해서 동북공정이 '별문제 아니다'라는 일반적인 결론에 도달하는 것은 분명히 무리한 주장일 것입니다.

결국 세상일은 바라보는 위치와 범위에 따라 다양한 수준에서 '진실의 층위'가 존재하는 것 같습니다. 개미의 눈높이, 아이의 눈높이, 어른의 눈높이, 빌딩 꼭대기에서의 시야, 항공기와 인공위성의 시점에서 바라보는 부산의 모습은 모두 완전히 다르겠지만 그 모두가 틀림없는 '부산'인 것처럼 말입니다. 문제는 이런 시각의 차이들 사이에 '합의'와 '이해'가 가능할 것인가 하는 점입니다. 만약 그런 합의가 불가능하다면 진실의 층위는 단지 내가 어떤 층위를 선택할 것인가의 문제가 되어버리기 때문에 갈등은 해결될 길이 없이 더 커지고 깊어지게 될 것입니다. 그런 의미에서 이 중국 교포분의 글도 '낮은 눈높이'에서 본 중국의 모습을 알게 해주는 소중한 글이라고 할 수 있습니다. 다만 그 시각이 지닌 한계도 함께 고려하지 않으면 그 또한 '층위의 선택'에 갇혀버리게 된다는 점에서 분명히 주의가 필요한 문제라 하겠습니다.

다시 조코비치의 이야기

이 글의 서두에 꺼냈던 조코비치의 이야기로 돌아가봅시다. 이 문제도 달리 보자면 층위에 대한, 층위의 선택에 대한 문제라고 볼 수 있습니다. 현재 북쪽으로는 세르비아, 남쪽으로는 알바니아와 국경을 접하고 있는 코소보 지역은 과거 '일리리아Illyria'라고 불렸는데, 한때 로마제국의 영토로 편입되었다가 1300년대부터 세르비아제국의 땅이 되었습니다. 당시 세르비아제국의 수도가 코소보에 있었기 때문에 세르비아 민족주의자들의 입장에서는 코소보를 세르비아의 발원지, 민족의 시원으로 보기도 합니다. 세르비아 출신인 조코비치가 코소보를 '세르비아의 심장'이라고 표현한 것은 이런 생각을 반영하고 있는 것입니다.

하지만 오스만제국이 세르비아를 점령하면서 남쪽의 알바니아계 주민들이 코소보로 대거 이주하기 시작합니다. 이들은 이슬람교도들이었기 때문에 주로 세르비아 정교회를 믿는 세르비아인들과 종교적으로도 큰 차이를 보이게 됩니다. 이 상태로 600년의 세월이 흐르면서 코소보 주민의 대다수는 알바니아계 이슬람 주민들로 채워지게 되는데, 이 시점에서 역사의 추가 다시 반대쪽으로 기울게 됩니다. 바로 1913년 1차 발칸전쟁에서 승리한 세르비아가 코소보를 차지하게 됩니다. 이로써 세르비아는 크로아티아, 슬로베니아, 보스니아를 통합하여 '유고슬라비아'라는 연방 국가를 구성하게 되었지요.

다시 세월이 흘러 1989년 독일 통일을 기점으로 동유럽 공산국가들이 몰락하게 되면서 유고슬라비아 연방도 해체 수순을 밟습니다. 마케도니아, 보스니아, 크로아티아, 슬로베니아 등은 독립국가를 이루었고 이를 기회 삼아 주민들의 종교와 민족 구성이 세르비아와 다른 코소보도 독립을 주장하게 되었습니다. 하지만 코소보의 독립을 용인하지 않는 세르비아군과 충돌이 발생했고 결국 1999년 '코소보전쟁'이라는 전면전으로 확대되었습니다. 이 과정에서 세르비아가 저지른 대규모 인종 학살 등의 인권 문제가 제기되자 나토군이 개입하였고 결국 세르비아군이 철수한 후 코소보는 독립을 선언하게 되었습니다.

그런데 2021년에 이 문제가 다시 불거지게 된 이유는 코소보에서 다시 분쟁이 재연되고 있기 때문입니다. 알바니아계 이슬람인이 코소보 전체 인구의 대부분을 차지하지만, 세르비아와 국경을 접하고 있는 북부 도시는 세르비아계 사람들이 많습니다. 이들은 다시 코소보에서 분리되어 세르비아로 편입되고 싶어 하지만 코소보 정부가 이에 제동을 걸고 있지요. 그래서 이에 반발하는 세르비아계 사람들과 다툼이 생긴 것입니다. 이런 배경을 염두에 두고 보자면 조코비치가 쓴 두 번째 문장인 '폭력을 멈추어달라'에서 '폭력'을 행사하는 주체는 코소보 정부가 되는 것이지요. 결국 조코비치의 메모는 코소보 내 세르비아계 사람들의 요구를 옹호하면서 코소보 정부를 비난하는 정치적 메시지로 읽힐 수밖에 없으므로 스포츠 경기를 정치적 주장의 무대로 이용했다는 비난을 받게 된 것입니다.

세르비아에서 나고 자란 조코비치의 입장에서 보면 그의 '생각의 층위'에서는 어쩌면 당연한 주장일 것입니다. 그에게는 '코소보공화국'이 '아직 회복하지 못한 세르비아의 영토'로 인식되고 있을 테니까요. 누군가가 "지난 600년 간 알바니아계 이슬람인들이 살아온 땅이니 우리들의 국가다!"라고 주장하면 다시 "그 600년 이전에는 역시 세르비아제국의 땅이었다!"라는 주장이 제기되고, 이에 대해 코소보의 알바니아계 민족주의자들은 "세르비아제국의 그 이전에 일리리아는 알바니아계였다!"라고 반박하는 일이 반복되고 중첩되는 상황입니다. 조코비치에게는 '코소보는 세르비아 땅'이라는 생각이 움직일 수 없는 진실이겠지만, 그것은 그가 세르비아인으로서 자신의 층위에 갇힌 '제한적 진실'입니다. 그렇다고 진실이 아닌 것은 아니지만 분명한 한계를 가지고 있는 '진실의 한 조각'일 뿐이지요.

그리고 '마지막 수업'

머릿속을 떠돌던 잡다한 상념이 다시 엉뚱한 곳으로 점프해서 뜬금없이 알퐁스 도데의 〈마지막 수업〉이 떠올랐습니다. 제가 '국민학교'에 다니던 1980년대 국어 교과서에 이 작품이 수록되어 있었는데, 비슷한 시기에 어린 시절을 보낸 분들은 아마 잘 알고 계실 겁니다. 물론 지금도 많은 이에게 사랑받는 단편소설이기도 하지요. 1871년 독일과의 전쟁에서 패배한 프랑스가 알자스 지방을 독일에 넘겨주는 역사를 배경으로 한 이 소설은 주인공인 프란츠가 어느 날 학교에 갔다가 독일의 명령으로 폐지가 결정된 마지막 프랑스어 수업을 듣게 된다는, 짧지만 강렬한 내용을 담고 있습니다. 특히 프랑스어 선생님이 마지막 수업을 마무리하면서 '너희들이 노예의 처지에 빠지더라도 국어를 지키고 있으면 감옥의 열쇠를 쥐고 있는 것과 같다'고 말하는 장면은 일제강점기에 말과 글의 사용을 억압받았던 우리의 상황과 겹쳐지면서 큰 감동을 불러일으킵니다.

> …… 선생님은 목이 메어 더 이상 말을 하실 수 없었는지 할 말을 다 끝내지 못하고 칠판 쪽으로 돌아섰다. 그러고는 분필을 집어 온 힘을 다해 아주 큰 글씨로 쓰셨다. 'VIVE LA FRANCE!'(프랑스 만세!)

눈시울이 뜨거워지는 감격적인 장면이지만 감정을 내려놓고 생각해보면 이 소설의 내용 중에 의문이 가는 부분이 적지 않습니다. 왜냐하면 소설의 배경이 된 알자스 지방은 아주 오래전부터 게르만족, 즉 독일계 주민들이 살던 곳이고, 소설의 배경인 1871년은 프랑스가 이 땅을 차지한 지 100년이 채 안 되는 시기였기 때문입니다. 그래서 당시 알자스 주민의 대다수가 독일어를 사용하고 있었고, 심지어 주인공 소년의 이름도 프랑스식인 '프랑수아'가 아니라 독일식인 '프란츠'였습니다. 게다가 이 지역에 프랑스어 수업이 공교육 차

Causerie ou Rédaction. — Que *représente* cette scène ? — *Où* se passe-t-elle ? — A quelle *époque* ? — Quel est le *personnage principal* ? — Son *attitude*. — Les *autres* personnages. — Leur *attitude*. — *Impression* que vous laisse cette scène.

〈마지막 수업〉의 한 장면을 보여주는 삽화.

원에서 학교에 보급된 것도 시기적으로 매우 늦어서 소설의 시점을 기준으로 불과 1년밖에 안 되었습니다. 알자스 주민들이 겨우 한 해 동안 이어진 프랑스어 수업이 중단된다고 해서 저렇게 비장하게 슬퍼했을 것인지는 의문입니다. 그래서 어떤 이들은 프랑스 작가인 알퐁스 도데가 작품에 프랑스 민족주의를 지나치게 투영하여 실제 주민들의 생각과 상관없이 자신의 의도대로 현실을 왜곡하여 쓴 것이 아닌가 비판하기도 합니다. 물론 주민들이 오래 써와서 입에 익어 있기 때문에 독일어를 쓰고 있으나 100년이나 프랑스인으로 살아왔다면 스스로를 프랑스인으로 생각하는 것이 어색한 일은 아니지 않은가 하는 반론도 가능합니다. 공식 교육 과정에서 프랑스어 수업이 뒤늦게 시행되었다지만 그래서 더더욱 제대로 된 프랑스어를 이제야 배울 수 있겠다 싶었는데 프러시아제국, 즉 독일에 의해 그 기회를 빼앗기게 되어 안타까운 마음을 가졌을 수도 있지 않을까요? 과연 알자스인들은 스스로를 프랑스인으로 생각했을까요, 독일인으로 생각했을까요?

또 다른 측면도 생각해볼 수 있습니다. 사실 프랑스가 뒤늦게 전국적으로 프랑스어 교육을 제도화한 것은 근대국가로의 발전을 꾀하려는 정책이었습니다. 왕과 귀족 중심의 봉건국가를 넘어서서 근대국가로 성장하는 과정에서 필수적인 국가적, 민족적 정체성을 강화하기 위해 표준어를 제정하고 이를 중심으로 언어생활을 통일하는 작업을 진행했던 것이지요. 우리말에서 표준어가 '서울의 교양 있는 중류 계층이 쓰는 말'로 규정되어 있는 것처럼, 당시 표준 프랑스어도 프랑스혁명 이후 프랑스 민족주의자들에 의해 강조된 파리 중심의 프랑스어였습니다. 이를 프랑스 전역에 강제로라도 관철시키기 위해 학교 제도를 통해 '국어 교육'을 시행한 것이었습니다. 이는 프랑스로부터 알자스 지역을 다시 탈환한 독일의 경우도 마찬가지였습니다. 당시 알자스에서 사용되던 독일어는 표준 독일어가 아니라 지역 방언인 '알레만어'였습니다. 때문에 베를린에서 알자스로 통보한 '프랑스어 수업을 중단하고 독일어 수업만 할 것'이라는 명령에서 '독일어'란 결국 표준 독일어, 그러니까 알레만어를 배제하는 독일어였을 것입니다. 이렇게 보면 알자스 주민들의 입장에서는 어떤 수업이든 다 일종의 '폭력과 배제'로 받아들였을 여지가 있습니다.

결국 '진실의 층위'에서 가장 중요한 것은 '태도'가 아닌가 하는 생각이 듭니다. 내가 나 자신의 지식과 인식, 환경이라는 층위의 한계에 갇혀 있는 것은 피할 수 없습니다. 어떤 층위든 선택하지 않는다면 나만의 '입장'을 가질 수 없기 때문입니다. 중요한 것은 그러한 자신의 선택과 사고가 분명한 제한점을 가진 것이라는 사실을 인정하고 경계하는 것입니다. 철학자 칼 포퍼Karl Popper의 표현을 빌리자면, 내가 알고 믿고 있는 것은 그게 틀렸다는 증거가 나오기 전까지만 유효한 '잠재적 진실'이며 그렇기 때문에 내 생각과 다른 생각을 가진 이들의 주장이 언제라도 제시될 수 있도록 '반증가능성'을 열어두어야 하고, 그 다양한 생각에 늘 '열린 자세'를 갖추어야 한다는 것입니다. 보다 간략하게 말하자면 '늘 내 생각이 틀릴 수 있음을 인정하고 겸손해하는 태도'가 핵심입니다. 머리로는 알고 있지만 매번 잊고 실수하게 되어 일부러라도 때때로 입속말로 되뇌어야겠다고 생각합니다. 다시 한번 '겸손'.

슬픈 아이들의 초상

3

성냥팔이 소녀의 사진

인터넷의 바다에서 허우적거리다가 흥미로운 이야기를 하나 읽었습니다. 산업혁명기에 런던에 있던 수많은 성냥 공장에서 어린 여공을 저임금으로 착취하다가 성냥 원료인 백린에 중독되어 병이 나면 퇴직금 대신 성냥을 한 보따리 주고 내쫓았답니다. 살길이 막막해진 여공들이 길거리에서 이 성냥을 팔아서 연명했고, 한스 크리스티안 안데르센Hans Christian Andersen이 여공의 기막힌 사연을 듣고 쓴 사회고발 동화가 바로 〈성냥팔이 소녀〉라는 것입니다. 꼼꼼히 다져보면 사실관계가 맞지 않는 부분이 많은 이야기이지만, 좀 더 깊이 들여다볼 여지도 있어서 이 이야기를 한번 풀어볼까 합니다.

우선 안데르센의 〈성냥팔이 소녀〉가 1845년에 출판된 소설이라는 점에 주목해볼 필요가 있습니다. 이 연도가 왜 중요하냐면 영국 최초의 대규모 성냥 제조업체라고 할 수 있는 '브라이언트 앤 메이Bryant & May'가 설립된 게 1843년이기 때문입니다. 그리고 이 공장이 대규모로 노동자를 고용하기 시작한 게 1850년대, 경쟁 업체가 우후죽순으로 생겨 본격적인 제조업의 영역으로 편입된 게 1800년대 후반이었습니다. 즉, 시기상으로만 보자면 안데르센의 소설에 등장하는 소녀가 공장에서 일했을 리도 없고, 퇴직금으로 성냥을 받아 나왔을 리도 없는 것입니다.

이 이야기에서 언급된 '백린'은 성냥의 인화 물질로 사용되는 화학 원료인 '인' 중에서도 하얀색을 띠는 것인데, 장기간 노출될 경우 기형을 유발하는 유독성 물질입니다. 백린에 의한 기형의 특징이 턱뼈의 변형이었는데, '인'을 지칭하는 'phosphorus'와 '턱'을 지칭하는 'jaw'를 사용해 턱이 뒤틀리는 기형을 'phossy jaw'(인산 괴사)라고 불렀습니다.

통계에 따르면 영국에서는 1897년 기준으로 4,152명의 노동자가 25곳의 성냥 공장에서 일하고 있었는데, 이 중 23곳의 회사에서 백린을 사용했습니다. 여러 노동자 중 백린과 관련된 공정 단계에서 일하던 사람은 남성 245명, 여성 1,276명으로 확실히 여성의 숫자가 많습니다. 비교적 큰 힘이 필요하지 않은 단순 작업이 많아서 임금이 더 낮은 여성을 고용했던 것으로 보입니다. 하지만 이 경우에도 고용된 사람은 모두 만 14세 이상, 그중 3분의 2는 만 19세 이상의 성인이어서 안데르센의 동화에 나오는 '소녀'의 연령대에 맞는 사람은 그리 많지 않았습니다. 물론 나이가 많더라도 백린으로 인한 기형으로 고통받는 사람은 많았지만 10대 초반으로 묘사되는 안데르센 동화의 모델이 이 사람들일 가능성은 낮다고 볼 수 있습니다.

백린 관련 산업재해에서 주목해야 하는 것은 성냥팔이 소녀의 구슬픈 이야기가 아니라 오히려 성냥 회사가 얼굴 기형으로 고통받는 노동자를 해고하자 여성 노동자들이 일제히 단결해서 파업 투쟁을 벌였던 1888년의 '성냥 소녀 파업'(Match-girls' Strike) 사건입니다. 사진은 당시 파업에 참여한 여성들의 모습을 담은 것으로, 가운데 세 명의 모습을 보면 입 주변이 백린 중독으로 변형이 시작된 것을 확인할 수 있습니다. 이들은 해고된 여성이 처한 가혹한 현실이 자신들에게도 조만간 닥칠 미래라는 점에 공감했기 때문에 노동운동이 엄청난 탄압을 받던 당시 상황에도 불구하고 힘을 합쳐 나설 수 있었을 것입니다.

1888년 영국 성냥 회사 '브라이언트 앤 메이'에서 벌어진 '성냥 소녀 파업'에 참여한 여성 노동가들.

다시 원래의 질문으로 돌아와서, 그렇다면 안데르센의 동화에 나왔던 성냥팔이 소녀는 도대체 누구일까요? 왜 이 소녀는 다른 것도 아닌 '성냥'을 길거리에서 팔고 있었던 것일까요? 안데르센의 동화를 찬찬히 읽어보면 이 소녀는 크리스마스에 맨발로 슬리퍼만 신고 나왔다가 그조차도 잃어버려서 눈길을 맨발로 다닐 정도로 찢어지게 가난한 처지입니다. 성냥은 아버지가 강제로 소녀에게 팔라고 떠맡긴 것이고 만약 다 팔지 못하고 들어가면 '아버지에게 두드려 맞을 것'이라고 두려워하는 장면도 나옵니다.

다시 말해 〈성냥팔이 소녀〉는 노동 현실을 고발한 동화라기보다는 아동 학대를 일삼는 폭력적인 부모에게 착취당하는 가난한 아이의 가련한 삶을 안데르센 특유의 탐미주의적 태도로 묘사한 소설인 것입니다. 이 짧은 동화를 자세히 살펴보면 어느 모로 보나 '사회고발'의 분위기는 보이지 않습니다. 오히려 어떻게 하면 상황을 더 슬프고 애잔하게 보일까 최선을 다해 최악의 상황으로 몰아가는 안데르센의 집요한 상황 묘사가 더 잔인하게 느껴집니다. 가정 폭력과 아동 학대가 사회적 문제로 인식되지 않던 시절이라서인지 소설 속 아이가 처한 극단적인 상황에 대한 사회적 책임, 폭력 아버지의 문제점에 대한 이야기는 전혀 언급되지 않습니다. 때문에 마치 이런 고통이 '아이가 스스로 감당해야 할 당연한 현실'인 것처럼 여겨질 정도입니다. 정말 안타까운 것은 이 이야기가 실화였다는 것입니다. 안데르센은 신문 한 귀퉁이에서 크리스마스에 길거리에서 성냥을 팔다가 얼어 죽은 소녀의 이야기를 읽고 이 소설을 구상했습니다. 당시에는 이런 비극이 그리 드문 일이 아니었던 것입니다.

마지막으로 남은 질문을 다시 던져봅시다. 도대체 왜 소녀는 하필이면 '성냥'을 팔고 있었던 것일까요? 빅토리아 여왕(1837~1901년) 시대를 맞은 영국은 해가 지지 않는 대영제국을 건설하는 한편, 전 세계를 '문명국'과 '야만국'으로 가르고 자신들을 '야만국을 이끌어서 계몽할 소임을 타고난 문명인'으로 위치시킵니다. 그리고 그에 걸맞게 여전히 남아 있던 영국 사회의 어두운 부분들을 개선하거나 적어도 눈에 잘 띄지 않게 가리려는 노력을 기울입니다. 그래야 자신들이 '문명'의 편에 서 있다는 확신을 가지고 '야만인'을 비판할 수 있기 때문입니다.

'여전히 거리에서 구걸하며 살아가는 수많은 극빈층을 어떻게 할 것인가?' 사회보장제도를 강화해서 비참한 사회 현실을 개선하자는 사람들도 있었으나 그것은 돈은 많이 들고 효과는 즉각적으로 눈에 보이지 않는 방식이었습니다. 그래서 나온 해결책은 어이없게도 '구걸 행위 금지법'이었습니다. 눈앞에서 구걸하는 사람의 모습을 치워버리면 빈민 문제도 '없는 문제'가 된다는 '눈 가리고 아웅'에 가까운 법이었습니다.

믿기지 않지만 지금도 구걸 금지법은 몇몇 유럽 국가에 남아 있습니다. 이 어이없는 법 때문에 1800년대 초반 극빈층은 구걸조차 마음대로 할 수 없었고, 이들을 불쌍히 여겨 적선하는 사람도 벌금 등의 처벌을 받을 수 있었습니다. 그래서 이런 문제를 피해 가기 위해 '판매를 가장한 구걸'을 하는 수단으로 쓰였던 것이 가장 값이 싸고 부피도 작으며 오래 보관해도 음식처럼 상하지 않는 성냥이었습니다. 따라서 '성냥팔이 소녀'는 사실상 '구걸하는 소녀'였던 것입니다. 돌이켜 보면 지금도 지하철 안에서 종종 볼 수 있는 불편한 몸으로 껌이나 볼펜을 파는 분들과 다르지 않은 일인 것입니다.

차라리 안데르센이 정말 '사회 고발 소설'을 썼더라면 좋았을 텐데 싶기도 합니다. 전후 사정을 알고 나면 이 소설에서 유난히 가슴을 후벼 파며 날카롭게 빛나는 그의 문장들이 견딜 수 없이 섬뜩하게 느껴집니다.

종이학과 원자폭탄

'소녀'의 이야기를 하다 보니 이어서 떠오르는 또 다른 얼굴이 있습니다. 꽤 오래전 어느 해 뜨거운 여름날, 일본 히로시마의 평화기념공원을 서성이고 있었습니다. 실은 그때 '여길 왜 왔을까?' 하고 조금 후회하던 참이었습니다. 해외여행이 지금처럼 쉬웠던 시절이 아니라서 기왕 일본까지 왔으니 학생을 가르치는 사람으로서 뭐라도 배워서 가야겠다 싶어서 함께 여행하던 일본인 친구에게 일부러 부탁해서 포함시킨 일정이었습니다. 하지만 평화기념공원에 들어서는 순간부터 저는 이미 그 선택을 후회하고 있었습니다. 입구 앞에 늘어선 종이학 장식을 보는 순간부터 숨이 막혀왔거든요. 우리나라에서는 종이학이 사랑의 소원을 이루어주는 상징으로, 연예인에게 전하는 팬의 선물의 대명사로 자리 잡았지만 사실 '센바즈루千羽鶴'라고 불리는 일본식 종이학에는 원자폭탄 피해자의 슬픈 사연이 얽혀 있습니다.

히로시마에 떨어진 원자폭탄의 폭발 광경(1945년).

히로시마에서 태어난 '사사키 사다코'라는 소녀는 두 살 되던 해인 1945년 히로시마 원자폭탄 투하로 방사능에 피폭됩니다. 그 후 소녀는 상태가 꾸준히 나빠지다가 결국 열두 살에 백혈병 진단을 받아 사경을 헤매게 됩니다. 전쟁 후 일본의 어려운 경제 상황에서 별다른 치료를 받을 수도 없던 사다코는 종이학 천 마리를 접으면 병이 나을 것이란 희망을 품습니다. 그리고 8개월간 할 수 있는 한 모든 종이를 모으고, 심지어 약 포장지까지 잘라가며 1,300마리의 종이학을 접지만 결국 1955년 10월에 세상을 떠나고 맙니다. 그 안타까운 사연을 기리는 의미에서 히로시마, 나가사키 등의 원폭 피해를 기리는 평화공원에서는 늘 수천, 수만의 종이학을 볼 수 있습니다. 하지만 이것을 볼 때마다 제가 느끼는 감정은 평화에 대한 희망이 아니라 덧없는 절망에 가깝습니다. '결국 이 종이학은 아무런 도움도 되지 못한 것이 아닌가. 그 후로 이 세상은 단 한 치의 변화도 일어나지 않았는데 저 수많은 종이학이, 수많은 손길이 다 무슨 의미인가.'

평화기념관에 들어서자 일본인 친구의 낯빛도 눈에 띄게 어두워졌습니다. 전시실에 들어서서는 아예 뛰다시피 전시물 사이를 빠르게 통과해 가더니 저를 뒤에 남겨두고 사라져버렸지요. 지금은 어떤지 모르겠지만 당시 전시관은 '고통의 전시'를 넘어서 공포 체험관처럼 느껴질 정도였습니다. 원폭의 위력을 거듭해서 보여주는 사진과 동영상, 고온으로 유리처럼 녹아버린 땅과 그림자만 남고 시체조차 증발해버린 계단을 그대로 떠다가 옮겨 놓은 전시물들, 피폭자들의 뒤틀린 신체 사진과 고통의 단계를 연도 단위로 보여주는 그래프들, 마지막으로 원자폭탄 폭발 당시의 사람들의 고통과 아우성을 가상으로 시뮬레이션해서 체험하게 하는 방까지 있었습니다.

그 방을 빠져나와 이어져 있는 기념품점에서 창문턱에 기대앉아 있는 일본인 친구를 만날 수 있었습니다. 먼저 와버려서 미안하다며 자신은 이곳, 그리고 이런 고통의 장소를 너무 많이 봐왔기 때문에 이제는 보는 것만으로도 정신적으로 힘들다고 하더군요. 하지만 제가 가보고 싶다고 하니 억지로 함께 와준 것이었습니다. 괜찮다고, 다 이해한다고, 오히려 내가 미안하다고 말했습니다. 그는 전쟁 중에 섬 주민 60만 명의 3분의 1인 20만 명이 사망한 것으로 추정되는 오키나와 출신이었습니다. 저도 정신적으로 조금 충격을 받은 상태였기 때문에 딱히 뭔가를 살 생각은 아니었지만 기념품점을 둘러보며 심호흡을 하기로 했습니다. 히로시마 평화기념관이지만 여기에는 두 번째로 원폭이 투하된 나가사키와 관련된 물품도 많았습니다.

어렸을 때부터 가져온 의문 한 가지를 떠올려봤습니다. 어째서 원자폭탄이 일본의 수도인 도쿄나 정신적 수도라고 할 수 있는 교토가 아닌 히로시마와 나가사키에 투하된 것일까? 도쿄가 아닌 이유는 비교적 간단했습니다. 도쿄는 이미 구형 폭탄을 사용한 대규모 공습이 여러 차례 이어져서 폭격할 만한 대상이 별로 남아 있지 않았기 때문입니다. 그리고 도쿄에 원폭을 투하했다가 천황을 비롯한 지휘부가 모조리 괴멸되면 항복을 결정할 주체마저 사라져서 오히려 이후의 사태가 엉망진창이 될 거라는 다소 어이없는 이유도 있었습니다. 이에 비해 교토의 경우는 사정이 조금 더 복잡했습니다. 처음에 미국 측 원폭 목표 선정위원회에서 핵심 타깃으로 결정한 도시의 조건은 유의미한 군사시설물이 있으면서도 도심의 폭이 4.8킬로미터 이상, 폭격의 충격파가 효과적인 피해를 가져올 수 있는 곳 등이었습니다. 그리고 이에 부합하는 도시는 교토, 고쿠라, 히로시마, 요코

하마, 니가타 등 다섯 곳이었습니다. 교토의 경우 위 조건들에 부합할 뿐 아니라 상징성도 커서 위원들 대부분이 최우선 목표로 폭격에 찬성했지만 전쟁성 장관이었던 헨리 스팀슨Henry Lewis Stimson이 유일하게 반대하고 나섰습니다. 1893년에 신혼여행으로 교토에 갔다가 그곳의 문화유산에 깊은 인상을 받은 그는 폭격으로 이 모든 것을 없애서는 안 된다며 반대했습니다. 하지만 프로젝트 총괄을 맡은 레슬리 그로브스Leslie Richard Groves Jr. 장군은 스팀슨이 개인적인 이유로 반대한다며 그의 주장을 거부합니다. 그러자 스팀슨은 트루먼 대통령을 직접 찾아가 담판을 벌였고 결국 교토는 리스트에서 제외됩니다. 그리고 대체 타깃으로 포함된 것이 나가사키였습니다. 나가사키는 언덕 지형이 많은 곳이라 앞서 언급한 '충격파에 의한 효과적인 피해'라는 기준에 맞지 않는 곳입니다. 실제로 먼저 원자폭탄이 떨어진 히로시마의 사망자 수는 1945년 당해를 기준으로 9만에서 14만 명 정도로 집계되었습니다. 반면에 나가사키에서는 6만에서 8만 명이 사망한 것으로 확인되었는데, 히로시마와 비교할 때 절반 정도의 피해를 입었습니다. 물론 이 숫자도 어마어마하지만, 나가사키가 원폭 투하 후보지 중에 가장 가능성이 낮은 선택지였음을 보여주는 사례라 할 수 있습니다.

하지만 나가사키의 불운은 뜬금없이 후보지에 포함되는 사태에서 그치지 않았습니다. 사실 처음부터 두 번째 원폭 공격은 없는 것이 당연한 일이었습니다. 히로시마에 떨어졌던 첫 번째 원폭의 피해가 너무나 괴멸적이었기 때문에 이미 패배가 불 보듯 뻔했던 일본은 즉시 항복하는 것이 당연한 선택이었습니다. 하지만 히로시마 원폭 투하 직후에 상황을 보고할 사람들마저 모두 사망하는 바람에 현황 파악이 늦어졌고, 보고가 들어오고 나서는 도저히 상상조차 하지 못할 피해가 납득되지 않아서 이를 머리로 이해하고 인정하는 데 시간이 한참 걸렸습니다. 그리고 이게 현실임을 깨닫고 나서는 항복을 하더라도 천황제 유지 조건을 미국으로부터 약속받아야 한다는 마지막 자존심을 두고 주장이 엇갈리는 바람에 일본 지휘부의 대응이 늦어졌습니다. 사실상 항복은 기정사실이었으나 일본의 지휘부가 회의만을 거듭하며 갈팡질팡하고 있던 사이, 사흘의 시간이 더 지났습니다. 미국은 일본이 아무런 반응도 보이지 않자 항복 의사가 없는 것으로 간주하여 두 번째 원자폭탄을 투하하기로 결정합니다. 8월 9일 일본 최고전쟁지도회의에서 항복 안건이 협의되고 있던 바로 그 시점이었습니다.

두 번째 원자폭탄을 실은 미군 폭격기가 날아오르는 시점에서도 목표 타깃은 고쿠라였습니다. 하지만 고쿠라 지역은 안개 때문에 시야가 흐린 상태였고 연료펌프 고장으로 연료가 부족했던 폭격기는 가장 빠른 경로에 있었던 나가사키를 선택합니다. 폭격기가 일본 방공망에 들어설 때 일본 측에서도 레이더를 통해 그 위치를 포착했지만 지휘부가 회의 중이라는 이유로 보고도, 결정도 이루어지지 않았지요. 그래서 요격은 물론이거니와 공습 대피 경보도 울리지 않았습니다. 폭격기가 어렵게 나가사키에 도착했을 때 이곳도 역시 안개로 휩싸여 있어서 미군 폭격 장교는 어디에 폭탄을 투하해야 할지 고민했습니다. 하지만 나가사키는 끝까지 불운했습니다. 갑자기 어디선가 불어온 강풍으로 기적처럼 구름과 안개가 일부 걷혔고 그 틈으로 나가사키 시내가 명확하게 포착된 것입니다. 그리고 그것으로 나가사키의 운명은 결정되고 말았습니다.

화장터 앞에 선 소년

기념품점을 돌아보다가 밖으로 나가는 입구 근처에서 한 사진이 담긴 액자를 발견했습니다. 그동안 원폭을 다룬 자료에서 보지 못했던 사진이었습니다. 사진 아래에는 '나가사키의 서 있는 소년'(The Standing Boy of Nagasaki)라는 애매한 제목이 붙어 있었습니다. 처음에는 군국주의 시대에 어려서부터 군대 제식훈련을 받는 소년의 모습을 담은 것인가 싶었습니다. 하지만 이 소년이 등에 업고 있는 아기의 모습이 왠지 너무 이상했습니다. 사진 아래에 딱 한 줄 붙어 있는 일본어 설명을 읽고 더욱 놀랐습니다. "나가사키 원폭 투하 직후 소년이 화장장 앞에 서 있다."

'시체를 태우는 화장장火葬場이라고?' 액자 아래에는 이 사진이 어느 미국인 사진가의 회고록을 통해 알려진 것이라며 사진가 조 오도넬Joe O'Donnell이 쓴 책 《1945년 일본, 트렁크에 담긴 이미지》*(Japan 1945, Images From the Trunk)*가 판매되고 있었습니다. 오도넬은 미 해병대에서 근무하면서 일본이 항복을 선언한 이후인 1945년 9월 나가사키에서 근무하다가 이 장면을 촬영하게 되었는데 당시의 상황을 이렇게 설명하고 있습니다.

1945년 조 오도넬이 나가사키 원폭 투하 후 찍은 '화장터 앞에 선 소년' 사진.

> 나는 열 살쯤 돼 보이는 소년이 걸어오는 것을 봤다. 소년의 등에는 아기가 업혀 있었는데…… 이미 죽은 상태였다. 화장터의 사람들이 시체를 받아서 불길 위에 올려놓았다. 소년은 그곳에 미동도 없이 꼿꼿이 서서 불길을 바라보았다. 아랫입술을 꽉 깨물고 있어서 피가 보일 지경이었다. 불길은 해가 스러지는 것처럼 사그라들었다. 소년은 몸을 돌려 조용히 사라져갔다.

그는 이 사진을 오랫동안 트렁크 안에 간직하고 있다가 1989년에야 책으로 펴냈고, 이 책이 1995년 일본에서 발간되면서 큰 화제를 모았습니다. 그 여파로 이 소년이 누군지 찾아내려고 노력하는 사람들이 생겼고 2020년에는 NHK에서 〈나가사키의 소년을 찾아서〉라는 60분짜리 다큐멘터리를 제작해 방영하기도 했습니다. 하지만 많은 사람의 노력에도 불구하고 끝내 이 소년이 누구인지는 밝혀지지 않았고 진위를 확인하기 어려운 단편적인 증언 몇 가지만 추가되었습니다. 학교 동창이지만 이름은 기억나지 않는다는 한 생존자는 나가사키 시내에서 동생을 업고 다니는 이 소년을 만났을 때 "엄마가 돌아가셨어"라고 말했다는 증언을 전했습니다. 또한 화장장에 있었다는 한 사람은 "무거웠을 텐데 고생했다. 이리 주렴" 하고 말했더니 "제 동생인걸요. 무겁지 않았어요"라고 답했다고 합니다.

다시 사진을 들여다보며 어떤 상황이었을지 추측을 해봅시다. 나가사키에서 원자폭탄이 터졌을 때 이 형제는 폭심부에 있지는 않았기 때문에 목숨을 건졌을 것입니다. 하지만 보호자가 한 명도 없는 것으로 보아 어쩌면 엄마가 그때 돌아가셨을지도 모르지요. 친구를 만났을 때 아빠 이야기는 하지 않은 것으로 보아서, 그리고 아이의 연령대를 고려하면 아빠는 징병되어 전쟁터에 나갔거나 이미 돌아가셨을 수도 있겠고요. 폭탄이 터지고 나서 이어진 후폭풍으로 나가사키 전역은 화재에 휩싸였고 죽음의 검은 비가 이어지면서 피폭

된 이들의 고통과 아우성으로 지옥이 되었습니다. 식량은 고사하고 안전한 식수조차 구하기 어려운 상황에서 열 살짜리 아이가 동생을 건사할 방법이란 그저 몸에서 떨어지지 않게 업은 채로 단단히 묶어서 이곳저곳을 다니며 도움을 청하는 것 말고는 없었을 것입니다. 저 끈은 일본 여성들이 일을 할 때 펄럭이는 옷자락이 방해가 되지 않도록 옷 품을 조이는 끈입니다. 어른용 물건을 자그만 몸에 묶다 보니 남는 끈이 여러 번 몸을 감싸며 돌고 있네요. 어쩌면 저 끈의 주인은 돌아가신 엄마였을지도 모르겠습니다. 그리고 소년이 온전히 엄마의 역할을 이어받은 것입니다.

하지만 소년이 신발도 없이 맨발로 나가사키 이곳저곳을 헤매었지만 건장한 어른도 살아남기 어려운 지옥 속에서 어린 동생을 살리는 것은 불가능했을 것입니다. 소년의 등에 잠든 것처럼 늘어져 있는 아기의 얼굴에 별다른 상처가 없는 것으로 보아 피폭 후유증이 아니라 더 단순하고 더 고통스러운 영양 부족으로 숨을 거둔 것 같네요. 배고프다고, 힘들다고 칭얼대던 소리마저 그치고 아무리 불러도 대답조차 하지 않는 동생의 죽음을 등으로 느꼈을 때 이 소년은 어떤 마음이었을까요?

죽은 동생에게 형으로서 마지막으로 해줄 수 있는 일은 제대로 된 장례를 치러주는 일뿐이었을 것입니다. 주변 사람들에게 물어물어 시 외곽의 논두렁에 임시로 화장장이 설치되었다는 말을 전해 듣고 거기까지 동생을 업고 간 소년은 간신히 화장장임을 알리고 있는 '장葬' 자가 새겨진 조그만 비석 옆에 서서 앞사람의 화장이 끝나기를 기다리고 있습니다. 뭘 어찌해야 하는지 몰랐지만 엄숙한 곳이니 학교에서 배운 차렷 자세로 눈은 정면을 응시하고, 두 발을 15도로 모으고, 양손을 허벅지에 딱 붙인 후 서 있었을 겁니다. 허리를 똑바로 세워야 하는데 축 늘어진 동생 때문에 어쩔 수 없이 뒤로 꺾이는 몸을 바로 세우려고 앞뒤로 흔들렸을지도 모르겠습니다. 하지만 저 입, 앙 다문 입, 소리 내어 울지 않으려고 입술에 피가 나도록 꾹꾹 슬픔을 눌러 담는 저 입을 바라보다가…… 그만 제가 울음을 터트리고 말았습니다.

거시적으로 보자면 전쟁은 일어날 만한 일이, 일어날 만한 이유에 의해 벌어집니다. 때로는 필연처럼 느껴지고 심지어 더 좋은 방향으로 세상이 나아가는 계기처럼 여겨지기도 합니다. 하지만 미시적으로 사람 한 명 한 명의 입장에서 보면 전쟁은 언제나 감당할 수 없는 비극일 뿐입니다. 거대한 탱크가 무한궤도로 짓밟고 지나가는 개미의 고통을 기억하지 않는 것처럼 전쟁의 소용돌이에서 '작은 것들'은 그저 무기력하고 무의미하게 희생되고 잊힐 뿐입니다.

세계의 평화, 거대한 질서와 같은 거시적인 운명의 문제에서 우리가 어찌할 수 있는 일은 거의 없습니다. 그 비극의 소용돌이에서 우리는 그저 소중한 이들을 지키는 것에 급급할 뿐이지만 때로, 혹은 너무 자주 그런 일에서조차 우리는 어이없이 실패하기도 합니다.

그날, 히로시마 평화기념공원에서 화장장 소년의 사진이 담긴 액자를 구입하지 않았습니다. 너무 힘든 사진이라서 그저 잊고 싶었습니다. 하지만 세월호의 비극을 겪은 후 소년의 사진을 구해서 연구실 탁자 위에 올려두었습니다. 내 자리에서 내가 할 수 있는 일을 다하며 '작은 것들'을 지켜보자고 다짐하는 의미였습니다. 그리고 이후에 햇빛을 받아 바랜 사진을 몇 년 만에 탁자 위에서 치웠는데 이태원 참사를 돌이켜 보다가 다시 소년의 사진이 떠올랐습니다. 사진처럼 나의 다짐도 빛이 바래서 해야 할 일들을 다하지 못한 것이 아닌지 새삼 죄스러워졌습니다. 기억을 새로이 하고, 잊지 않겠다는 뜻으로 이 사진을 다시 꺼내 글로 남길 생각을 하게 되었습니다. 삼가 고인들의 명복을 빕니다.

누구를 위하여
울리는 종일까?

4

낡은 책 한 권

미국의 고서 경매 사이트에서 구입한 어니스트 헤밍웨이Ernest Miller Hemingway의 《누구를 위하여 종은 울리나》의 초판본이 도착했습니다. 제2차 세계대전이 한창이던 1940년에 출판된 책이니 벌써 세상에 나온 지 80여 년이 넘은 책입니다. 옛날 책의 가장 멋진 점은 냄새입니다. 세월에 숙성된, 이 책을 처음 만났을 그 시절 그 사람들의 공기. 1940년의 냄새. 이번에 받은 책은 특히 오래된 책 특유의 냄새가 강해서 페덱스 포장을 풀자마자 방 안에 책 냄새가 가득 찼습니다. 누군가는 이게 책 곰팡이 냄새라서 몸에 안 좋다더라고 하더군요. 그러거나 말거나 수명과 다소 맞바꾸는 한이 있더라도 이 기쁨은 양보할 수 없다는 생각으로 책에 코를 바짝 붙이고 그 냄새를 힘껏 들이마셨습니다.

《누구를 위하여 종은 울리나》의 초판 양장본 표지.

제2차 세계대전은 출판계에도 하나의 분기점이 되었습니다. 1900년대 초반까지만 해도 '책'이라고 하면 당연히 두꺼운 표지로 앞뒤를 감싼 '양장본'이 상식이었지요.

1445년 구텐베르크가 활판 인쇄술을 대중화시킨 이후에도 여전히 책은 일반인이 쉽게 접하기 어려운 값비싼 물건이었고 그러니 단단한 표지로 둘러싸서 보호하는 것이 일반적이었습니다. 그래서 책의 알맹이인 본문을 인쇄하는 인쇄소와 이걸 묶어서 철하고 여기에 표지를 입히는 제본소가 구분되었습니다. 경제적인 여유가 있어서 책을 많이, 자주 구입하는 귀족이나 부자는 자신의 책을 항상 제본해주는 단골 제본소가 있었고 그래서 자신이 선호하는 스타일과 색상, 재질로 책의 표지를 통일할 수 있었습니다. 우리가 '서재'라고 하면 떠올리는 색깔 맞춤이 된 단정한 서가의 모습은 그렇게 해서 탄생한 것이지요. '무슨 무슨 문고'라고 하는 것도 원래는 개인 장서가의 책 컬렉션에 붙이던 이름이었습니다. 예를 들면 그레이 백작이 책을 많이 수집한 것으로 유명하다면 세간의 사람들이 '그레이 백작 문고'라고 이름을 붙이는 식입니다. 또한 한때 유행한 자신 소유의 책 앞장에 도장을 찍거나 자신의 장서임을 표시하고자 붙이는 '장서표'도 문고의 소속을 밝히는 '이 책은 무슨 무슨 문고로부터 나온 책'(Ex Libris)라는 라틴어 표현의 등록지에서 시작된 것입니다.

빅토리아 여왕 시대를 거치면서 인쇄물이 폭발적으로 증가하고 자연스럽게 책의 가격도 낮아졌지만 여전히 하드커버만은 양보할 수 없는 '제대로 된 책'의 기준이었습니다. 하지만 제1차 세계대전과 1930년대 경제대공황 시절을 겪으면서 이 기준선이 무너지기 시작했습니다. 앨런 레인Allen Lane이라는 출판업자는 어려운 경제 상황에서 당시 유일한 오락거리였던 인쇄 출판물에 대한 대중의 수요를 확인했습니다. 그는 1935년 '펭귄북스'의 시리즈물을 펴내기 시작하면서 표지를 딱딱한 하드커버가 아닌 말랑말랑한 종이로 대체한 '페이퍼백Paper Back'의 시대를 열었습니다. 그리고 이 흐름이 결정적인 대세로 자리 잡게 된 계기가 바로 제2차 세계대전이었습니다. 제1차 세계대전과 달리 제2차 세계대전에는 수많은 미군이 직접 참전했습니다. 그리고 전쟁 기간 동안 군인들의 복지를 위해 아이스크림 운반선까지 동원했던 미국은 젊은 병사들의 읽을거리와 교육 수단 제공의 일환으로 '진중문고'를 만들어 대량으로 책을 보급했습니다. 이 문고본 책은 이른바 '건빵 주머니'에 들어갈 만큼의 작은 크기였고, 당연히 군복 주머니에 넣고도 활동이 자유로워야 했기 때문에 모두 페이퍼백이었습니다. 그래서 많은 사람이 이런 출판 형태에 익숙해지게 되었고, 전쟁이 끝나고 난 후에 페이퍼백은 당당히 출판물의 주류로 등장하게 되었습니다.

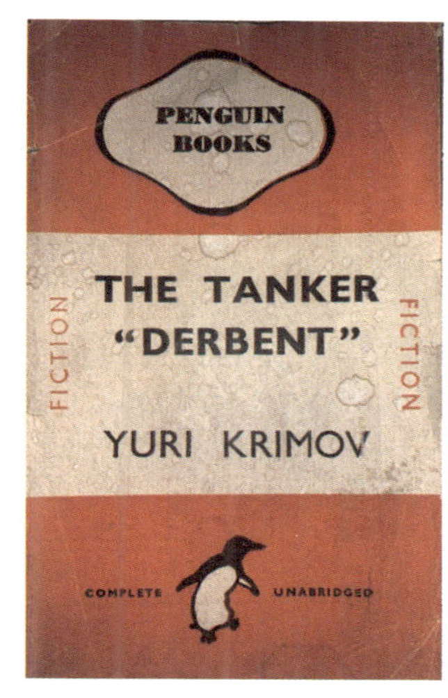

펭귄북스에서 1944년에 출판한 페이퍼백 버전의 《무기여 잘 있거라》.

책을 수집하는 입장에서는 이런 변화가 참 아쉬운 일입니다. 페이퍼백으로 제작된 책은 내구성이 약해서 오랜 세월을 견디기 힘들 뿐 아니라 아름답지 않기 때문에 수집할 가치가 별로 없습니다. 만약 헤밍웨이의 책이 처음 발매된 시기보다 몇 년 늦게 인쇄되어 전쟁 후에 발매되었더라면 아마 이런 하드커버가 아니었을지도 모르겠습니다. 물론 지금도 미국 출판계에서는 초판본은 하드커버, 이후 대량 판매본은 페이퍼백으로 다시 찍어내는 이중적인 판매 전략을 택하고 있습니다. 하지만 과거 하드커버본의 화려한 장정 대신 알록달록한 겉표지인 '더스트 커버dust cover'를 덧씌우는 것으로 넘어가는 경우가 많습니다.

제가 구입한 《누구를 위하여 종은 울리나》의 초판 양장본도 본래 더스트 커버가 있었지만 당시에는 정말로 먼지가 앉지 않도록 책을 보호하는 임시 포장과 같은 역할을 했기 때문에 금방 찢어져서 소실되는 경우가 많았습니다. 그래서 고서 수집가들 사이에서는 더스트 커버가 남아 있는 책을 상당히 오른 가격으로 거래합니다. 하지만 저는 더스트 커버를 벗겨낸 깔끔한 모습이 더 좋아서 이걸로 구입했습니다. 이 책의 표지는 두꺼운 본문을 견디기 위해 겉면에 질감이 거친 천을 입혀 마감을 한 후 그 위에 헤밍웨이의 사인을 깊게 박아 넣었습니다. 단정하고 쓸쓸한 디자인의 표지입니다.

누구도 섬이 아니다

어렸을 때 KBS에서 일요일 밤마다 영화를 방송해주던 〈명화극장〉 프로그램에서 졸린 눈을 비비며 게리 쿠퍼Gary Cooper와 잉그리드 버그먼Ingrid Bergman이 나온 영화 〈누구를 위하여 종은 울리나〉를 본 적이 있습니다. 어린 마음에 이 영화의 핵심은 제목이 제기하고 있는 의문, 즉 '종이 울리는 이유'일 거라고 생각해서 열심히 봤지요. 하지만 종은 영화 시작 부분에 잠시 뎅그렁거리더니 다시는 등장하지 않았습니다. 게다가 제2차 세계대전 영화로 익숙했던 착한 미군도 악당 독일군도 아닌 누군지 알 수 없는 사람들이 나오는 전쟁영

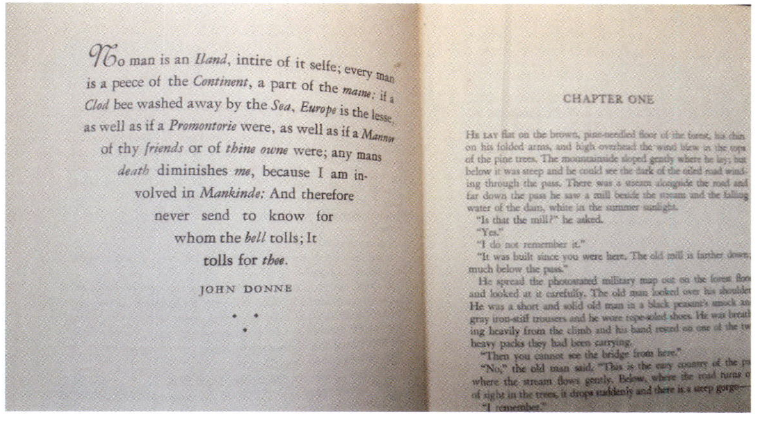

No man is an *Iland*, intire of it selfe; every man is a peece of the *Continent*, a part of the *maine*; if a *Clod* bee washed away by the *Sea*, *Europe* is the lesse, as well as if a *Promontorie* were, as well as if a *Mannor* of thy *friends* or of *thine owne* were; any mans *death* diminishes *me*, because I am involved in *Mankinde*; And therefore never send to know for whom the *bell* tolls; It tolls for *thee*.

JOHN DONNE

CHAPTER ONE

He lay flat on the brown, pine-needled floor of the forest, his chin on his folded arms, and high overhead the wind blew in the tops of the pine trees. The mountainside sloped gently where he lay; but below it was steep and he could see the dark of the oiled road winding through the pass. There was a stream alongside the road and far down the pass he saw a mill beside the stream and the falling water of the dam, white in the summer sunlight.

"Is that the mill?" he asked.

"Yes."

"I do not remember it."

"It was built since you were here. The old mill is farther down; much below the pass."

He spread the photostated military map out on the forest floo and looked at it carefully. The old man looked over his shoulder He was a short and solid old man in a black peasant's smock an gray iron-stiff trousers and he wore rope-soled shoes. He was breat ing heavily from the climb and his hand rested on one of the tw heavy packs they had been carrying.

"Then you cannot see the bridge from here."

"No," the old man said. "This is the easy country of the p where the stream flows gently. Below, where the road turns o of sight in the trees, it drops suddenly and there is a steep gorge—

"I remember."

《누구를 위하여 종은 울리나》 첫 페이지에 실려 있는 존 던의 시.

화가 이어지더니 총싸움은 제대로 하지도 않고 산등성이를 오르락 내리락하는 장면만 나와서 하품을 하다가 잠들어버렸습니다.

그래서 이 영화의 제목이 왜 '누구를 위하여 종은 울리나'였는지를 알게 된 것은 훨씬 긴 시간이 지나 영화의 원작이었던 책을 읽고 나서였습니다. 책을 펼치면 목차를 지나 본문의 첫 페이지 왼쪽에 중세 영국의 성직자이자 시인인 존 던John Donne의 시가 인쇄되어 있습니다. 일종의 기도문이기 때문에 별도의 제목이 없는 이 시는 대단히 인상적인 문장으로 시작됩니다. "누구도 섬이 아니다"(No Man is an Island).

생각해보면 당연한 말입니다. 바다 한가운데 외로이 고립되어 있는 것처럼 보이는 섬도 결국 바다 아래로 깊이 내려가다 보면 다른 섬들과, 대륙과 연결되어 있는 하나의 덩어리입니다. 저 사람의 일은 나와 상관없다는 것은 일종의 어리석은 착각입니다. 그래서 존 던은 우리의 이기심을 질타하며 이렇게 외칩니다.

> 나는 인류에 속해 있기에, 어떤 이의 죽음도 나의 존재를 더 작게 만드는 것이니,
> 저 종소리를 듣거든 누구를 위해 울리는 종인지 사람을 보내 알아보려 하지 말지어다.
> 그 종은 그대를 위해 울리는 것일지니.

누군가 세상을 떠나면 교회에서 장례식을 치르면서 조종弔鐘을 울립니다. 그리고 어디선가 이 종소리가 들려오면 '오늘은 누가 죽었기에 저렇게 종을 치나. 얘야, 가서 한번 물어보고 와라' 하고 누군가를 보내 알아보고 싶은 마음이 들기도 하지요. 하지만 존 던은 그런 마음이 벌써 내가 아는 사람, 나와 관계가 있는 사람이면 슬퍼하고 그렇지 않으면 '아, 모르는 사람이네' 하고 외면하고 싶은 마음이 숨어 있는 것이니 잘못된 것이라고 일갈하고 있습니다. 왜냐하면 결국 인간은 모두 연결되어 있는 존재고, 내가 아는 사람이 죽었든 모르는 사람이 죽었든 우리는 자신을 포함한 인류의 존재가 그 한 사람의 죽음으로 분명히 더 작아지고 위축되었다는 점에서 슬퍼하고 애도하는 게 마땅하기 때문입니다. 존 던의 시는 교회에서 조종을 울리는 이유가 궁금한 사람은 와서 확인해보라는 뜻이 아니라 이 종소리를 듣는 모두에게 나의 존재가 오늘 더 왜소해졌다는 것을 알리는 것이라는, '그대를 위해' 울리는 것이라는 뜻을 담고 있습니다.

거창하고 좋은 이야기이기는 한데, 이 시가 도대체 왜 소설의 첫머리와 제목을 장식하게 된 것일까요? 여기에는 이 소설의 배경이 되는, 미군도 독일군도 안 나오는 이상한 전쟁인 '스페인내란'의 이야기가 얽혀 있습니다.

모두의 전쟁

전통적으로 왕정이었던 스페인은 1900년대에 들어서면서 왕조의 무능과 패전으로 심각한 혼란에 빠져 있었습니다. 여기에 '스페인 독감'의 대유행과 엎친 데 덮친 격으로 들이닥친 대공황의 여파로 그로기 상태에 몰렸고, 결국 왕정이 물러나고 선거를 통해 정부가 구성되는 공화국의 형태로 바뀌게 되었습니다. 이 상황에서 좌파, 자유주의자, 민주주의자가 연합한 공화파 세력과 지주, 교회, 군부, 우익 인사가 결합된 보수 국가주의파 세력이 각축을 벌이게 되었지요. 하지만 두 세력의 이해관계와 정책 방향이 완전히 달랐기 때문에 대결 양상은 점차 첨예해지게 되었습니다.

결국 1936년 총선에서 공화파가 승리하여 정권을 장악하게 되자 국가주의파는 선거 결과에 불복하고 군부의 지도자였던 프란시스코 프랑코 장군을 중심으로 쿠데타를 일으킵니다. 여기에 대응하여 공화파가 전투를 개시하면서 약 3년간에 걸친 스페인내란이 벌어지게 되었습니다. 내전 초기에는 정부를 장악한 공화파가 다소 유리해 보였으나 국가주의파는 기본적으로 군부와 기득권 세력의 연합이었기 때문에 군사력과 자금력이 모두 막강했습니다. 게다가 이들은 당시 유럽에서 세를 넓혀가던 파시스트 정권인 독일, 이탈리아, 루마니아 등의 전폭적인 지원을 받았고 점차 승기를 잡아갑니다.

독일과 이탈리아 같은 파시스트 국가가 개입했으니 당연히 영국과 미국, 프랑스 같은 민주국가도 이에 대응해 공화파를 지원해야 했겠지만, 이미 제1차 세계대전을 겪고 난 터라 또다시 국제전國際戰에 휘말리고 싶지 않았기에 소극적인 태도를 보였습니다. 그리고 공화파를 도와주었다가 오히려 이들과 협력관계에 있었던 공산주의 세력이 커지는 게 더 문제가 아닌가 하는 생각마저 하게 되었지요. 그래서 국가적 차원에서의 공화파에 대한 지원은 거의 없거나 심지어 때때로 반대편인 프랑코 정부를 돕는 행태마저 보이기도 합니다. 게다가 민주 진영 국가들이 우려했던 공산주의의 종주국인 소련마저 협력관계에 있던 공화파를 돕기는커녕, 전쟁을 계기로 공화파 정부로부터 돈을 뜯어낼 생각만 할 뿐 제대로 된 지원을 해주지 않았고 공화파는 점차 수세에 몰리게 되었습니다.

이런 답답한 상황에서 국가적 지원이 불가능하다면 개인으로라도 공화파를 돕겠다며 나선 의용병들이 바로 '국제여단'이었습니다. 프랑스, 미국, 영국, 폴란드, 캐나다, 헝가리, 심지어 독일과 이탈리아에서도 파시스트 정부의 방침에 반대하며 개인으로서 공화파를 돕기 위해 스페인으로 날아왔습니다. 전 세계의 공화주의자와 민주주의자가 모였는데, 그 수가 약 50개국 4만 명에 달했습니다. 이들 가운데는 국제적으로 명성을 얻은 유명인도 있었는데 문필가로는 조지 오웰George Orwell, 앙드레 말로Andre Malraux, 헤밍웨이가 대표적이었

| 스페인내란에 참전한 국제여단의 모습(1937).

습니다.

정확히 말하자면 헤밍웨이가 국제여단 소속으로 직접 전투에 참여한 것은 아닙니다. 그는 후원금을 모아 전달하고 기자 자격으로 스페인에 건너가 직접 보고 들은 내전의 참상을 전달하는 글을 쓰며 홍보물 제작을 돕는 등의 역할을 했습니다. 스페인내란이 공화파의 처절한 패배로 마무리된 1939년의 이듬해인 1940년에 헤밍웨이가 이때의 경험을 바탕으로 내놓은 책이 바로 《누구를 위하여 종은 울리나》였습니다.

1939년 말, 《누구를 위하여 종은 울리나》 초판 표지용 사진을 찍기 위해 포즈를 취하는 헤밍웨이.

이제 이 소설의 제목이 지닌 의미, 책의 첫머리에 왜 존던의 시가 인용되었는지 짐작할 수 있을 것입니다. 자신의 목숨을 걸고 스페인내란에 참전한 국제여단의 젊은이들이 마음에 품고 있던 생각이 바로 저것이었습니다. 어떤 이는 무모하다고 하고, 또 어떤 이는 자신과 아무 상관이 없는 일에 인생을 걸다니 어리석다고 할 수 있겠지요. 하지만 지구상에서 벌어지는 어떤 인간의 불행과 불의도 모두 '나'와, 그리고 보다 큰 '인류'의 삶에 연결되어 있다는 신념이 이들을 떨쳐 일어나게 만든 것이었습니다. '누구를 위하여 울리는 종'인지 묻거나 따지는 대신, 스페인내란이 민주주의와 파시즘의 대결이라는 근본적인 사실 하나에만 집중하여 이것이 '나를 위해 울리는 종'이라고 받아들인 사람들인 것입니다.

결국 이들의 판단이 옳았다는 것은 금세 증명되었습니다. 스페인내란이 마무리된 1939년, 그해를 넘기지 않고 독일, 이탈리아, 일본 등의 추축국樞軸國이 거대한 전쟁의 포성을 울리며 제2차 세계대전의 불길로 전 세계를 불태우기 시작했습니다. 전쟁이 벌어지고 나서야 영국의 처칠, 미국의 루스벨트 대통령 등은 스페인내란 때 공화파를 적극 지원해 미리 파시스트 세력을 제압하지 않은 것을 후회하는 말을 남겼습니다. 하지만 이미 때는 늦었지요. 호미로 막을 일이 가래로도, 포클레인으로도 막을 수 없을 만큼 커진 뒤였습니다.

누구를 위한 책인가

다시 《누구를 위하여 종은 울리나》 초판본으로 넘어가보겠습니다. 책장을 넘기다 보면 출간 연도와 저자명, 권리 사항 등이 적혀 있는 판권지가 보입니다. 그런데 그 판권지 오른쪽 페이지의 내용이 흥미롭습니다. 통상 '이 책을 누구누구에게 바친다'라는 '헌사'가 들어가는 부분인데 "이 책은 마사 겔혼Martha Gellhorn을 위한 것이다"라고 적혀 있습니다. 누구를 위하여 종이 울리는지는 모를지라도 이 책이 누구를 위한 것인지는 처음부터 확실히 알 수 있습니다. 이 책은 마사 겔혼을 위한 것입니다. 그런데 그는 누구일까요?

재능 있는 예술가들에게서 자주 발견하는 특성 중 하나는 인격적 불균형입니다. 본인에게야 '불균형'으로 끝나는 문제겠지만 주변

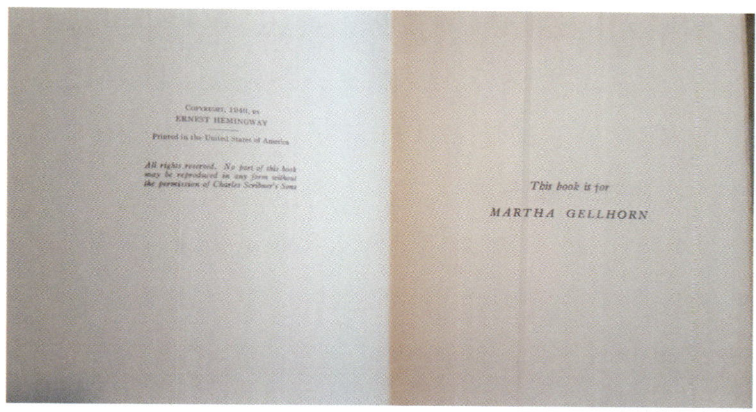

COPYRIGHT, 1940, BY
ERNEST HEMINGWAY

Printed in the United States of America

All rights reserved. No part of this book may be reproduced in any form without the permission of Charles Scribner's Sons

This book is for

MARTHA GELLHORN

| 《누구를 위하여 종은 울리나》 초판본의 판권지(왼쪽)와 헌사(오른쪽).

사람들에게는 '민폐'가 됩니다. 헤밍웨이 역시 관점을 달리해서 보자면 엄청난 '민폐 캐릭터'였습니다. 가족력이라고도 할 수 있는 조울증에 무지막지한 알코올중독, 방랑벽과 충동적인 성격, 소유욕과 집착까지. 그 수많은 '편벽함'은 그에게 강력한 에너지로 작용해 인상적인 작품들이 탄생하게 만들었지만, 결국은 그를 파괴하여 자살에 이르게 만들기도 했습니다. 그는 평생을 롤러코스터와 같은 극도의 오르막과 내리막으로 일관하며 살아갔습니다.

그런 그가 안정적인 집필 활동에 들어가 소설가로서 필명을 날리게 된 것은 두 번째 결혼의 덕이 컸습니다. 저널리스트로서 활동하고 있던 폴린 파이퍼Pauline Marie Pfeiffer는 헤밍웨이보다 네 살 연상으로 안정적인 성격이었던 데다가 집안이 매우 부유해서 헤밍웨이가 마음 놓고 키웨스트Key West의 별장에서 집필 활동에 전념할 수 있었습니다. 그 결과로 나온 소설은 그가 국제적인 소설가로 발돋움하게 만든 《무기여 잘 있거라》였습니다. 부부는 슬하에 두 아이까지 두고 행복한 삶을 이어가는 듯했으나 평온한 호수에서도 질풍노도를 불러일으키는 헤밍웨이에게 이런 지루한 일상이 오래갈 리 없었습니다.

헤밍웨이는 키웨스트에 놀러 온 기자이자 작가인 마사 겔혼을 만나 금세 사랑에 빠졌습니다. 하지만 겔혼은 유부남인 데다 불안정한 성정을 지닌 헤밍웨이와 깊은 관계가 되고 싶은 생각이 없었습니다. 헤밍웨이의 구애를 거절한 겔혼이 직장인 신문사가 있는 뉴욕으로 돌아가자 헤밍웨이도 키웨스트를 떠나 뉴욕으로 쫓아갔습니다. 여기서도 뜻을 이루지 못한 헤밍웨이는 겔혼이 스페인내란 현장에 특파원으로 파견되자 자신도 문학적 명성을 이용해 〈나나 통신〉의 특파원 자격을 얻어 스페인으로 달려갔습니다. '헤밍웨이의 스페인 참전기' 뒤에는 이런 '사랑의 추격전'이 중첩되어 있었습니다. 아, 당시 그는 유부남이었으니 '불륜의 추격전'이라고 해야 할까요?

결국 헤밍웨이의 끈질긴 구애에 넘어간 마사 겔혼은 스페인 현지에서 그와 동거에 들어갑니다. 두 번째 부인인 폴린은 아이들과 가정을 지키기 위해 이혼을 거부하고 몇 년간 줄다리기를 벌였습니다. 하지만 스페인내란이 끝나고도 헤밍웨이가 여전히 가정으로 돌

결혼 후 중국을 방문한 마사 겔혼과 헤밍웨이(1941년).

아올 기미가 보이지 않자 결국 포기하고 1940년 이혼에 동의했습니다. 헤밍웨이는 이혼이 마무리되고 나서 3주 만에 겔혼과 스페인에서 결혼식을 올렸습니다.

《누구를 위하여 종은 울리나》가 출간된 시기는 수년간의 끈질긴 구애 끝에 세 번째 결혼에 성공한 헤밍웨이가 행복에 겨워 있을 시점이니, 책의 헌사로 "이 책은 마사 겔혼을 위한 것"이라고 쓰는 것이 어쩌면 당연했을 것입니다. 당시 그의 심정으로는 세상의 모든 종이 사랑의 추격전에서 승리한 자신을 위해 울린다고 생각했을지도 모르겠습니다. 하지만 이런 불타는 사랑의 끝은 급격히 불타오른 만큼 허무하게 꺼져버려 재조차 제대로 남지 않는 게 어쩌면 당연한 일일지도 모릅니다. 오래지 않아 헤밍웨이와 겔혼은 이혼하게 되고 모든 것이 불타버려서 육신도 정신도 재처럼 흐늘흐늘해진 헤밍웨이의 작품들은 혹평과 실패의 늪에 빠지게 됩니다.

가장 화려한 마지막 불꽃

작가로서 헤밍웨이의 절정은 언제였을까요? 그는 커리어 내내 우수한 작품을 여럿 썼지만 아무래도 가장 왕성한 집필력을 보여준 시기는 '불륜의 열정'에 불타서 마사 겔혼을 쫓아 내전 중인 스페인까지 달려갔을 때가 아니었을까 싶습니다. 그렇게 탄생한 작품인 《누구를 위하여 종은 울리나》는 그를 현대 영문학계의 유명 작가로 끌어올렸으나 아직 '거장'의 반열에 오를 정도는 아니었습니다. 게다가 이후 10년간 파탄 난 결혼 생활과 방랑, 가족력인 정신분열과 알코올중독으로 장편소설을 한 권도 내지 못한 채 추락을 거듭했지요. 하지만 그러했던 그가 마침내 신작 소설을 발표한다고 했을 때 전후 호황기에 들떠 있던 미국의 독자들은 흥분의 도가니에 빠집니다.

그렇게 1950년에 발간한 《강 건너 숲속으로》*(Across the River and into the Trees)*는 헤밍웨이의 이름값에 어울리지 않는 범작이었습니다. 문제는 독자들의 기대치가 컸던 만큼 실망의 낙폭도 컸고, 평론가들은 살아 있는 영문학의 대가를 깎아내림으로써 자신도 그 위대함의 조각을 나누어 가질 수 있다고 믿는 하이에나처럼 신랄한 비평을 퍼부어 댔다는 것입니다.

잡힌 청새치 옆에서 포즈를 취하고 있는 헤밍웨이.

무너져가는 제국의 황혼과 같은 시간을 보내던 헤밍웨이는 이런 작태에 대한 분노의 힘으로 다시 한번 일어섰고, 불과 8주 만에 평론가들에게 보내는 답장을 중편소설의 형태로 날립니다. 그 작품이 바로 헤밍웨이의 마지막 소설이자 최대의 걸작인 《노인과 바다》입니다. 당시의 상황과 소설의 내용을 비교해서 생각해보면 소설 속 주인공인 늙은 어부 '산티아고'는 두말할 것 없이 헤밍웨이 자신이었고, 산티아고가 천신만고 끝에 낚아 올린 거대한 청새치는 자신의 작품입니다. 그리고 그렇게 어렵게 잡은 청새치를 사방에서 달려들어 뜯어 먹는 못돼먹은 상어들은 평론가들이었습니다. 헤밍웨이는 한양 장안의 사대문에 격문을 붙이는 심정으로 이 소설을 정규 출판에 앞서 유명한 사진 잡지인 《라이프》 1952년 9월 판에 통으로 게재합니다. 이후 스크리브너Scribner 출판사에서 127페이지짜리 단행본으로 출판하긴 했으나 진정한 의미에서의 '초판본'은 바로 이 잡지 게재본이라고 할 수 있습니다.

사실 이런 파격적인 게재에는 작품이 완성되자마자 '이건 내 인생 최고의 작품이다'라고 말할 만큼 자신감을 가졌던 헤밍웨이가 이 작품을 계기로 평소 그렇게 소원해왔던 노벨 문학상을 노려보겠다는 전략적인 계산도 숨어 있었습니다. 그의 문학적 성취를 의심하는 사람은 아무도 없었지만, 이 시점에서 노벨상 위원회가 상을 주어야겠다고 결심할 만한 '한 방'은 없었지요. 그러니 이 소설을 통해 대중의 뜨거운 반응을 한꺼번에 이끌어내면서 그 전환점을 만들겠다는 심산이었던 것입니다. 그의 기대대로 이 작품은 1952년 퓰리처상을 수상한 데 이어 1954년 노벨 문학상 수상까지 이끌어냈습니다. 그리고 이 소설은 아이러니하게도 사실상 헤밍웨이의 마지막 소설이었습니다. 마지막 순간에 가장 뜨겁게 타오른 한줄기의 불꽃이라고 해야 할까요? 마지막까지 완전연소로 타오른 그의 생애를 되새기며 오늘 저녁에는 느긋하게 《누구를 위하여 종은 울리나》를 펼쳐 봐야겠습니다.

〈목포의 눈물〉에 담긴 목포 이야기

5

간척으로 만들어진 도시

사흘간 목포 여행을 다녀온 적이 있습니다. 특별한 목적보다는 목포에서 교편을 잡은 제자도 만날 겸 제가 사는 부산과는 또 다른 항구도시의 풍경도 구경할 겸 잠시 쉬러 간 것이었습니다. 그런데 부산에서 목포까지의 교통편을 검색해보니 이용할 만한 편리한 대중교통이 별로 없네요. 모든 것이 서울로 집중되는 나라답게 서울에서 출발하는 교통편이 가장 많고 빨랐습니다. 평일에 기차로 부산에서 목포로 가려면 오송역까지 올라와 환승을 하는 방법밖에는 없더군요. 게다가 고속버스로 가는 직통 노선은 아예 없습니다. 하는 수 없이 네 시간 반쯤 걸리는 시외버스를 탔습니다.

그렇게 힘들게 가는 곳이니 짧은 방문이지만 그래도 뭔가 챙겨봐야겠다 싶어 이리저리 검색을 해보기 시작했습니다. 그런데 신기하게도 '목포'와 관련해서 가장 많이 나온 검색어는 이난영의 노래 〈목포의 눈물〉이었습니다. 유달산에는 이난영 노래비가 있고, 바닷가에는 '난영공원'이 있으며, 목포 '대중음악의전당'은 1, 2층이 모두 이난영과 관련된 전시관이라 해도 과언이 아니었습니다. 게다가 그 근방에는 독립적으로 만들어진 이난영 박물관도 있습니다. 목포 사람들이 이 노래를 이렇게 좋아하는 이유가 뭘까요? 가사를 찬찬히 되짚어 보니 확실히 이 노래에는 목포를 설명할 수 있는 수많은 요

| 목포 '대중음악의전당'에 전시된 이난영의 레코드.

소가 한데 얽혀 있구나 하는 것을 깨닫게 되었습니다. 그래서 오늘은 〈목포의 눈물〉에 얽힌 그 시절의 이야기, 목포의 이야기를 들려드릴까 합니다.

〈목포의 눈물〉은 일제강점기인 1934년 〈조선일보〉에서 개최하고 '오케레코드'에서 후원한 '전국 6대 도시 애향가요 가사 현상공모'에서 약 3천 편의 응모작을 제치고 당선된 작품입니다. 가사를 쓴 사람은 목포에서 기자 생활을 하며 시를 쓰던 '문일석'이라는 분이었는데, 오케레코드에서는 이 가사를 당대 유명 작곡가였던 손목인에게 곡을 받아 붙였습니다. 그러고는 당시 열여덟 살의 나이로 조선악극단을 거쳐 오케레코드에서 활동하던 이난영에게 부르도록 했고, 그렇게 1935년 〈목포의 눈물〉이 탄생하게 됩니다.

노래가 탄생하게 된 이 짧은 뒷이야기에서도 목포에 관한 여러 가지 실마리를 끌어낼 수 있습니다. 일단 목포가 당시 '전국 6대 도시'에 들어갈 정도로 큰 도시였다는 점이 놀랍습니다. 2023년 3월 통계를 기준으로 보면 목포는 인구수 21만 5천 명으로 전국 92위를 기록했습니다. 그나마도 해마다 인구가 감소하는 추세인데, 최근에는 목포시 외곽의 무안 지역으로 젊은 층이 빠져나가면서 인구 감소가 가속화되고 있습니다.

노래의 가사를 쓴 문일석이 목포 지역에서 거주했으니 가사에 목포의 지역색을 제대로 담을 수 있었겠다는 생각도 듭니다. 게다가 우연히도 노래를 부른 이난영도 목포 출신이었습니다. 문일석은 이난영의 오빠와 친구 사이이기도 했습니다. 그런데 이난영이 이 노래를 부른 나이가 열여덟, 레코드 발매일을 기준으로 봐도 열아홉이었습니다. 기록에 의하면 이난영은 어려서부터 가수가 되기를 원해서 열여섯 살 무렵부터 악극단의 순회공연에 참여했다고 합니다. 지금 우리가 듣는 그 구슬픈 목소리의 주인공이 채 스무 살도 되지 않은 가수의 목소리였다는 것이 놀랍습니다. 이제 노랫말을 하나씩 짚어

보며 목포 이야기를 풀어볼까요.

사공의 뱃노래 가물거리며
삼학도 파도 깊이 스며드는데

너무 많이 들었던 노래라서 깊이 생각을 해보지 않으면 뭐가 이상한지 모르실 수도 있지만, 하나하나 따져보면 첫 줄부터 약간 갸우뚱해지는 부분이 있습니다. 목포가 당시 국내 3대 항구 중 하나였을 만큼 큰 도시였다는 것을 생각해보면 느릿느릿 노를 저어 가물거리며 뱃노래를 흥얼거리는 사공의 작은 나룻배가 머물 만한 곳은 아니지요. 하지만 목포가 중국과 일본을 잇는 커다란 항구가 된 것은 나중의 일이고, 조선 시대까지만 하더라도 목포 항구는 전라도 지역의 세곡선이 영산강을 따라 내려와 바다로 들어가기 전에 쉬어가는 곳으로서의 의미가 더 컸습니다. 그래서 강과 바다가 만나는 '길목'이라는 뜻으로 '목포木浦'라는 명칭이 붙은 것입니다.

목포는 1897년 개항을 하고 이후 일제강점기에 크게 성장한 도시입니다. 특히 일제강점기 때는 국내에서 수탈한 쌀을 실어가는 항구로서의 기능을 다하기 위해 호남선 종착역도 만들었고 항만의 일자리가 크게 늘어나면서 전성기를 맞이했습니다. 국도 1, 2호선의 시발점도 목포였습니다. 문제는 목포에는 평지가 매우 좁아서 그렇게

| 목포의 간척 단계별 영역 변화를 보여주는 전시물.

늘어난 인구와 시설을 감당할 공간이 없었다는 것이었지요. 그래서 개항 직후부터 여기저기 간척을 통해 땅을 만들어내기 시작했고, 심지어 오늘날에도 간척이 꾸준히 이어지고 있습니다.

여기에서 노랫말 첫 줄의 '삼학도' 문제가 등장합니다. 위의 사진은 목포가 지속적인 간척 사업을 통해 확장되어 온 역사를 한눈에 보여줍니다. 이 지도의 내용을 역으로 짚어 가면 개항 당시의 목포는 짙은 갈색으로 표시된 부분뿐이며 현재 우리가 '목포 시내'로 알고 있는 지역은 대부분 간척을 통해 '만들어진 땅'임을 알 수 있습니다. 특히 왼쪽 하단의 '1910년 이전'이라고 쓰여 있는 노란색 지역 옆으로 '세 개의 섬'(정확하게는 두 섬의 끄트머리가 연결되어 하나로 보이는)이 보이는데, 여기가 바로 우리가 살펴볼 '삼학도'입니다.

어렸을 때 〈목포의 눈물〉을 들으면서 '삼학도'가 '학도병'처럼 학생을 가리키는 말인 줄 알았습니다. '아, 일본 유학을 떠나는 학생이 파도를 바라보며 새색시와 이별하는 장면이군.' 하지만 사실은 세 개의 섬이 마치 학이 내려앉은 것처럼 보인다고 해서 '삼학三鶴'이라고 불렀다고 합니다. 한 걸음 더 나아가서 '학이 노니는 곳'이니 역시 이곳은 '바다를 향한 항구'라기보다는 '강의 일부'라는 인식이 더 강했구나 하는 생각이 들기도 하네요.

삼학도는 목포 일대의 간척이 거듭되면서 완전히 육지로 편입되어 자취를 감추었습니다. 그러다가 지난 2000년 목포의 뜻있는 시민들이 의지를 모아 '삼학도 복원화 공원 조성사업'이 시작되었고, 지금은 이 일대가 '삼학도공원'으로 재단장했습니다.

화려한 로맨스에 가려진 새아씨의 눈물

노래의 다음 부분은 이런 가사로 이어집니다.

> 부두의 새아씨 아롱 젖은 옷자락
> 이별의 눈물이냐 목포의 설움

노래가 묘사하고 있는 상황 자체는 남녀 간의 이별인 것으로 보입니다. 목포항은 일본으로 가는 배가 자주 드나들던 곳이었으니 '임'을 일본으로 떠나보낸 사람의 이야기일 수도 있습니다. 그런데 가사 중에 '새아씨'라는 말이 있으니 결혼한 지 얼마 안 된 새댁일 것입니다. 어쩌면 결혼하자마자 일본 유학을 가겠다고 나선 새신랑을 떠나보내는 장면일지도 모르겠습니다.

여기까지의 이야기에 '목포'를 붙이면 곧바로 떠오르는 이야기가 있습니다. 바로 노래 〈사의 찬미〉로 유명한 윤심덕과 목포 부호의 아들 김우진의 비극적인 사랑 이야기입니다. 농업학교에 들어가 공부하고 오라는 아버지의 말을 따라 결혼한 후 유학을 떠난 김우진은 정작 일본에 가서는 와세다대학교 영문과에 몰래 입학해서 희곡을 쓰고 연극 단체를 구성해서 활동합니다. 여기서 김우진은 일본 총독부 관비 유학생으로 성악 공부를 하러 와 있던 윤심덕을 만나 사귀게 됩니다. 하지만 김우진은 이미 남매까지 둔 기혼자 신분이었습니다.

유학을 마치고 귀국한 두 사람은 각자의 영역에서 활발히 활동했으나 성악 전공자로서의 불투명한 미래에 절망한 윤심덕은 다시

| 〈목포의 눈물〉 노래비에 새겨져 있는 노래 가사의 변화.

일본으로 건너가 음반을 취입하게 되었습니다. 여기서 우리나라 최초의 대중가요로 알려진 〈사의 찬미〉가 탄생한 것입니다. 그리고 윤심덕은 자신을 만나러 역시 오사카로 건너온 김우진과 함께 관부연락선關釜連絡船을 타고 귀국길에 오릅니다. 하지만 두 사람은 함께할 수 없는 현실을 안타까워하며 바다를 건너던 중에 선상에서 투신자살로 비극적인 사랑을 마무리합니다.

전국을 떠들썩하게 만든 이 사건이 1926년의 일이었고, 특히 김우진의 친가가 있던 목포 사람들에게 더욱 화제가 된 일이었으니 〈목포의 눈물〉에도 다소 영향을 주었을지 모르겠습니다. 지금도 목포 여기저기에는 김우진과 윤심덕의 사랑 이야기를 전하는 기념물과 전시물이 많습니다. 지금까지 소설과 영화, 드라마, 그리고 뮤지컬로도 제작되어 여전히 각광받는 윤심덕과 김우진의 사랑담을 이야기하면서도 정작 가장 고통받았을 '새아씨'의 사정에 대해서는 정말 무심했구나 하는 생각도 듭니다.

물론 〈목포의 눈물〉이 단순히 남녀 간의 사랑만을 다룬 노래가 아니라는 주장도 있습니다. 279쪽 사진은 유달산에 있는 이난영 노래비에 새겨져 있는 〈목포의 눈물〉 가사인데, 1935년 처음 녹음을 했을 때와 현재의 가사에 차이가 있음을 보여주고 있습니다. 일단 위아래의 노랫말을 비교해 보면서 어떤 부분이 달라졌는지 직접 확인해보시길 바랍니다.

옛스러운 표현이 현대식으로 바뀐 것을 제외하고 의미상으로 완전히 다른 부분은 2절 첫머리 부분입니다. 최초의 녹음에서는 '삼백련 원안풍三栢淵願安風'이라고 되어 있었으나 후에 '삼백년 원한 품은'으로 바뀌어 있습니다. 하지만 실제 가사가 바뀐 순서는 이와 정반대입니다. 다시 말해서 원래 가사가 '삼백년 원한 품은'이었는데 당시 외압으로 '삼백련 원안풍'으로 바뀌었다가 나중에 원래 가사로 다시 환원된 것입니다. 그럼 왜 이 부분의 가사만 수정 압력을 받았을

목포시에 위치한 유달산 노적봉의 모습.

까요? 사실 그 원인은 앞부분이 아니라 그 뒷부분, 그러니까 '노적봉'에 있습니다.

'노적봉'은 유달산을 대표하는 봉우리입니다. 그런데 이 바위가 특이하게도 뾰족하게 솟아오른 모습이 아니라 네모난 큰 덩어리처럼 생겼습니다. 게다가 색깔도 누런빛이 도니 멀리서 보면 꼭 곡식 더미처럼 보이지 않겠습니까? 임진왜란 때 조선 수군의 전멸이 예상되는 상황에서도 기적적으로 명량대첩을 승리로 이끈 이순신 장군에게 당시 남아 있던 함선은 고작 12척밖에 되지 않았습니다. 왜군이 다시 숨을 고르고 쳐들어오면 중과부적이 될 위기였던 것입니다. 이를 타개하기 위해 이순신 장군은 최대한 시간을 벌어야 했습니다. 그래서 왜군의 배가 유달산 앞바다에 정탐을 하러 와서 오락가락하자 이 바위 위에 볏짚을 덮어 군량미가 산처럼 쌓인 것으로 위장했고, 새벽에는 바닷물에 하얀 흙을 흘려보내서 쌀뜨물처럼 보이게 했다고 합니다. 마치 수많은 군사가 주둔한 것처럼 위장한 것이었는데 여기에 속은 왜군은 결국 공격을 단념하게 되었습니다. 곡식 더미를 한자로 '노적露積', 우리말로는 '노적가리'라고 하기 때문에 이 사건을 계기로 봉우리의 이름을 '노적봉'이라고 부르게 되었다고 합니다.

그래서 가사를 지은 문일석은 목포 하면 유달산이고 유달산 하면 노적봉인데, 노적봉 하면 이순신을 떠올리지 않을 수 없으니 300년 전 조선이 임진왜란 때 왜군에게 당한 원한을 품고 있는 곳이라는 뜻에서 '삼백년 원한 품은'이라고 쓴 것이었습니다. 그런데 1935년이면 일제강점기의 한가운데이니 이런 가사가 레코드로 버젓이 찍혀 나올 수 있을 리가 없었습니다. 그래서 발음이 비슷한 '삼백 연못에서 불어오는 편안한 바람'이라는 뜻의 '삼백련 원안풍'으로 가사를 슬쩍 바꾼 것이었습니다. 목포의 어느 박물관에서 본 설명 자료에는 이것을 근거로 〈목포의 눈물〉에 '항일 정신'이 담겨 있다고도 쓰여 있었지요. 하지만 그렇게까지 보는 것은 조금 과하지 않나 싶습니다. 다만 우연인지 의도가 담긴 것인지 모르겠으나 바꾸어놓은 가사 중 '삼백'은 일제강점기 때 목포항을 통해 수탈되어 나가던 대표적인 조선 산물인 '면화, 소금, 쌀'을 떠올리게 합니다. 이들을 세 가지 하얀 물건이라는 뜻으로 '삼백三白'이라고 불렀거든요. 일제강점기에 이 노래를 목놓아 부르던 민중의 마음속에는 목포항에서 이별하는 남녀의 모습보다는 이순신 장군이 지켜낸 조선을 상징하는 노적봉 아래에서 쉴 새 없이 실려 나가는 쌀과 면화 등을 보면서 애달은 '목포의 설움'이 더 강하게 다가오지 않았을까요?

부녀자 가출 방지?

이어지는 2절에는 이런 가사가 등장합니다.

유달산 바람도 영산강을 안으니
님 그려 우는 마음 목포의 눈물

앞서 이야기했지만 〈목포의 눈물〉에서는 왠지 '바다'의 느낌보다는 '강'의 느낌이 더 많이 납니다. 〈눈물 젖은 두만강〉이나 〈소양강 처녀〉와 같은, 바다보다 더 작고 느리게 흐르는 물의 느낌에 가깝다고나 할까요. 그런 생각을 더욱 강하게 만드는 것은 노래 제목인 '목포의 눈물'이 등장하는 2절의 가사에 '영산강'이 직접적으로 언급된다는 점입니다. 영산강은 국내 4대 강 중 하나인데 정작 강의 이름은 목포가 아닌 나주의 영산포에서 비롯되었습니다. 강의 발원지가 담양군이었는데도 강의 이름에 담양이라는 지명 대신 영산포가 우선적으로 고려되었다는 점은 결국 당시 강의 가장 중요한 기능이었

| 나주의 '부녀자 가출 방지 기간' 현수막.

던 '수운水運'의 핵심 도시가 영산포가 위치한 나주 지역과 나주평야였다는 것을 시사합니다. '전라도'라는 이름 자체가 전주와 나주에서 따온 것이니 나주는 호남 남부 지역을 대표하는 도시였다고 할 수 있겠지요. '나주 곰탕'이 유명한 것은 나주 지역이 소고깃국을 먹을 수 있을 만큼 부호가 많고 국밥을 사고파는 장터가 융성했다는 뜻일 수 있습니다. 그런데 몇 년 전 인터넷상에서 나주를 유명하게 한 것은 이런 화려하고 부유한 과거의 모습이 아니라 뜬금없는 사진 한 장이었습니다.

'부녀자 가출 방지 기간'이라는 이상한 내용의 거대한 플래카드가 바람에 나부끼는 모습이 담긴 이 사진은 수년을 주기로 잊을 만하면 한 번씩 뉴스 매체나 인터넷상에 등장해서 화제가 되곤 했습니다. 최근 SNS에 다시 등장하여 많은 사람이 공유하고 있는 이 사진은 요즘 사람들에게는 '신기한 농담거리', '봄바람 난 아가씨들 마음 잡기' 정도로 받아들여지는 듯합니다. 하지만 이 사진의 배경 이야기는 그렇게 가볍지 않습니다.

사실 이 사진은 나주시에서 개최한 사진전에서 발견된 것이라 누가 왜 찍었는지 구체적인 사실 관계를 확인하기는 어렵습니다. 하지만 현재까지 확인된 바로는 사진이 찍힌 시점은 1968년이라고 합니다. 1960년대는 경부선을 비롯한 육상 교통 체계가 빠르게 확장되면서 영산강의 수로 기능이 유명무실해지기 시작한 시기였습니다. 1966년 인구 최고점을 찍은 나주는 이후 급격히 인구가 감소하기 시작했는데, 1968년이면 그런 급격한 내리막에 속도가 붙기 시작한 시점이지요. 게다가 그해 나주 지역은 기록적인 '한해寒害'를 입었습니다. 1967년 겨울이 너무 추워서 보리가 제대로 자라지 못한 것이었습니다. 4, 5월은 전년에 지은 양식이 겨우내 다 떨어지고 아직 보리 이삭은 여물지 않은 춘궁기, 그러니까 '보릿고개'의 시기입니다. 그런데 여기에 한해까지 덮쳐서 기다려봐야 보리죽조차 구경할 수 없는 상황이 되었으니 농촌에서는 생계는커녕 당장의 생존이 위협받는 상황이었습니다. 당장 끼니가 걱정되는 심각한 상황에서 육상 교통은 좋아졌으니 차를 타고 대도시, 특히 서울로 가서 뭐라도 일자리를 찾아봐야겠다고 생각하는 것은 '봄바람'이 아니라 '생존을 위한 선택'이었을 것입니다.

그런데 이 플래카드에서 특이한 점은 '부녀자'만을 문제로 삼고 있다는 것입니다. 시외버스를 타고 서울로 올라간 사람들이 여성뿐이었을까요? 당연히 그렇지는 않았을 것입니다. 남성이라고 '이촌향도離村向都'의 예외였을 리 없고 숫자로만 따지자면 여성보다 훨씬 더 많았을 것입니다. 하지만 남성의 상경은 '가족의 생계를 위한 직업 선택'으로 보는 반면, 스스로 생계를 해결하기 위해 상경하는 여성은 '가출'로 간주해서 이를 '방지'해야 한다고 보는 것입니다. 즉, 여성은 뒤에 남아 가정을 지키고 가족을 위해 희생하는 의무를 지게 된 것입니다. 당시 나주군에서 설정한 '방지 기간'은 단순한 구호로 그치는 캠페인이 아니라 중앙정부 기관인 보건사회부 차원에서 전국적으로 벌인 사업의 일환이었다고 합니다. 그래서 버스터미널이나 관광지 등에 '부녀상담소'를 설치하고 공무원, 경찰 등을 2인 1조로 근무하게 했는데, 여기서의 '상담'은 터미널에서 혼자 배회하는 여성을 붙잡아 고향으로 돌려보내는 '단속'의 다른 표현이었을 것입니다.

한 가지 더 생각해볼 점은 보건사회부의 사업이 전국 단위로 시행되었지만, 이 사업(또는 단속)의 결과를 담은 가출 부녀자 명단에서 250명을 무작위로 추출해 통계를 내보니 전라남도에서 올라온 사람들이 23퍼센트로 압도적으로 많았다는 것입니다(1968년 6월 13일 자 〈동아

일보〉). 전라남도의 농업 의존도가 높았기 때문이기도 하지만, 달리 보자면 당시 그만큼 호남 지역이 다른 지역에 비해 개발에서 소외되어 있었다는 뜻일 수도 있습니다.

목포의 눈물

그래서일까요? 〈목포의 눈물〉은 만들어진 지 자그마치 100년을 향해 가는 지금까지도 많은 이들, 특히 목포를 비롯한 호남인들의 무한한 사랑을 받고 있습니다. 프로야구 구단 중 '롯데 자이언츠'를 대표하는 응원곡이 〈부산 갈매기〉라면 과거 해태 타이거즈를 대표하는 응원곡은 〈목포의 눈물〉이었습니다. 〈부산 갈매기〉는 힘차고 신나는 노래라서 꼭 부산이라는 지역명이 아니더라도 응원가로 쓰일 만합니다. 반면에 〈목포의 눈물〉은 전반적으로 슬프고 처지는 노래이지요. 그럼에도 불구하고 야구 응원가로 쓰였다는 것은 그만큼 호남 지역 사람들에게는 기쁨보다는 서러움의 정서가 더 강하게 와 닿았다는 반증이 아닐까 싶습니다. 그렇게 축축 늘어지는 정서가 엔터테인먼트로서의 야구와 어울리지 않는다는 생각에서인지 야구단의 주인이 해태에서 기아로 바뀌면서부터는 〈목포의 눈물〉을 응원가로 쓰지 않게 되었지요. 이 때문에 호남 출신이라 해도 젊은 사람들은 〈목포의 눈물〉을 접할 기회가 없어서 노래 자체를 모르는 사람이 점점 늘어나고 있다고 합니다.

하지만 일본 유학을 떠나는 새신랑의 연락선 사연은 없어도, 노적봉 아래서 쌀을 수탈해가던 일제의 강압은 사라졌어도, 여전히 슬픈 사연들은 목포 주변을 떠나지 않고 있는 것 같습니다. 2014년 4월 16일 일어났던 비극적인 '세월호 침몰 사건'의 현장이 바로 진도 인근 해상이었습니다. 그리고 사고가 난 지 1072일이나 지난 2017년 3월에 인양된 세월호 선체는 근처에서 가장 큰 항구인 목포 신항으로 옮겨졌습니다. 이미 바닷속에 3년간이나 잠겨 있어서 선체 여기저기가 취약해진 터라 더 이상 이동시키는 것은 무리라고 판단했지요. 때문에 세월호는 결국 목포 신항의 한구석에 계속 자리를 잡고 서 있게 되었습니다.

인양된 세월호 선체는 현 위치에서 1.3킬로미터 떨어진 목포 고하도로 옮겨 그곳에 신설되는 기념관과 함께 영구 보존할 예정이라고 합니다. 도시의 밝은 이미지만을 중요하게 생각하는 이들에게는 꺼려질 수도 있는 세월호의 임시 거치 및 영구 보존 계획에 기꺼이 동의해주신 모든 목포 시민께 이 자리를 빌려 깊은 감사의 말씀을 올립니다.

게티즈버그연설이 신화가 되기까지

6

'shall'의 의미

모든 것의 시작은 'shall'이었습니다. 어느 날 갑자기 고등학교 때 《성문 종합영어》의 '독해편'을 풀다가 잠시 가졌던 의문이 생각났습니다. 영어를 배울 때 어려운 부분 중 하나가 언제 붙고 언제 떨어지는지 가늠하기 어려운 조동사의 사용법인데, 그 여러 용례 중에 'shall'이 '추측'의 용법으로 쓰이기도 한다는 내용이 있었습니다. 'should도 아니고 shall이면 상당히 강한 뉘앙스를 지니고 있는데 추측 같은 모호한 용법으로 쓰이기도 하나?' 하는 의문이 있었는데, 여기에 예문으로 나온 것이 그 유명한 게티즈버그 연설문의 마지막 부분이었습니다.

> Government of the people, by the people, for the people, shall not perish from the earth.
>
> **인민의, 인민에 의한, 인민을 위한 정부는 세상에서 사라지지 않을 것입니다.**

'아, 그렇군' 하고 넘어갔었는데 30년도 더 지난 지금 갑자기 그 생각이 난 것입니다. '이 문장에서 shall이 정말 추측의 의미로 쓰인 것일까?' 여러 자료를 찾아보기 시작했고, 의문은 의외로 쉽게 풀렸습니다. 연설문 원문 전체를 찾아보면 금방 알 수 있는 일이었습니다.

> It is for us the living, rather, to be dedicated here to the unfinished work which they who fought here have thus far so nobly advanced. It is rather for us to be here dedicated to the great task remaining before us—that from these honored dead we take increased devotion to that cause for which they gave the last full measure of devotion—that we here highly resolve that these dead shall not have died in vain—that this nation, under God, shall have a new birth of freedom—and that government of the people, by the people, for the people, shall not perish from the earth.

다 번역하기에는 너무 길지만 마지막 문장과 연결되는 부분만 따서 보자면, '인민의, 인민에 의한, 인민을 위한 정부는 세상에서 사라져서는 안 된다는 위대한 과제야말로 살아남은 우리가 헌신해야 할 대상인 것입니다'라고 해석할 수 있습니다. 이렇게 보면 결국 shall은 '추측'이라기보다는 강력한 '의무'의 용법이 맞습니다. 물론 연설문이다 보니 문장도 긴 데다가 꼬여 있어서 유명한 마지막 부분만 떼어내서 번역하면 충분히 이런 오해가 생길 수도 있을 것 같습니다.

그런데 여기서 꼬리를 물고 또 다른 의문이 생깁니다. 그렇다면 이 '유명한 마지막 부분'은 도대체 어떻게 등장한 것이고 왜 유명해진 것일까요? 이게 정말 링컨의 창작일까요, 혹은 272개의 단어밖에

실제 게티즈버그연설 현장에서 링컨을 찍은 유일한 사진. 화살표로 표시된 사람이 링컨.

안 되는 이 연설문이 정말 잘 쓰여서 전 세계적으로 유명해진 것일까요? 궁극적으로 이 연설문은 왜 이렇게 짧은 것일까요? 스스로 던진 이 의문들에 답하는 것은 그리 간단한 일이 아니었습니다. 일단 '게티즈버그연설'이라는 게 도대체 무엇인지, 왜 '연설하는 상황'이 만들어졌는지부터 이해해야 하기 때문입니다.

상처뿐인 승리

남북전쟁 초기에 여러 사람이 예상한 전쟁 결과는 북부가 인구와 경제력, 공업력 등 모든 측면에서 앞서기 때문에 어렵지 않게 남부를 압도하리라는 것이었습니다. 남부군의 로버트 리Robert Edward Lee 장군이 북부로 치고 올라가면서 그다지 중요한 군사요충지도 아닌 게티즈버그 같은 시골 마을을 거쳐 가야 했던 이유도 남부 진영의 열악한 상황과 연관되어 있습니다. 당시 남부군 병사들 대부분이 신발이 없어서 맨발로 다녔으므로 게티즈버그의 신발 공장을 털어서 군수품 보급을 하려 했던 것이지요.

예상과 다르게 북부군의 초기 전투 양상은 지리멸렬하기 그지없었습니다. 여유 있게 승리하리라 생각하며 전쟁을 선언했던 공화당의 정치인들은 북부군의 연전연패에 마음이 조급해지기 시작했습니다. 이 상황에서 남부군의 전설로 불리던 리 장군이 공격 부대를 이끌고 파죽지세로 치고 올라왔으나 게티즈버그에서 북부군의 조지 미드George Gordon Meade 장군이 이를 저지했다는 소식이 들리자 그들은 환호성을 질렀습니다. 사실 남부군이 2만 8천 명의 사망자를 기록함으로써 피해가 크기도 했지만 북부군의 사망자도 2만 3천 명을 넘었습니다. 무엇보다도 리 장군의 주력부대가 포토맥강을 건너 무사히 후퇴했기 때문에 관점에 따라서는 무승부, '상처뿐인 승리'라고 할 수도 있는 전투였습니다. 하지만 이 전투로 어쨌든 리 장군도 무적이 아니라는 것, 북부군도 남부군과의 정면 대결에서 충분히 이길 수 있다는 것을 보여주었다는 점에서 크게 고무된 것입니다. 실제로도 남부군이 이후로 북부로 더 이상 치고 올라가지 못하는, 이른바 '공세종말점攻勢終末點'에 이르렀기 때문에 게티즈버그 전투가 남북전쟁의 전환점이 된 것은 사실이었습니다.

문제는 양측의 사망자가 너무 많아서 조그만 마을인 게티즈버그의 역량으로는 들판에 여기저기 널브러진 5만이 넘는 시체를 감당할 방법이 없었다는 것입니다. 더구나 전투가 한여름인 7월에 치러지다 보니 썩어가는 시체에서 악취가 엄청 났으며, 더더욱 중요한 것은 이 문제에 대한 언론의 비난이 고조되는 가운데 그다음 해에는 선거가 예정되어 있었다는 점입니다. 그래서 전투가 끝난 지 불과 석 달 만인 11월에 전장 인근에 국립묘지를 지어 시체를 안치하기로 했습니다. 아무리 급하게 서두른다고 해도 석 달은 너무 일러서 제대로 된 묘비나 시설은커녕 시체만 매장하는 것도 3분의 1밖에 안 되었습니다. 하지만 선거 타이밍에 맞추려다 보니 어쩔 수 없이 급조된 행사에 가까웠습니다.

이렇게 처음부터 노골적으로 '선거 유세'를 염두에 두고 만들어진 행사였으므로 공화당 쪽 정치인들은 총력을 기울여 관중을 동원했고, 그 결과 1만 5천 명이 넘는 엄청난 인파가 좁은 장소에 운집했습니다. 특히 언론사의 취재 경쟁이 치열했습니다. 《게티즈버그연설 272 단어의 비밀》을 쓴 게리 윌스Garry Wills의 표현에 따르면 '세 시간짜리 록 콘서트'라고 할 정도였으니까요. 중요한 것은 이 '록 콘서트'에서 '헤드 라이너', 그러니까 이 행사 전체의 원래 주인공은 우리가 잘 알고 있는 링컨이 아니라 이름도 낯선 '에드워드 에버렛Edward Everett'이었다는 점입니다.

오늘날에는 에버렛을 아는 사람이 많지는 않지만, 당대 미국에서는 매우 유명한 석학이자 연설가였습니다. 아는 것도 많고, 글도 잘 쓰고, 말도 잘했기 때문에 그의 경력은 정말 화려하기 그지없습니다. 상원의원, 주지사, 영국 대사 등 중요 직책을 줄줄이 맡다 보니 여느 사람이라면 평생의 업적으로 내세울 하버드대학교 총장 경력이 제일 아랫줄에 적힐 정도였으니까요. 그래서 행사 주최자인 펜실베이니아 주지사는 처음부터 이 행사의 연사로 에버렛을 섭외하는 데 공을 들였고, 당연히 메인 연설자 역할을 맡겼습니다. 사정이 이렇다 보니 총 세 시간의 행사 가운데 목사의 기도, 밴드의 연주와 찬송가를 빼면 나머지 시간은 전부 에버렛의 차지라서 그는 자그마치 두 시간 내내 연설을 했습니다.

반면 주지사는 대통령인 링컨에게는 겨우 보름 전에야 '오실 수 있냐'고 물었습니다. 사실 연방 대통령에게 행사 15일 전에 참석 여부를 묻는 것은, 게다가 당대의 열악한 교통 사정이나 오래전부터 초대를 하는 것이 기본 예의였던 당시의 관행 등을 고려하면 사실상 웬만하면 오지 말라는 소리나 마찬가지였습니다. 이런 푸대접에는 링컨이 정치인으로서 그다지 인기가 없었기 때문에 그가 와봐야 선거에 별로 도움이 안 될 것이라는 현실적인 계산이 반영되었겠지요. 그런데 이런 주지사의 은근한 바람과 무시에도 아랑곳없이 링컨은 행사에 참석하겠다는 의사를 밝혔습니다. 대통령으로서의 자존심이 크게 상했을 것임에도 불구하고 링컨이 굳이 이 자리에 간 데에는 역시 정치인으로서의 계산이 있었을 것입니다. 남북전쟁에 대한 여론이 그리 좋지 않은 상황에서 '전쟁사령관'(Commander-in-chief)으로서 자신의 존재감을 드러내고 정치적 자산을 쌓기 위해서는 '웬만하면 오지 마세요'가 분명하더라도 분함을 억누르고 어떻게든 한자리에 낄 필요가 있었던 것입니다.

게티즈버그연설 행사의 진짜 주인공이었던 에드워드 에버렛. 당대의 초엘리트이며 제자 중에도 유명한 사람이 많았는데, 랠프 월도 에머슨, 너새니얼 호손, 헨리 데이비드 소로 등이 모두 그의 영향을 받았다.

'참석하겠다'는 링컨의 답전은 오히려 주지사

입장에서는 청천벽력이었을 것입니다. 아무리 인기가 없다지만 명색이 연방의 대통령인데 일단 온다고 하니 행사에서 뭐라도 자리를 마련해줘야 하는 상황이 되었기 때문입니다. 그래서 어쩔 수 없이 에버렛의 메인 연설 뒤에 마치 '폐회사'를 하듯이 이 묘지를 순국선열에게 봉헌한다는 '헌사'를 링컨에게 맡기기로 합니다. 교회를 다니시면 아시겠지만, 예배 맨 마지막에 목사님이 두 손을 높이 들고 '우리 주 예수 그리스도의 이름으로 감사드리옵나이다, 아멘!'이라고 서너 문장을 말씀하시는 바로 그런 순서 말입니다. 그러니 링컨의 게티즈버그연설은 짧을 수밖에 없었습니다. 아니, 헌사로 치면 좀 긴 편이라고 할 수도 있을 정도입니다. 사실 에버렛은 행사 전날 링컨을 만나 미리 자신이 읽을 연설문을 보여주었습니다. 게티즈버그 전투의 양상과 의미에 대해서 장장 두 시간에 걸쳐 'A'부터 'Z'까지 모든 것을 다 설명한 내용이라서 사실 링컨이 뭔가 더 말을 덧붙이는 것도 불가능했을 것입니다. 그렇다면 연설 당일, 과연 어떤 일이 벌어졌을까요.

연설 당일의 반전

게티즈버그 국립묘지 봉헌식 전날 도착한 주요 인사는 주지사의 집에서 묵었습니다. 손님이 백여 명을 헤아렸으니 주지사의 큰 집도 공간이 부족해서 한 방에 여러 명이 배정되기도 하고 저택 밖에서 노숙하는 사람도 적지 않았습니다. 이들은 저녁에 주지사가 연 파티에 모여들어 왁자지껄하게 떠들었는데, 마치 록 스타가 록 페스티벌 전야제를 하듯 에버렛은 여기서도 엄청난 연설로 좌중을 휘어잡았습니다. 이 자리에 함께한 링컨에게도 "한 말씀 해주시지요" 하고 마이크가 돌아갔으나 링컨은 오늘 저녁에는 말을 아끼기로 했다며 연설을 거절했습니다. 인원수로는 내일 모일 행사 군중보다 훨씬 적었지만 이쪽이야말로 '인플루언서'라고 할 수 있는 핵심 인원이 모인 이른바 '갈라 파티'인데 정치인으로서 이 자리에서의 연설을 거절한 것은 의외의 일이었습니다. 그 자리에 모여 있던 사람들은 대놓고 말하지는 못했지만 "대통령이 에버렛에게 기가 눌렸다", "딱히 할 말도 없겠지"라고 하며 비웃는 분위기였다고 합니다.

이런 분위기는 봉헌식 당일에도 이어져서 에버렛이 등장하자 군중이 뜨겁게 열광했으나 잠시 후 등장한 링컨을 향한 반응은 미적지근했습니다. 하지만 정작 본순서라고 할 수 있는 에버렛의 연설이 시작되자 열광은 조금씩 잦아들기 시작했습니다. 독일 괴팅겐대학교에서 로마법, 고고학, 그리스 예술을 전공하여 미국인 최초로 괴팅겐대학교 박사 학위까지 받은 그는 연설 내내 온갖 그리스 고전의 사례와 어려운 라틴어를 써가며 대중이 알아듣기 힘든 내용의 장광

설을 쏟아냈습니다. 이 지루한 이야기가 두 시간 넘게 이어지자 슬슬 좀이 쑤시기 시작한 청중들은 '저런 현학적인 이야기를 듣자고 여기 온 게 아닌데', '뭔가 행사가 잘못되어 가고 있다'고 생각하기 시작했습니다. 그의 연설이 끝나고 사실상 마지막 순서로 링컨이 무대에 올라오자 청중들은 '아, 또 지겨운 연설을 들어야 하나……' 하고 진저리가 날 참이었습니다. 그런데 링컨의 연설은 그들의 예상과 전혀 달랐습니다. 그는 아주 평이한 미국식 영어로, 한 구절 한 구절 피가 끓어오르는 내용의 강력한 연설을 마치 사자후를 토하듯 뱉어냈습니다. 심지어 그 연설은 불과 2분밖에 안 되었습니다. 가장 강력하게 아드레날린을 솟구치게 하는 '인민의! 인민에 의한! 인민을 위한 정부는 영원하리!'라는 마지막 장면에서는 그러나, 모두가 자리를 박차고 일어나 허공을 향해 주먹질을 하며 '공화국 만세! 링컨 만세!'를 외치도록 만드는 영화 같은 일은 전혀 일어나지 않았습니다.

어떤 글에서 대략 저런 흐름으로 당일의 상황을 설명한 경우도 봤는데, 실제 기록에 따르면 당일에 벌어진 일은 정반대였다고 합니다. 에버렛의 연설은 늘 그랬듯이 유장하고 흥미진진했지요. 특히 이 전투가 왜, 어떻게 벌어졌는지, 각각의 장면에서 어떤 장군이 어디로 어떻게 움직였고 그들이 얼마나 비장한 최후를 맞이했는지 세세하게 묘사한 내용은 그 자체로 게티즈버그 전투 사료로 사용되어도 부족함이 없을 정도였답니다. 사실 그는 이미 몇 달간 이 연설을

링컨의 게티즈버그연설 장면의 기록화. 얼핏 보아도 무대에 앉은 사람들의 반응이 그리 열광적으로 보이진 않는다.

위해 자료를 준비하고 글을 다듬고 사전 예행연습까지 여러 번 하고 왔습니다. 그러니 성공적인 연설은 어쩌면 당연한 것이었습니다. 그는 두 시간이 넘는 긴 연설에도 불구하고 마치 '한 곡 더!'를 외치듯이 열광하는 청중의 환호를 뒤로하고 무대에서 내려왔습니다.

뒤를 이어 무대에 오른 링컨은 마치 요즘 최고의 인기를 얻고 있는 아이돌의 공연 다음 순서로 무대에 오른 아마추어 가수 같은 기분이었을 것입니다. 게다가 애초에 자신이 맡은 순서가 헌사이다 보니 문장 내용은 대단히 추상적이었고 그마저도 짧았습니다. 그래서 당일 행사에 참석한 사람의 회고에 따르면 링컨이 그 유명한 '인민의, 인민에 의한, 인민을 위한 정부는 영원하리!'로 연설을 마무리했을 때 사람들의 반응은 '침묵'이었다고 합니다. 아마도 '뭐야, 벌써 끝난 거야?', '저 양반이 뭐라는 거야?' 하며 서로 두리번거리는 분위기가 아니었을까 싶습니다.

사실 게티즈버그연설이 '전설'이 되고 난 후 이른바 '추억 보정' 효과로 '그때 내가 그 자리에 있었거든!'을 자랑하는 이들은 반응이 별로 나쁘지 않았다거나 심지어 사람들이 감동을 받아서 숨을 죽이고 있었다고 말하기도 했습니다. 하지만 연설 직후의 구술 기록은 분위기가 판이합니다. 특히 링컨 자신이 "이 연설은 완전히 실패였다"라고 자인하는 이야기를 직접 했고, 유일하게 이 연설을 칭찬한 것으로 알려진 에버렛이 링컨에게 했다는 칭찬의 내용이라는 게 "이렇게 2분 만에 하실 이야기를 저는 두 시간이나 했네요"였습니다. 말이 좋아 칭찬이지 거꾸로 말하면 '제가 한 연설 요약을 잘하셨네요. 별로 새로운 건 없는데 그만하면 축약 잘하셨어요'로 비꼬는 말일 수도 있습니다.

하지만 이튿날 언론 보도를 통해 이 연설의 내용이 알려지자 링컨의 연설은 '단순한 실패'를 넘어 좀 더 '심각한 문제'로 발전하게 됩니다. 그가 대통령으로서 헌법을 위반한 잘못된 발언을 했다는 '위헌 논쟁'이 촉발된 것입니다.

남북전쟁 직전의 상황

이 위헌 논란을 이해하려면 먼저 남북전쟁이 벌어지게 된 이유, 그 직전의 상황을 조금 알아야 합니다. 널리 알려진 바와 같이 남북전쟁의 결정적인 계기는 노예제도의 문제였습니다. 대규모 농업을 기반으로 하고 있던 남부에서는 흑인 노예의 존재가 절대적으로 필요했던 반면, 상공업 위주로 성장한 북부—정확히는 북동부 해안 지역—에서는 이들이 해방되어 노동자로 편입되는 편이 더 이해관계에 부합한다는 차이가 있었습니다. 물론 당시에 전반적으로 노예제를 폐지하는 서구 국가가 늘어나고 있었고, 특히 미국이 항상 의식하는 '넘어서야 할 아버지' 격인 영국도 이미 오래전에 노예제를 폐지했습니다. 이러한 시대적 흐름 속에서 여전히 노예제를 유지하는 미국을 다른 서구 국가들이 야만적으로 바라보고 있다는 점이 미국인들에게는 일종의 콤플렉스로 작용하기도 했습니다.

이 문제에 대한 미국 내의 정치적 입장은 크게 세 갈래로 나뉘었습니다. 가장 진보적인 사람들은 미국 전역에서 노예제를 폐지해야 한다고 주장했고, 중도적 입장의 사람들은 각 주가 현재 상태를 인정하고 유지하자고 주장합니다. 반면 가장 보수적인 사람들은 오히려 역으로 미국 전역에서 노예제를 인정해야 한다고 주장했습니다. 사실 강경 보수주의자들의 주장은 이미 경제적으로 수세에 몰린 남부에서만 환영받던 주장으로, 미국 전체에 적용하는 게 어려웠습니다. 또한 가장 진보적인 북부 강경 해방론자들의 주장도 노예제를 바탕으로 경제가 유지되고 있는 남부 주들에게 강제로 적용하기 어려운 현실이었지요. 결국 중도파의 주장대로, 그러니까 노예제를 폐지한 주와 노예제를 유지하는 주가 각각의 현상을 유지하는 상태로 불안한 균형을 이어가고 있었습니다.

문제는 미국이 서부로 확장되면서 신규로 가입하는 주들에 대해서는 어떻게 할 것인가였습니다. 이 역시 위와 똑같이 세 개의 옵션이 가능했는데, 1860년 대통령 선거에서 이 문제가 핵심 쟁점으로 부상합니다. 당시 가장 유력한 대선 후보이자 여러 번 링컨에게 낙선의 고배를 선사했던 정치인 스티븐 더글러스Stephen Arnold Douglas는 중도적 입장, 즉 신규 가입하는 각 주에서 주민투표로 노예제를 유지할 것인지 폐지할 것인지 선택하자고 주장했습니다. 당시 지명도가 더 높은 더글러스의 입장에서 보면 이미 대선 승리는 기정사실이니 이 민감한 이슈는 적당히 피해 가는 '부자 몸조심 전략'처럼 보이기도 합니다. 하지만 개별 주의 권한을 중시하는 미합중국의 정신으로 보든, 현실적인 타협 가능성으로 보든 스티븐 더글러스의 주장은 매우 상식적인 것이었습니다.

하지만 정치 영역에서 '상식적'인 것은 '극단적'인 것에 쉽사리 밀리게 됩니다. 스티븐 더글러스의 당선 가능성이 높았다는 것이 오히려 발목을 잡는 꼴이었습니다. 그가 소속된 민주당과 남부 주들은 더글러스가 대통령이 되면 남부의 주장을 관철하는 데 용이할 것이라고 판단했습니다. 그래서 신규 주도 무조건 노예제를 받아들여야 한다고 주장하는 강경파가 득세하게 됩니다. 나아가 이 강경파가 '남부 민주당'으로 분당을 하면서 별도의 후보인 존 브레킨리지John Cabell Breckinridge를 내세우는 바람에 민주당의 표가 분산되고 말았습니다. 이렇게 강경파가 자신 있게 당을 쪼개 나간 것은 공화당의 대통령 후보였던 링컨을 만만하게 본 탓도 있습니다. 그때까지 링컨은 선거에서 9전 7패를 기록한, 정치인으로서 아직 은퇴하지 않은 게 더 신기한 후보로 인식되었기 때문입니다.

민주당과 반대편에 선 링컨은 신규 주 또한 무조건 노예제를 폐지해야 한다는 주장을 폅니다. 어찌 보면 링컨 역시 남부 민주당만큼 '극단적'인 셈입니다. 하지만 링컨의 관심은 노예제 자체가 아니라 '미합중국'이라는 국가의 존재 형태에 닿아 있었습니다. 정치학적으로 연방은 'confederation'과 'federation'의 두 가지 형태가 있습니다. 전자는 로널드 레이건Ronald Reagan의 표현을 빌리자면 '각 주가 모여서 국가가 되는' 느슨한 연합체로, 'United States'라는 국가 명칭은 미국 건국 초기의 이런 느슨한 관념의 산물이라고 할 수 있습니다. 반면 후자는 '하나의 국가 아래에 존재하는 여러 주'라는 좀 더 강력한 결합체를 상정합니다. 링컨은 미국이 제대로 된 국가로 작동하기 위해서는 '하나의 국가'가 되어야 한다고 생각했습니다. 때문에 노예제의 존폐라는 이슈로 미국 전역이 '자유 주'와 '노예 주'로 확연하게 갈리는 것은 국가의 결속을 저해하는 심각한 문제라고 생각했습니다. 즉, 링컨은 노예제의 문제를 '미국의 탄생' 과정에서의 걸림돌이라고 생각한 것입니다.

노예제 존폐 문제를 이렇게 '도구적'으로 접근했던 링컨은 각 주를 방문할 때마다 그 분위기에 맞춰 흑인의 인권이나 노예의 처우 문제에 대해 각기 다르게 발언했습니다. 해방론자의 입김이 강한 주에서는 자신이 노예제 폐지에 가장 적극적인 후보라는 점을 내세웠지만, 노예제를 강력히 유지하는 주나 상당히 남아 있는 주를 방문할 때는 '그래도 역시 백인이 더 우월하고 흑인에게 절대로 백인과 같은 권리를 줄 생각은 없다'는 점을 강조했습니다. 이는 중도적인 입장을 취한 스티븐 더글러스도 마찬가지여서 "내가 흑인을 존중하는 것은 악어보다는 낫다는 것이지 백인과 같다는 뜻이 아니다"라고 말하기도 했습니다.

문제는 미국이라는 국가의 근간을 이루는 헌법에서 노예제를 인정하고 있다는 점이었습니다. 남부 주들이 가장 강력하게 내세우는 근거도 바로 이것이었지요. 즉, 헌법상에 보장된 각 주의 고유한 권리를 일부 시민들의 주장과 일개 대통령의 신념으로 침해하는 것은 심각한 위헌 행위이자 불법적 권한 남용이라는 것이었습니다.

헌법을 넘어서

자, 이런 배경을 염두에 두고 게티즈버그연설을 살펴볼까요. 대충 읽으면 '좋은 게 좋은 것입니다'라는 공자님 말씀처럼 보이는 게티즈버그연설의 논리 구조는 비교적 간단합니다. 그 첫 문장은 이렇게 시작됩니다.

> 지금으로부터 87년 전, 우리의 선조들은 이 대륙에서 자유 속에 잉태되고 만인은 평등하게 창조되었다는 명제에 봉헌된 새로운 나라를 탄생시켰습니다.

그리고 후반부의 문장을 발췌해보면 다음과 같습니다.

> ……그들이 싸워 그토록 고결하게 전진시킨, 그러나 미완으로 남긴 일을 수행하는 데 헌납되어야 하는 것은 오히려 우리들 살아 있는 자들입니다.

이 둘을 붙여서 읽어보면 게티즈버그연설의 논리가 명확하게 드러납니다. '만인이 평등하다는 것이 미국의 정신이며 이것을 지키기 위해 병사들이 싸우다 죽었고 그 일을 우리가 이어받아야 한다'라는 것입니다. 여기서 문제는 '만인이 평등하다는 것'(All men are created equal)이 남북전쟁의 기본 전제라는 점입니다. 즉, 링컨은 흑인도 백인과 동등하며 이것을 지키는 것이 전쟁의 핵심이라고 말한 것이고, 이는 노예제도를 인정하는 당대의 헌법과 정면으로 충돌합니다.

물론 이것은 남북전쟁 자체의 모순이기도 했습니다. 북부가 전쟁에 돌입하게 된 결정적인 계기는 남부의 연방 이탈 문제였지만, 그것과는 별개로 남부가 패해서 연방에 남게 되었을 때 '헌법 개정 없이 남부의 노예제를 모두 폐지할 것인가', '그것을 어떻게 강제할 것인가', 더 나아가 '북부에서조차 백인과 흑인의 권리를 동등하게 보장할 것인가'에 대해서는 보편적 합의에 이르지 못했기 때문입니다.

당시 여론은 링컨의 주장이 너무 과격하고, 그 때문에 벌어진 전쟁으로 생각보다 엄청난 인적·물적 피해가 누적되는 상황에 촉각이 곤두서 있었습니다. 그런 와중에 다소 모호하게 표현된 이 연설문을 보자 '링컨이 드디어 본색을 드러냈다!'로 받아들인 것이지요. 때문에 링컨은 헌법을 위반하는 주장을 노골적으로 펼치는 대통령이라고 비난을 받게 된 것입니다.

이런 비난은 매우 확실한 근거와 논리를 지닌 것처럼 보이지만, 따지고 보면 헌법이라는 문서에 지나치게 얽매인 '원전주의적 접근'이라고 볼 수 있습니다. 1860년대 기준으로 당시 미국 헌법은 제정된 지 70년이 넘은 낡은 문서였습니다. 게다가 동부 해안을 중심으로 한 13개 주로 미국이 건국될 당시의 상황과 비교했을 때, 미 대륙

| 유명한 "We the People……"이라는 첫 구절이 크게 명시된 미국 헌법 원문. 사실 남북전쟁 과정에서는 저 구절도 논란의 대상이 되었다. "흑인은 저 'people'에 들어가지 않는데 왜 싸워야 하는가"라는 논쟁은 다시 생각해봐도 무척 씁쓸하다.

전체로 영향력이 확장된 1860년대의 국내외 정세 및 국민의 의식 면에서 모두 달라졌습니다. 그런 시대적 변화 속에서도 헌법을 개정할 엄두조차 못 내고 수정 조항을 덧붙여가며 사용하고 있었습니다. 그처럼 '낡은 헌법'을 근거로 모든 국민의 운명이 판가름하는 것은 사실 종교적 광신과 다를 바 없는 일이기도 했습니다.

이런 원전주의와 종교적 광신에 대한 노예 해방론자들의 대안은 '더 권위 있는 원전'을 들이밀어 이를 억누르는 것이었습니다. 마치 '민주주의라는 정치 체제가 현실적으로 가능한가?', '문제가 많은 시스템이 아닌가?'라는 질문에 서구의 역사에서조차 희미한 존재로 남았던 그리스 아테네의 민주주의를 '발굴'(부활-르네상스)하여 들이미는 것과 비슷한 방식이라고나 할까요. 이를 위해 노예 해방론자들이 역사를 거슬러 올라가 찾은 문서는 당연히 헌법보다 앞선 문서, 바로 〈독립선언문〉이었습니다. 시어도어 파커Theodore Parker, 대니얼 웹스터Daniel Webster 등의 노예 해방론자들은 이 〈독립선언문〉을 새로운 무기로 삼아 대반격을 준비합니다.

명문의 탄생과 미국의 탄생

사실 〈독립선언문〉을 근거로 실정 헌법의 내용을 뒤집어 보려는 시도를 한 것은 링컨이 처음은 아니었습니다. 아니, 정확히 말하자면 링컨이 '마지막'이라고 해야 옳을 것입니다. 문헌상으로 남은 자료 가운데 이런 시도를 가장 명확하게 최초로 시도한 사람은 당대의 논객이었던 시어도어 파커였습니다. 그는 미국 국민의 정체성과 자유를 나타내는 가장 중요한 문서는 국가를 탄생시킨 가장 최초의 약속이자 선언인 〈독립선언문〉이라고 주장하면서 이 문서의 핵심을 다음과 같이 세 가지로 정리했습니다.

> 첫째, 모든 인간은 양도 불가한 확실한 권리를 부여받았고
> 둘째, 따라서 모든 인간은 평등하며
> 셋째, 정부는 양도 불가한 이 권리들을 완벽히 향유할 수 있도록 개인을 보호해야 한다.

〈독립선언문〉에 담긴 이 주장들은 미국이 영국의 지배로부터 벗어나기 위해 만들어낸 논리였습니다. 즉, 영국 정부가 미국 국민을 동등하게 대우하지 않기 때문에 이런 국가를 부정하고 자신들만의 새로운 국가를 만드는 것이 정당하다는 논리였습니다. 하지만 독립전쟁 이전에 미국이 영국으로부터 특별히 심각한 착취나 수탈을 당했다고 보기는 어려운 측면이 있기 때문에 전쟁의 정당성을 의심하는 사람도 많았습니다. 그래서 영국은 왕이 존재하는 계급제 국가이고 이에 반해 새롭게 태어날 미국은 모든 사람이 평등한 민주국가라는 점에서 차이가 있다는 점을 강하게 부각시키다 보니 '모든 인간의 평등'이 강조된 것이었습니다. 그리고 주지하다시피 이 논리는 프랑스에서 살아본 경험이 있는 벤저민 프랭클린Benjamin Franklin이 장 자크 루소Jean Jacques Rouseau의 사상을 적극적으로 수용하면서 만들어낸 논리이기도 했습니다.

당대의 사정이 어떠했든, 일단 '미국의 탄생'의 핵심적인 정체성을 구성한 것이 〈독립선언문〉이라면 이를 실질로 구현하는 과정에서 만들어진 헌법 문서보다 더 우선시하는 것이 당연하다는 게 노예해방론자들의 주장이었습니다. 그리고 대니얼 웹스터가 이 삼단 논리를 보다 간명한 용어로 정리한 것이 바로 '인민의/인민에 의한/인민을 위한 정부'라는 슬로건이었습니다. 웹스터는 의회 연설에서도 공식적으로 이런 표현을 사용했고 그 외에도 비슷한 용법의 문장들이 헌법 등의 기록에서도 보이고 있습니다. 따라서 이 표현은 링컨이 처음으로 만들어낸 것이 전혀 아니었고 비슷한 논리로 노예해방의 정당성을 주장하려 했던 지식인들 사이에서는 비교적 널리 알려진 표현이었던 것으로 보입니다.

이런 식의 시도는 얼핏 효과적으로 보이지만 보편적 인권과 상식보다 헌법의 자구를 신성시하는 원전주의적 태도에 대한 반격으로 보아야 합니다. 오히려 '더욱 심화된 원전주의'로 맞받아치는 형국이라서 결국 신념과 신념의 투쟁으로 대립 상태를 격화시키는 원인이 되기도 했습니다. '이해관계로 전쟁이 벌어지면 더 이상 이익이 되지 않는 선에서 전쟁이 멈추지만, 신념을 가지고 전쟁을 벌이면 상대방이 모두 죽을 때까지 끝나지 않는다'라는 말이 있듯이, 남북전쟁은 이후 미국이 치른 모든 전쟁의 사상자를 합친 것보다 더 많은 사상자를 낸 끔찍한 내전으로 확대되었습니다. 특히 북부의 또 다른 핵심 논리가 성경에서 '인간이 다른 인간을 소유할 수 없다'고 했으니 노예제도는 잘못된 것이라는 주장이었다는 점에서 종교화되는 원전주의를 가장 단적으로 보여준 사례라 할 수 있습니다. 이런 시각에서 보자면 '게티즈버그연설'은 그 벌판에서 죽어간 2만 3천 명의 북군 병사를 순교자로 만드는 거대한 제사의 제문이었고 링컨은 그 제사장의 역할을 한 것이었습니다.

신화가 되어라

이제 마지막 의문이 남았습니다. 앞뒤 사정이 이렇다면 연설자였던 링컨은 인기가 없었고, 그 내용은 지나치게 짧고 밋밋했으며, 심지어 위헌 논란까지 불러온 '잘못된 연설'이라는 평을 들었고, 그 표현조차도 링컨 자신이 만들어낸 게 아니라 이미 알 만한 사람은 다 알고 있었던 '게티즈버그연설'이 후대에 그렇게 대단한 연설로 재평가받게 된 것은 도대체 어떤 이유에서였을까요?

일단 결정적인 계기는 링컨의 암살이었습니다. 남북전쟁이 북부의 승리로 종결되자 기나긴 전쟁도 끝나고 이제부터 펼쳐질 '새로운 미국'의 미래에 대한 기대가 열기구처럼 부풀어 올랐습니다. 그런 희망과 기쁨이 '피점령지'가 되어버린 남부의 추락하는 위상과 대비되어 더욱 웅장하고 거대해지던 바로 그 시점에 링컨이 암살을 당했습니다. 사실 당시의 많은 사람이 링컨의 암살을 '언젠가는 일어날 일'로 생각했을 것입니다. 이미 그가 대통령이 되던 시점부터 그를 대통령으로 인정할 수 없다는 남부의 극단주의자와 정치적 반대자에 의해 암살 위협이 계속되었습니다. 오하이오의 집을 떠나 백악관에 입성하기 위해 마차를 타고 이동하던 링컨은 혹시 모를 위협에 대비하고자 퍼레이드는 고사하고 비밀 작전을 하듯 은밀히 움직였습니다. 하지만 그 짧은 여행 중에도 확실히 확인된 것만 최소 두 차례 이상의 암살 시도가 있을 정도였습니다.

하지만 전쟁이 끝난 시점에서 어쨌든 승리를 이끌어냈고 남부의 탈퇴를 막아 온전한 미국을 지킨 전쟁사령관이자 제2의 건국의 아버지의 반열에 오른 링컨이 암살당한 것은 완전히 다른 의미였습니다. 그가 그렇게 총탄 몇 발에 쓰러진 것으로 북부의, 미국의 승리가 퇴색되어서는 안 되며 오히려 그는 죽어서 이 승리에 영광을 더하고, 오래 기억되어 절대로 죽지 않는 상징이 되어야 했습니다. 그래서 암살 후 링컨에 대한 세간의 평가는 급반전되어 그의 모든 행적과 말과 연설이 재평가되고 신성시되는 숭배의 대상으로 여겨지게 되었습니다. 그는 미국이라는 종교의 제단에 바쳐진 진정한 순교자였던 것입니다.

그 과정에서 제일 부각된 것이 바로 '게티즈버그연설'이었습니다. 왜 이 연설이었을까요? 아이러니하지만 이 연설문이 '가장 짧은 분량'이기 때문이었습니다. 딱 272단어, 학교에서 수업용으로 쓰기도 좋고 박물관 벽에 새겨 넣기에도 충분한 분량이었습니다. 조금 무리하면 전문을 외우는 것도 어렵지 않았기 때문에 역대 대통령 이름 외우기와 함께 미국 초등학생들의 암기력 테스트의 수단이 되기도 했습니다. 우리나라에서 딱히 대단한 내용이 담겨 있다고 보기 어려운 헌법 전문이 항상 헌법 수업의 핵심을 차지하는 것과 비슷한 현상입니다.

맨 마지막 줄에 있는 '인민의, 인민에 의한, 인민을 위한'은 그 272단어의 또 다른 핵심 요약입니다. 얼마나 외우기 좋고 설명하기 좋은가요. 이 짧은 문구에 '국민주권', '국민자치', '국민 복지'라는 민주주의 기본 정신이 담겨 있다는 설명을 학교 다닐 때 들어보신 분들이 많을 텐데 이 글을 계속 읽어오셨다면 그게 그런 의미로 만들어진 문구가 아니라는 걸 아셨을 것입니다. 애초에 민주주의라는 정치 체제가 무엇인지를 설명하기 위해 만든 문구도 아니고, 민주주의를 설명하기에는 충분치 않은 문구이긴 하지만, 그래도 따지고 들면 복잡하기 짝이 없는 민주주의를 설명할 때 이 문구만큼 간명한 수단이 달리 없었던 것입니다.

이런 생각은 특히 제2차 세계대전 이후 생겨난 수많은 신생국가를 비롯해 민주주의를 새로이 도입하는 국가에서 더 강하게 나타났습니다. 민주주의국가의 표본처럼 인식되는 미국에서도 가장 위대하다는 대통령의 입에서 나온, 외우기도 좋고 이해하기도 쉬운 '인민의, 인민에 의한, 인민을 위한 정부'라는 표현은 국제적인 유명세를 타기에 부족함이 없었습니다.

결국 링컨은 신화가 되었습니다. 로버트 벨라Robert Neelly Bellah가 '시민 종교'(civic religion)라고 부르는 '신격화된 민주주의'의 탄생이었습니다. 워싱턴에 있는 링컨 기념관의 모습이 그리스 파르테논신전을 모방한 것은, 그리고 그 내부의 거대한 링컨 석상이 제우스 석상과

| 파르테논신전을 본떠 만든 워싱턴 링컨 기념관에 마치 제우스처럼 거대하게 버티고 있는 링컨의 석상. 로버트 벨라는 이 석상이 '시민 종교'로서의 민주주의의 성격을 보여주는 대표적인 사례라고 말하기도 했다.

같은 느낌으로 만들어진 것은 결코 우연이 아닙니다. 어떤 이들은 미국이 워싱턴으로부터 시작되었지만 진정한 하나의 국가로서 미국의 시작은 링컨에서부터라고 말하기도 합니다. 마치 미국이라는 거대한 호수의 원류를 거슬러 올라가면 만나게 되는 가장 깊은 산골에 퐁퐁 솟아나는 작은 샘물과 같은 민주주의의 원형이 게티즈버그연설이라고 할 수 있습니다.

도널드 트럼프Donald John Trump의 등장 이후 미국 정치가 겪고 있는 극심한 혼란이 이런 신화와 신념이 제대로 공유되지 못한 탓일까, 아니면 이렇게 신화에 기반해서 쌓아 올린 정치가 근본적인 한계에 도달한 것일까 궁금해집니다. 분명히 20세기까지는 유효한 방법이었지만 수많은 총기 사고에도 불구하고 수정헌법 제2조를 넘어서지 못해 총기 소지를 금지하기는커녕 오히려 각자 더 많은 총기를 갖게 만드는, 즉 문제를 다른 문제로 덮는 방식에서 못 벗어나는 미국을 보면서 과연 '넘어설 수 없는 신화' 같은 신격화된 민주주의와 이성적인 정치가 공존할 수 있을까 하는 의문을 갖게 됩니다.

'발데리'를 아시나요?

7

On to
THE FIRST NATIONAL
Jamboree
QUEZON CITY
APRIL 23-30, 1954
BOY SCOUTS OF THE PHILIPPINES

'발데리'에 얽힌 수수께끼

언제나 그렇듯, 시작은 사소했습니다. 쓰고 있는 논문과 관련된 재판 기록을 찾다가 옛 사건 자료가 올라와 있는 유튜브 영상을 보게 되었고, 거기서 다시 KBS가 방영한 예전 영상들의 아카이빙 프로젝트를 진행한다는 것을 알게 되었습니다. 그런가 보다 하고 심드렁하게 넘기려는데, 유튜브의 자동 알고리즘에 의해 연관 동영상으로 1980년에 '뽀빠이 아저씨'로 불린 고故 이상용 씨와 박설희 씨가 진행하는 〈모이자 노래하자〉라는 프로그램 영상이 떴습니다. 특히 오늘의 출연진을 소개하는 자막에 목소리가 그리운 '별셋 아저씨'들이 나온다고 해서 '그럼 옛 추억도 떠올릴 겸 잠시 들여다볼까?' 한 것이 그만 화근이 되고 말았습니다.

해당 영상의 방송 주제는 '세계의 노래를 찾아서'였습니다. 왠지 어렸을 때 TV로 이 방영분을 본 것 같기도 합니다. 당시 〈모이자 노래하자〉라는 프로그램의 콘셉트는 매회 '국민학교'(현 초등학교) 한 곳과 연결해서 그 학교의 학생과 학부모를 모두 동원하여 동요를 부르는 것이었는데, 때로는 방송에서 부를 동요의 테마를 정해서 진행하기도 했습니다. 기다리던 별셋 아저씨들이 부른 노래는 〈즐거운 여행자〉였습니다. 아마 한 번쯤은 들어보셨을 노래가 아닐까 싶습니다. '저 넓은 들과 높은 산, 흐르는 시냇물……'이라는 상상만 해도 아름다운 풍경이 물 흐르듯 묘사되는 노래로, 후렴구의 '발데리 발데라'가 유명하기도 하지요. 그런데 영상의 자막으로 이 노래가 '미국 민요'로 소개되더군요. 그걸 보자 갑자기 강한 의구심이 들었습니다.

생각해보니 어렸을 때부터 도대체 이 '발데리'가 어느 동네에 있는 '리里'인지 무척 궁금했었습니다. 아무리 봐도 영어 단어는 아니니 미국 민요일 리 없어 보이는데 당당히 미국 민요라고 소개되는 것도 이상하고요. 그래서 하던 논문 작업을 멈추고 이 노래와 관련된 국내외 자료를 찾아보기 시작했습니다.

인터넷상에 단편적이기는 하지만 노래의 유래에 대한 자료가 드문드문 있었습니다. 종합해서 보자면 독일 노래가 미국으로 전파된 것이라고 했습니다. '아, 그럼 우리는 미국을 통해서 이 노래를 알게 되었으니 미국 민요라고 생각한 것이로군. 흠, 그러면 그렇지' 하고 넘어가려다 멈칫했습니다. '그런데 여전히 발데리가 뭔지는 안 나오잖아?' 애초에 가장 궁금해했던 것은 이 '발데리'의 뜻이었는데 말입니다.

이다음 단계는 시간이 더 걸렸습니다. 어느 합창단 지휘자의 블로그에서 좀 더 자세한 자료를 찾을 수 있었습니다. 작사는 이미 19세기에 이루어졌고 제2차 세계대전 직후에 독일 작곡가인 프리드리히 묄러Friedrich W. Moller가 곡을 붙여 만든 노래를 그의 여동생이 이끄는 전쟁고아 합창단에게 부르게 했다고 하더군요. 이 합창단이

1953년 영국 BBC가 주관하는 합창 대회에 참가했는데 이 곡이 라디오 전파를 타고 널리 알려지게 되었다고 합니다. 사정이 그러한데 왜 독일도 영국도 아닌 미국 민요라고 와전된 것일까요?

여기부터는 우리나라 자료에서는 찾을 수가 없었고 영문 검색을 통해 영문 위키피디아에서 자세한 내용을 찾을 수 있었습니다. 이 노래의 영문 제목은 'The Happy Wanderer'로, 우리말로 번역하면 '즐거운 여행자'라고 할 수 있지만 미묘하게 어감이 다릅니다. '원더Wander'는 '여행'보다는 '방랑' 혹은 '목적 없는 방황'의 의미에 가까운 단어이기 때문입니다. 제목에서 느껴진 이런 위화감은 틀리지 않았는데 노래의 기원이 생각보다 더 복잡했습니다.

이 노래는 원래 19세기 말 독일의 시인이었던 플로렌츠 프리드리히 지기스문트Florenz Friedrich Sigismund가 쓴 시였습니다. 당연히 독일어로 되어 있었던 시의 제목은 'Mein Vater war ein Wandersmann', 우리말로 번역하면 '우리 아버지는 방랑자'입니다. 18, 19세기 독일에서는 낭만주의의 열풍이 강력해서 '죽음', '고독', '질풍노도' 같은 강력한 감정적 파고를 일으키는 소재가 즐겨 사용되었습니다. 그리고 낭만주의의 또 다른 흐름 중 하나는 자연으로 돌아가서 하나가 되는 것이었는데, 방랑자는 '혼자 고독하게/자연 속을 떠돌아다니다가/죽음을 맞이하는 사람'이었으니 낭만주의의 입장에서는 최고의 화자였던 것입니다. 오스트리아의 작곡가 슈베르트가 〈겨울 나그네〉

를 쓴 것처럼 이 시도 그런 방랑의 삶을 찬미하는 내용이었습니다.

<즐거운 여행자> 탄생의 뒷이야기

그런데 이 시 자체는 독일에서 꽤 알려져 있었지만 당시 사람들 사이에서 민요로 불리는 것은 아니었습니다. 시가 만들어지고 거의 반세기가 지나 제2차 세계대전이 끝나고 나서야 노래로 만들어지게 되었습니다. 시에 곡을 붙인 사람이 앞서 살펴본 '몰러'였고 이 과정에서 노래 제목도 '즐거운 방랑자'(Der fröhliche Wanderer)로 바뀌게 된 것입니다. 또한 이 노래는 그의 누이 에디스가 이끌던 오베른키르헨Obernkirchen 소년 합창단이 불렀는데, 앞서 말한 것처럼 BBC 합창대회 입상 후 라디오 전파를 타면서 알려지더니 영국 싱글 차트에 26주간 랭크될 정도로 인기를 얻게 되었습니다. 이 곡이 유명해지자 합창단은 앨범도 내고 순회공연도 다녔습니다. 특히 영국 록 밴드인 '비틀즈'와 가수이자 배우인 엘비스 프레슬리도 출연해 단숨에 스타덤에 올랐다는 당대의 인기 TV 프로그램 〈에드 설리번 쇼〉에도 합창단이 출연함으로써 미국에서도 유명해졌다고 합니다.

그런데 보다 결정적인 것은 이 합창단의 방송 출연보다 훨씬 앞선 시점에 이 노래의 원제인 '우리 아버지는 방랑자'에서 백수 아버지의 역마살 대신 캠핑과 하이킹의 이미지를 읽어낸 사람들이 있었다는 것이었지요. 바로 미국의 '스카우트단'이었습니다. 이 단체는 1900년대 초반에 〈시턴 동물기〉로 잘 알려진 어니스트 시턴Ernest Thompson Seton을 비롯한 자연주의자들이 어려서부터 아이들에게 자연을 접하게 하면서 건강한 정신과 신체를 기르도록 하자는 교육적 차원에서 만들었습니다. 흔히 캠핑, 배낭, 챙 넓은 모자, 배지, 밧줄을 연상시키는 스카우트단은 건전한 정신을 강조하는 노래들을 널리 보급하면서 '건강한 청소년'의 상징으로 자리 잡았습니다. 스카우트단의 이런 성격을 고려해볼 때, 〈즐거운 방랑자〉를 듣자마자 자신들의 노래 목록에 포함시키고자 한 것은 어쩌면 당연한 일이었을 겁니다.

1954년 필리핀 마닐라의 동북쪽 케손시티(Quezon City)에서 열리는 잼버리(jamboree) 홍보 포스터.

〈즐거운 방랑자〉를 스카우트단 공식 노래 목록에 추가하여 보급하기 위해 영어로 번역하는 작업을 시작합니다. 독일어와 영어를 모두 구사할 수 있는 벨기에 여성 앙드레 마지가 번역을 맡았습니다. 이 과정에서 제목도

'즐거운'(merry)을 넘어서서 자연 속에서 마냥 만족하는 '행복한'(happy) 여행자로 바뀌었습니다. 또한 '차가운 무덤에 이를 때까지 방랑하는 한 명의 젊은이가 되겠어' 같은 독일식의 우울한 정서는 배제되고 '배낭 메고 종달새 지저귀니 아름다운 숲이로세' 같은 분위기로 바뀌었습니다. 이 스카우트단 노래집이 우리나라로 건너오면서 〈즐거운 여행자〉가 처음 소개되었기 때문에 이 노래를 '미국 민요'라고 인식하게 된 듯합니다. 실제로 스카우트단 노래의 상당수가 미국 포크송이었으니 이 노래도 당연히 그렇겠지 하고 추측한 것 같습니다.

독일군 군가에서 아이들을 위한 노래로

하지만 여전히 후렴구의 '발데리valderi'가 무엇인지 모르겠습니다. 그래서 독일어로 검색해보니 흥에 겨워 내는 소리라고 합니다. 우리가 흔히 쓰는 '랄라랄라' 같은 말이지요. 그러니까 '발데리 발데라'는 우리말로 하자면 '랄라리 랄라라' 정도가 되겠네요. 하지만 여전히 뭔가 아쉽습니다. 독일어에서 'v'는 'f'로 발음하는 것이 일반적입니다. 'Volkwagen'을 '볼크바겐'이 아니라 '폭스바겐'이라고 읽는 것처럼 말이지요. 그런데 왜 'valderi'는 '팔데리'가 아니라 '발데리'라고 읽는 것일까요? 예외적인 단어일까요?

사소한 문제일 수도 있지만, 독일어 버전을 유튜브로 들어보니 이 후렴구를 "팔데리 팔데라"라고 발음하고 있습니다. 그럼 독일 어린이 합창단이 낸 음반이나 방송분에도 분명히 "팔데리 팔데라"라고 불렀을 테고, 더구나 귀에 쏙쏙 박히는 후렴구이니 발음을 바꾸면 어색해질 것이 뻔했을 텐데 왜 영어로 번역할 때 발음대로 번역하지 않았을까요? 단순히 원문을 그대로 살린 것일까요?

영문 위키피디아를 다시 찾아보니 각주에 제2차 세계대전 때 이 노래의 군가 버전이 공수부대원들에게 대단히 인기였기 때문에 'v' 발음으로 바꿨다는 설명이 나와 있습니다. 그런데 앞서 살펴본 바로는 몰러가 이 노래를 제2차 세계대전 끝나고 나서 만들었다고 했는데, 뭔가 앞뒤가 맞지 않습니다. 다시 'valderi'로 독일 군가를 검색해보니 〈Wenn ich Urlaub hab〉, 우리말로 '내가 휴가를 받으면'이라는 제목의 노래를 찾을 수 있었습니다. 나치 독일군을 위해 만들어진 군가집에 수록된 노래로, '나 이제 입대해. 내가 가더라도 고무신 거꾸로 신지 말고, 휴가를 받으면 꼭 만나러 올게'라며 여자 친구에게 바치는 다소 비장함이 느껴지는 내용입니다. 이 노래는 우리가 알고 있는 〈즐거운 여행자〉와 내용이 전혀 다르고 곡조도 딴판이지만 후렴구가 거의 비슷합니다. '발데리'가 아니고 '발레리'더군요. "Valleri Vallera Valleri Vallera……."

의외로 길고 정신없는 이야기였지만 상상력을 더해 정리해보면

제2차 세계대전 당시 독일 공수부대의 행진 모습을 촬영한 사진.

사건의 전체적인 순서는 다음과 같습니다.

① 모든 사건의 발단은 19세기 말 낭만주의의 물결에 푹 젖은 독일 시인의 시 한 편이었다. 그 시는 '발데리 발데라' 같은 후렴구 없이 '아버지한테 물려받은 방랑의 역마살, 나도 죽을 때까지 떠돌겠다'고 하는 내용을 담고 있다.

② 하지만 제2차 세계대전에서 독일이 패전한 후, 시골 작은 마을에서 고아들을 돌보던 여동생이 아마추어 합창단을 만든다고 하자

작곡 능력이 있는 오빠가 노래를 하나 만들어준다. 자연을 노래한 시라면 아이들이 불러도 건강해 보이고 긍정적인 메시지를 줄 것이라 생각해서 지기스문트의 시에 곡을 써 붙인다. 하지만 후렴구에 대한 아이디어가 영 떠오르지 않았다. 머릿속에 떠오르는 것은 전쟁 내내 지겹게 들었던 독일군 군가뿐. 어차피 후렴구인데 어떠하랴 싶어서, 그래도 원곡의 'valleri'를 그대로 쓰는 것보다 낫겠다 싶어서 'valderi'로 약간 수정한다.

③ 제2차 세계대전이 끝난 지 8년이 지난 1953년. 전범戰犯들에 대한 재판도 끝나고 연합국이 승전국의 입장에서 독일의 처지를 돌아볼 여유가 생길 즈음, 전쟁고아로 구성된 어린이 합창단이 영국을 방문해 〈즐거운 방랑자〉를 합창하는 무대를 선보인다. 영국인들의 입장에서는 다시 찾은 평화의 상징처럼 여겨졌을 것이다. 합창단의 노래가 전파를 탈 때마다 사람들의 심금을 울리면서 대중가요 차트 상위에 랭크될 정도로 히트를 친다.

④ 합창단의 노래가 대서양을 건너 미국에서도 유명해진다. 미국 스카우트단도 이 노래를 접하고 그들의 노래집에 수록하기 위해 유럽에 살다가 전쟁 중에 망명한 번역자에게 노랫말 번역을 부탁한다. 그런데 제2차 세계대전을 직접 몸으로 겪은 벨기에인 번역자는 이 후렴구의 원전을 알고 있었다. 독일 공수부대원들이 행진할 때마다 기관단총을 주먹으로 치며 부르던 군가의 후렴구를 아이들이 부르게 할 수는 없었다.

⑤ 번역자는 독일식 발음인 'f'를 'v'로 바꾼다. "원문도 'v'고 발음도 더 좋고, 실제로 네덜란드에서는 '발데리'라고 부른다"는 근거를 제시하면서 말이다. 번역자의 말대로 네덜란드에서 실제로 그렇

게 부르는 것인지 정확히 알 수는 없으나 당시 상황을 직설적으로 설명할 수 없어서 부득이하게 내세운 근거가 아닌가 싶다. 어쨌거나 이 노래가 돌고 돌아 우리나라에도 들어와 〈모이자 노래하자〉로 불리게 되었다.

지금까지 '발데리'의 정체를 살펴봤습니다. 다소 뜬금없다고 생각하실 수 있겠으나 저로서는 수십 년간 가져왔던 의문이 풀린 것 같아 아주 즐겁고 보람 있는 탐색이었습니다. 혹시 저와 같은 의문을 가지셨던 분들도 이 글을 통해 궁금증을 후련하게 털어내셨기를 바랍니다.

Chapter

4

그렇게 우리는 또 하루를 살아간다

우리에게 '버킷 리스트'가 필요한 이유

1

'버킷 리스트'는 누가 만들었을까

인터넷에서 서핑을 하다가 '버킷 리스트Bucket List'의 어원에 대해 설명한 글을 보게 되었습니다. 많은 분이 알고 있다시피 '버킷 리스트'는 우리가 죽기 전에 한 번쯤 해보고 싶은 소원들의 목록을 의미합니다. 〈메리엄-웹스터〉 사전에서는 이 단어의 뜻을 '어떤 사람이 아직 이루지 못했으나 죽기 전에 하고 싶은 일들의 리스트'라고 설명합니다. 그런데 단어를 가만히 뜯어 보면 이 용어가 왜 '소원 목록'이라는 의미를 갖게 되었는지 의아해집니다. '버킷bucket'은 양동이라는 뜻이니 버킷 리스트는 '양동이에 담은 리스트' 정도의 의미가 아닌가요. '원하는 일의 목록'이라면 좀 더 일반적인 표현인 '희망 목록'(wish list)이라고 말했어야 할 것 같은데 왜 뜬금없이 양동이가 등장한 것일까요?

인터넷에서 접한 글에서는 그 연원을 미국의 서부 시대로 거슬러 올라가 설명하고 있었습니다. 미국은 영국을 비롯한 유럽계 이민자들이 신대륙에 자리를 잡으면서 시작했기 때문에 유럽 쪽 바다, 그러니까 대서양에 면해 있는 동부 해안으로부터 개발이 시작되었습니다. 보스턴, 매사추세츠 등 이른바 뉴잉글랜드 지역과 뉴욕 등이 전통적인 대도시지요. 그런데 미국이 서쪽으로 점차 국경을 넓히면서 이른바 '서부 개척 시대'가 시작되었습니다. 이제 막 개척을 시작한 지역이었으니 행정 체계가 제대로 자리 잡힐 리 없었고, 광대한 영역의 치안을 담당해야 했던 미국 정부는 각 지역을 돌며 재판과 집행을 담당하는 순회 치안판사 제도를 운영했습니다. 그리고 그 조차도 여의치 않으면 보안관에게 즉결심판 권한을 주었지요. 그런데 제대로 된 감옥이나 처형 시설이 없는 열악한 상황에서 흉악범에게 사형을 집행해야 했으니 나뭇가지에 오랏줄을 걸어서 교수형을 하는 단순한 방법이 가장 선호되었습니다. 이때 사형수의 발 받침대로 흔히 쓰였던 것이 주변에서 구하기 쉬웠던 양철 양동이였다고 합니다. 이 양동이를 걷어차서 사형을 집행하는 식이었지요. 그리고 사형 집행 전에 판사가 사형수에게 마지막으로 원하는 것이 있는지 물어본 것에서 '버킷 리스트'라는 말이 유래했다는 설명이었습니다. 그럴듯한 설명이기는 하지만 이리저리 확인해보니 다소 근거가 부족한 추측이 아닌가 싶습니다. 왜냐하면 '버킷 리스트'라는 말이 생긴 지 그리 오래되지 않은 신조어이기 때문입니다.

이 말이 탄생하고 전 세계적으로 유명해진 것은 2007년에 개봉한 영화 〈버킷 리스트〉 덕분이었습니다. 〈해리가 샐리를 만났을 때〉를 연출한 로브 라이너Rob Reiner 감독이 메가폰을 잡고 잭 니컬슨Jack Nicholson과 모건 프리먼Morgan Freeman이 공동으로 주연을 맡은 이 영화에서 잭 니컬슨은 백만장자 난봉꾼 '에드워드'를, 모건 프리먼은 가난한 자동차 정비공인 '카터'를 연기합니다. 카터는 역사학을 좋아해서 역사학 교수가 되고 싶었으나 당장 가족의 생계를 책임지기 위해 정비공의 길을 택했습니다. 한눈팔지 않고 열심히 살아오던 어느 날, 카터는 폐암 진단으로 1년의 시한부 인생을 선고받습니다. 같은 병원에 입원한 병원 소유주인 에드워드를 만나 친해진 카터는 시시각각 다가오는 죽음의 공포 속에서 장난삼아 죽기 전에 하고 싶은 일을 목록으로 만듭니다. 영어에서 '죽다'의 관용적 표현이 '양동이를 걷어차다'(kick the bucket)였기 때문에 카터는 이 메모지에 '양동이를 걷어차기 전에 하고 싶은 일'이라는 긴 제목을 줄여서 '버킷 리스트'라고 씁니다.

더필드성(Duffield Castle)의 우물에서 사용되던 노르만(Norman)식 버킷. 버킷은 서양식 물동이다.

사실 이 부분은 대본 작가였던 저스틴 잭험Justin Zackham의 자전적인 이야기이기도 합니다. 그는 별 볼 일 없는 대본 작가로 앞이 보이지 않는 상황에 절망하다가 '내가 죽기 전에 하고 싶은 일의 목록'을 써보기로 합니다. 너무 제목이 길었기 때문에 이걸 줄여서 '저스틴의 버킷 리스트'라고 쓰고 그 목록 맨 위에 '메이저 영화사에서 영화 만들기'를 올렸는데, 이 영화가 제작됨으로써 그의 버킷 리스트가 성취되었습니다. 덕분에 버킷 리스트는 우리가 사용하는 숙어적 표현 중에 드물게도 누가, 언제 만들었는지 정확하게 알 수 있는 말이 되었습니다.

그렇다면 '양동이 걷어차기'라는 표현이 앞서서 존재했다는 뜻인데, 이 말이야말로 서부 시대 때 시작된 것이 아닐까요? 그렇지 않습니다. 이 숙어 역시 등장한 지 그리 오래되지 않았습니다. 19세기 말 미국에서 유행했던 민스트럴 쇼minstrel show에서 일부 사용되었다는 기록이 있는데, 이 표현이 미국 전역에 퍼지게 된 것은 1935년 루이 암스트롱이 부른 노래 〈Old Man Mose〉의 가사 중에 쓰인 이후였습니다. '양동이를 걷어차다'라는 게 왜 '죽음'을 의미하게 되었는지는 몇 가지 설이 있습니다. 가장 유력한 설은 '자살'이라는 것입니다. 목을 매서 극단적 선택을 하려는 사람들이 마지막으로 발밑에 있던 양동이를 걷어차 생을 마감하는 것에서 이 표현이 왔다는 설명입니다. 앞서 소개했던 '사형 집행'이라는 설도 있긴 한데 앞선 설명과 약간 다른 것은 사형을 집행하는 사람이 양동이를 걷어차는 게 아니라는 점입니다. 사실 사람의 체중이 실려 있는 양동이를 다른 사람이 걷어차서 넘어뜨리는 것은 쉬운 일이 아닐 것입니다. 그보다는 사형집행관이 오랏줄을 잡아당기면 버둥거리던 사형수가 발밑의 양동이를 걷어차서 쓰러뜨리게 되는 것을 일컫는 것으로 추측하기도 합니다.

끔찍한 이야기가 너무 길었습니다. 그런데 사실 이 표현이 '죽다'를 대체하게 된 이유는 바로 이 끔찍함, 강렬함에 기인하는 것 같습니다. 그냥 '죽기 전에'라고 말하는 것보다 '양동이를 탕, 하고 걷어차기 전에'라고 말하는 게 훨씬 깊은 인상을 주기 때문입니다. 그래서 쇼나 노래에서 이런 표현을 사용함으로써 유행하게 되었고, 같은 이유로 '희망 목록'이라는 밋밋한 용어 대신 '버킷 리스트'가 지금 널리 사용되고 있는 것으로 보입니다.

사형수의 소원을 들어주는 이유

단순한 어원 풀이에서 한 걸음 더 생각을 진전시켜볼까요. 글 첫머리에 소개한 어원 설명이 다소 근거로서 부족하다고 말할 수도 있습니다. 하지만 많은 사람에게 이 설명이 그럴듯하게 받아들여지는 이유는 실제로 사형을 집행하기 전에 그렇게 소원을 들어주는 일이 종종 있기 때문입니다. 예를 들어 사형 집행 전에 마지막 식사로 사형수가 먹고 싶은 것을 마음껏 먹게 해주는 것이지요. 만약 그조차 여의치 않은 전쟁터라면 집행 전에 담배 한 대를 태울 수 있게 해주거나 마지막으로 하고 싶은 말을 마음껏 해보라는 식으로 가능한 범위 내에서 마지막 소원을 최대한 들어주는 것이 인지상정인 듯합니다. 죽음을 앞둔 사람에게 베푸는 이런 온정은 어디에서 오는 것일까요?

우선 생각해볼 수 있는 것은 집행자들이 느끼는 사형수에 대한 측은함입니다. 인간은 모두 정해진 수명을 가지고 있는 유한한 존재입니다. 그래서 죽음을 앞둔 사람에게 느끼는 동정심(sympathy)이나 역시 언젠가는 저 사람처럼 죽음을 맞이하게 될 것이라는 공감(empathy)으로 이어지게 됩니다. 그리고 죽음을 앞둔 사람의 못다 한 소원을 들어주는 일은 곧 나 자신의 불안을 위로하는 일이 되기도 합니다. 영화 〈버킷 리스트〉에서 함께 투병 생활을 하던 백만장자 에드워드는 자신의 돈과 영향력을 총동원해서 카터의 꿈을 하나씩 이루어줍니다. 스카이다이빙, 고급 빈티지 자동차로 레이스 하기, 북극을 비행기로 지나가기, 타지마할 방문, 만리장성에서 오토바이 타기, 에베레스트 등반, 피라미드 꼭대기에서 노을 보기 등, 말 그대로 상상 속에서나 가능할 일이 에드워드 덕분에 마술처럼 이루어지는 것을 지켜보는 것이 이 영화의 가장 큰 매력 포인트였습니다. 영화의 완성도에 관한 전문가들의 평이 그리 좋지 못했음에도 불구하고 세계적으로 크게 흥행하면서 '버킷 리스트'라는 신조어를 널리 확산시킬 수 있었던 것은 이렇게 황당해 보이는 꿈을 이루는 것이, 혹

제2차 세계대전이 끝난 후 나치 전쟁범죄자에 대한 사형 집행 전에 사형수의 바람에 따라 성직자가 기도를 올려주는 모습.

은 다른 사람이 그런 꿈을 이룰 수 있도록 돕는 일이 사람들의 보편적 정서와 부합하는 행복한 상상이었기 때문일 것입니다.

하지만 또 한 가지 생각해볼 것은 질병 등의 불가피한 이유로 죽음을 맞이하는 사람이 아닌 '사형수'에게 온정을 베푸는 이유입니다. 사실 사형을 선고받을 정도로 심각한 범죄를 저지른 사람이라면 이미 저런 동정과 공감의 대상이 될 수 없는 사람일 가능성이 높습니다. 그럼에도 불구하고 사형수에게 '가능한 최대한의 배려'를 하는 이유는 역으로 사형을 집행해야 하는 당사자의 문제와 관련된 것이 아닐까 싶습니다. 사회적 동물로서 인간은 누구나 윤리적인 가치관을 마음에 담고 있고, 그 가운데 가장 기본이 되는 것은 다른 사람의 생명을 빼앗으면 안 된다는 것입니다. 그런데 치안판사나 사형집행인의 입장에서 사형을 선고하고 집행한다는 것은 아무리 법적 정당성을 가지고 있고, 본인의 업무일 뿐이라 하더라도 평생 가져온 가장 기본적인 윤리적 가치 기준을 어기는 것이라는 점에서 심적 부담과 상처를 갖게 될 수밖에 없습니다.

사형 집행을 담당하는 사람들이 짊어지는 이런 부담을 덜기 위해 여러 방법이 시도되어왔습니다. 예를 들어 총살형의 경우에는 여러 명이 한꺼번에 총을 쏘되 미리 실탄과 공포탄을 섞어 넣어 누구의 총알로 집행이 이루어졌는지 알 수 없게 하는 방법, 전기의자형의 경우 같은 원리로 여러 개의 버튼을 다수의 집행인이 한꺼번에 누르게 하는 방법, 주사액을 통한 집행의 경우 버튼을 누르고 상당한 시간이 흐른 뒤에 독약의 주입과 사망이 천천히 이루어지도륵 해서 집행의 직접성을 줄이는 방법 등이 그것입니다. 사형수의 마지막 소원을 들어주는 것도 이와 비슷한 이유로 설명할 수 있습니다. 마지막 순간에 사형수가 바라는 것을 집행인이 할 수 있는 범위 내에서 최대한 들어줌으로써 사형수에 대한 처벌은 자신이 저지른 잘못으로 인해 사회적으로 규정되어 있는 법이 결정한 것이고, 집행인은 그 결정을 기계적으로 적용했을 뿐 사형수에 대한 개인적인 감정이나 죽이고 싶다는 의지가 없음을 간접적으로 확인하는 방법인 것입니다.

우리에게 버킷 리스트가 필요한 이유

우리에게 버킷 리스트의 어원을 살피는 것보다 더 중요한 것은 지금 우리가 왜 이 말을 자주 사용하고 실제로 리스트를 만들어보고 있는가, 우리에게 왜 이런 리스트가 필요한가 하는 점입니다. '희망 목록'이나 '인생의 꿈'이라고 하기에는 '죽기 전에 꼭 해보고 싶은 일'이라는 그 말 자체로 너무 절박하고 다소 으스스한 느낌마저 듭니다.

'죽기 전에'라는 강한 표현이 필요한 이유는 그만큼 그 일이 당장 가까운 시일 내에 쉽게 이루어질 수는 없는 대단히 예외적이고 어려운 일이기 때문일 수도 있습니다. '오늘 할 일'과는 완전히 다른 느낌인 것이지요. '오늘 점심에 짜장면 먹기' 같은 일은 버킷 리스트에 포함될 만한 것이 아닙니다. 영화에서 묘사된 것처럼 '에베레스트 올라가기', '회사 그만두고 1년간 세계 일주 여행', '산티아고 순례길 종주하기' 정도는 되어야 버킷 리스트라고 할 수 있을 것입니다. 사실 '모두 다 이루기 매우 어렵지 않을까?', '정말 가능하긴 할까?' 하고 의문이 드는 일들입니다. '그래도 죽기 전까지 남은 시간을 생각하면 어쩌면 한 번쯤은 기회가……' 하고 기대할 만한 일이라는 점에서 버킷 리스트를 짜는 일은 사람들의 가슴을 뛰게 만드는 즐거운 작업이 되는 것입니다.

하지만 반대로 이 '죽기 전에'라는 생각이 우리의 주의를 환기시키는 효과도 있습니다. 평균수명이 7~80년에 이르는 인간은 짧다면 참 짧은 한 생을 살다 가지만, 생의 한가운데를 지나노라면 이런 삶이 마냥 한없이 이어지리라는 게으름에 빠지기 쉬운 '적당히 긴' 수명을 갖고 있다고 할 수도 있습니다. 그렇게 하루하루를 살다 보면 어제처럼 오늘을 살고, 오늘처럼 내일도 지나가리라는 '관성'에 빠지기 쉽습니다. 버킷 리스트를 만드는 일은 그런 관성에 제동을 걸고 우리 삶의 끝에는 죽음이 기다리고 있으며, 그 시간의 한계 내에서 내가 이루고 싶은 일이 어떤 것인지 되새기도록 만드는 효과가 있습니다.

뭐니 뭐니 해도 버킷 리스트가 'To Do List'와 다른 점은 의무와 책임에 의해 '해야 할 일'이 아니라 '하고 싶은 일'이라는 데 있을 것입니다. 사실 우리의 삶이 행복을 향하도록 방향을 잡아야 하며, 해야 할 일마저도 하고 싶은 일을 위해 존재해야 하며, 다른 무엇보다 지금 내가 하고 있는 일이 바로 하고 싶은 일이라야 한다는 것은 당연한 이치입니다. 하지만 우리는 그런 당연한 원칙을 잊고, 혹은 잊을 것을 강요당하며 살아갑니다. 노동은 삶을 위해 존재해야 하고 삶은 그저 살아내는 것이 아니라 행복하기 위해 존재한다는 것을 외면한 채, 돈을 위해 돈을 벌고 살기 위해 살고 내가 원하는 것보다 나에게 요구되는 것에 수동적으로 반응하면서 사는 삶에 익숙해지는 것입니다. 이렇게 본말이 전도되어 내가 나 자신이 아니게 되어버리는 현상을 철학 용어로 '소외'라고 부릅니다. 버킷 리스트는 그 소외의 악순환 어디쯤에 못을 박아두고 그것이 이 끝없는 고리를 멈출 수 있기를, 그래서 내가 진정으로 원하는 나의 삶을 아주 잠시나마 다시 돌아볼 수 있기를 바라는 현대인들의 간절한 소망이 담긴 명세서인 것 같습니다.

그러고 보면 버킷 리스트의 내용을 너무 높게, 너무 멀리 잡는 것이 꼭 좋은 것은 아닐지도 모르겠습니다. 우리에게는 매일매일의 버킷 리스트가 필요합니다. 앞서 이야기했던 '점심때 맛있는 짜장면

먹기'를 비롯해서 보다 가깝고 작은 일을 시작으로 '지금 여기서' 행복해지려고 노력할 필요가 있지 않을까요. 오늘 나는 어디를 향해 가고 있으며, 무엇으로 얼마나 행복해질 준비가 되어 있는지 알기 위해 '오늘의 버킷 리스트'를 적어보면 어떨까요?

진짜 부산 사람,
최동원

2

야구에 진심인 도시

부산대학교에 임용되어 아무 연고도 없는 부산으로 내려가게 되었다는 소식을 주변에 전했을 때 저를 가장 놀라게 했던 것은 부산 출신 사람들의 반응이었습니다. 하나같이 다들 “너무 좋겠다”, “나도 꼭 고향으로 돌아가고 싶다”, “정말 좋은 곳이다”라고 하며 견딜 수 없이 부러워하더군요. 고향인 대전에 대한 그리움 같은 건 평생 느껴본 적 없는 저로서는 매우 어색한 반응들이었습니다. 하지만 더 놀랐던 것은 부산에 내려와서 본 풍경이 그렇게 그리움으로 가득 찰 만큼 아름답거나 평화롭지 않았다는 것입니다. 지옥 같은 교통 환경과 좁은 도로 좌우로 빼곡히 들어선 건물로 갑갑한 스카이라인, 평지라고는 눈을 씻고 찾아봐도 없는 산과 골짜기로 이어지는 지형 등. 그래도 이왕 부산에서 일하게 되었으니 당연히 부산 사람이 되어야 한다는 생각에 온 가족이 함께 내려왔습니다.

초등학생이던 큰애가 전학 와서 치른 시험에서 ‘아파트는 어디에 짓나요?’라는 문제에 ‘들’ 대신 ‘산’에 동그라미를 쳤다가 답이 틀리는 바람에 무척 억울해했습니다. 큰애가 본 부산 풍경에서는 아파트와 학교가 모두 산 위에 자리 잡고 있었거든요. 게다가 경상도 사투리 특유의 억센 억양으로 지하철 안에서 일상적인 대화를 나누는 사람들도 마치 싸우는 사람처럼 목소리가 커서 어디를 가나 왁자지

껄합니다. 그래서 정말 궁금해졌습니다. '도대체 친구들은 왜 부산을 그리워하는 거지?'

평소 연구실에서 컴퓨터로 논문을 쓰거나 작업을 할 때면 모니터 화면 한구석에 아무 생각 없이 야구 중계를 틀어놓고는 합니다. 일종의 백색소음처럼 일에 집중하는 데 도움을 주거든요. 그러던 어느 날, 습관처럼 소리를 죽여놓은 상태에서 틀어놓은 화면에 우연히 시선이 머물렀습니다. 고故 최동원 선수를 기리는 추모 경기였습니다. 소리도 없이 흘러가는 그의 영상을 물끄러미 보면서, 그 위에 겹쳐지는 부산 사람들의 표정을 보면서 생각했습니다. '그가 바로 부산이로구나.'

부산 사람들의 자부심

모든 부산 사람이 최동원 같은 건 아닙니다. 하지만 모든 부산 사람이 생각하는 가장 부산다운 사람이 최동원인 것은 맞습니다. 그는 '부산 사람이 된다는 것은 무엇인가?'라는 명제를 온몸에, 인생의 모든 장면에 새겨놓은 아이콘이자 신화입니다.

부산 사람들은 정말 야구 좋아합니다. 아니, 전반적으로 노는 것이라면 뭐든 좋아하고 '잘' 노는 사람들입니다. 부산 사람이 아니더

| 부산 사직구장 앞에 있는 고 최동원 선수의 황금빛 동상.

라도 누구나 노는 것을 좋아하지만, 잘 노는 것은 쉬운 일이 아닙니다. 부산은 동네마다 색소폰 강습소가 있습니다. 색소폰은 '폼 나는' 악기이기 때문입니다. 노래방의 원조도 부산이고 지붕 열리는 디스코텍도 부산에 먼저 생겼습니다. 맛집도 많고 멋쟁이도 많습니다.

부산에서 야구는 '야구'에 그치는 것이 아니고 그 모든 엔터테인먼트의 집합체입니다. 개성 있는 옷차림의 사람들이, 잔뜩 모여서, 맛있는 것을 마구마구 먹으며, 노래하고 춤을 추고 노는 축제의

장입니다. 야구는 그 모든 것의 핑계이자 핵심을 이루는 흥의 원천인 것이지요. 그러니 부산 사람들이 야구 잘하는 사람을 예뻐라 하는 것은 당연한 일입니다. 과거 롯데 자이언츠의 송승준 선수가 3연속 완봉승을 했을 때 가는 식당마다 돈을 안 받고 자꾸 음식을 내줘서 이러다 팬들이 집도 사주는 거 아닌가 하는 생각이 들 정도였다고 합니다. 본인은 농담이었겠지만 부산에서는 농담이 아닐 수도 있습니다. 야구만 잘하면 부산에서는 삼대가 먹고 살 수 있습니다.

하지만 최동원 선수가 부산 사람들에게 오래 기억되는 이유는 단지 야구를 잘했다는 이유 때문만은 아닙니다. 야구를 잘하기로만 따지자면 오랜 프로야구의 역사에서 최동원보다 더 나은 선수도 있을 것입니다. 하지만 최동원은 단지 '공을 잘 던지는 투수' 그 이상이었습니다. 최동원의 가장 전설적인 에피소드는 1984년 한국시리즈에서 나왔습니다. 7전 4선승제로 진행되는 한국시리즈에서 전체 경기 중 1, 3, 5, 6, 7차전, 그러니까 자그마치 다섯 경기를 선발투수로 출전하면서 롯데 자이언츠를 우승으로 이끌었습니다. 지금으로서는 상상하기조차 하기 어려운 역투를 보여준 시리즈였습니다. 하지만 그렇게 무리해서 공을 던지는 것을 인간의 몸이 견뎌낼 수 있을 리 없습니다. 그의 어깨는 결국 손쓰기 어려운 상태가 되고 말았습니다. 이런 비극적인 결과를 정말 예상 못 했을까요? 최동원은 이처럼 무리한 출전이 자신의 선수 생명에 치명적인 영향을 줄 것임을 다른 누구보다도 가장 잘 알고 있었을 것입니다. 그는 어떤 생각으로 출전을 강행했던 것일까요? 그 불꽃 같은 날들 가운데, 당시 강병철 롯데 자이언츠 감독과 나눈 대화는 최동원의 모든 것을 함축해서 보여줍니다.

—동원아, 우짜노……. 여까지 왔는데…….
—알겠심더. 마, 함 해보입시더.

이게 바로 부산식이고, 부산 사람들의 삶의 태도입니다. 하면 하는 거고, 아니면 끝입니다. 중간은 없습니다. 말은 '해보입시더'지만 해보다가 만다는 뜻이 절대 아닙니다. 하겠다는 것이고, 끝까지 가겠다는 의미입니다. 이미 손익계산 같은 건 머릿속에서 지웠다는 뜻입니다. 선배든 후배든, 친구든 동네 사람이든, 아니면 그냥 오가다 만난 사람이라도 좋은 사람이라고, 혹은 도와줘야겠다고 마음먹으면 두 번 세 번 재지 않습니다. 그러다가 도중에 좀 아닌 것 같아도 밀고 나가고, 그 때문에 내가 손해를 보는 것 같아도 웃고 넘깁니다. 그러다 보니 좀 어리숙한 것이 아닌가 오해하는 사람들도 있습니다. 하지만 그건 어리숙한 게 아니라 자존심이 강한 것입니다. 내가 믿음을 준 상대에 대한 자신의 판단을 가치 있게 생각하는 것입니다.

그래서 그 자존심이 손상되었을 때 '하면 하는 거고, 아니면 끝'

이 제대로 발동됩니다. 예전에 이대호 선수가 롯데 구단과의 연봉 협상 과정에서 최종적인 협상액의 차이가 그리 크지 않았음에도 불구하고 미련 없이 돌아서서 외국 리그로 떠났습니다. 돈 한두 푼의 문제가 아니고 협상 과정에서 구단 측이 그의 '자존심'을 건드렸기 때문이었습니다. 그건 자부심의 문제이기도 합니다. 부산 사람 최동원 역시 그렇게 자부심에 가득 찬 사람이었습니다. 그는 어느 인터뷰에서 이렇게 말했습니다.

나에게 야구가 뭐냐고요? 최·동·원, 이름 석 자지.

야구가 그에게 중요했다는 뜻이기도 하고, 그가 야구에서 중요한 인물이라는 자존심이기도 합니다. 그는 부산 사람이었습니다.

잊지 못하는 마음의 빚

부산 사람들은 보수적입니다. '보수'는 지난 세월 동안 우리 역사의 탁류 속에서 더럽혀진 적도 있는 단어지만, 기본적으로 윤리와 도덕, 상식과 옳음에 민감하고 그 가치를 높이 인정하는 태도를 말합니다. "니, 그라모 되긋나?"라는 말은 무서운 말입니다. 부산 사람에게서 그 말이 나올 정도면 절대 앞으로 더 나가면 안 됩니다. 고함도 지르지 않고 나직하게 던지는 말이지만 더 이상 용납하지 않겠다는 강력한 의지가 담긴 표현입니다. 그만큼 부산 사람들의 '옳음'에 대한 관념, 선(line)은 확고합니다.

최동원은 그 옳음을 위해 몸을 던질 줄 아는 사람이었습니다. 스타플레이어로서 편안한 삶이 보장되었던 그는 자신의 문제도 아닌 동료, 후배들의 어려운 사정을 해결해보고자 프로야구 구단들이 백안시하던 '선수회'를 결성하려고 했습니다. 87년 6월 항쟁 이후 '노동자대투쟁勞動者大鬪爭'으로 온 나라가 불타오르던 시기, 어떻게든 선수들을 통제하려 했던 구단들의 입장에서 보면 선수회는 곧 '노조'를 의미했습니다. 이 문제에 앞장섰다는 이유로 최동원은 갖은 고초를 겪은 끝에 롯데 자이언츠에서 쫓겨나 삼성 라이온즈로 이적합니다. 하지만 그곳에서도 자리를 잡지 못해 아예 우리나라를 떠나 미국 등지를 떠돌다가 결국 쓸쓸히 은퇴를 맞게 되었습니다.

야구 잘하고, 결단력 있고, 자신을 던질 줄 아는 멋진 사람 최동원. 하지만 더 중요한 것이 남아 있습니다. 그런 그에게 우리가, 부산 사람들이 너무나 미안한 마음을 갖고 있다는 점입니다. 부산 사람들은 자신이 손해 본 것, 억울한 것은 잘 잊습니다. 그런 거 마음에 담아두고 살아가는 게 피곤하고 쪼잔하다고 생각하고, 또 그러기에는 흥이 너무 많은 사람들이기 때문이기도 합니다. 하지만 반대로 내가

힘껏 팔을 뻗어 공을 던지는 고 최동원 선수의 모습을 담은 동상.

신세진 것 특히 미안한 것은 절대로 잊지 않습니다. 누군가 나 때문에 손해를 봤다고 하면 자다 말고 나가서 그 집 유리창이라도 닦아줘야 다시 잠을 청할 수 있는 사람들입니다.

부산 사람들에게 최동원은 절대로 잊을 수 없는 마음의 빚입니다. 그는 '우리'를 위해 어깨가 부서져라 공을 던져 한국시리즈 우승을 가져다주었고, 노후를 제대로 보장받을 수 없는 힘겨운 삶을 살아가는 야구계의 '우리'를 위해 대신 싸우다가 큰 시련을 겪었습니다. 그런데 그가 롯데 구단으로부터, 프로야구의 기득권층으로부터 핍박을 받을 때 '우리'는 그를 지켜주지 못했고, 그가 당선이 보장된 민자당의 유혹을 뿌리치고 야당인 민주당 시의원 후보로 출마했을 때도 낙선의 고배만을 건네주었으며, 결국 암으로 세상을 떠날 때도 마지막으로 그의 곁을 지켜준 건 당연히 그랬어야 할 부산 사람들이 아니라 대전의 한화 이글스였습니다.

손에 야구공을 꼭 쥐고 세상을 떠났다는 그의 부고가 전해졌을 때, 부산 사람들은 그에게 갚을 길 없는 빚을 지게 되었음을 먹먹한 가슴으로 깨닫게 되었습니다. 롯데 자이언츠는 부산의 인기 구단이지만 또한 영원히 부산 사람들이 가장 미워하는 구단으로 남게 되었습니다. 롯데가 수십 번 우승을 한다 해도 최동원의 시대를 거쳐 온 부산 사람들은 그 양면적 감정을 지울 수 없을 것입니다. 최동원에게 미안하기 때문입니다.

2017년 9월 14일에 치러진 고 최동원의 추모 경기는 그의 황금빛 동상 앞에서 유족과 다른 선수들이 도열하여 묵념을 하는 장면에서부터 목이 메어서 차마 볼 수 없었습니다. 그날 롯데 자이언츠 선수들은 모두 1984년 당시 입었던 유니폼에 '최동원'이라는 이름을 붙이고 나왔습니다. 우리 모두가 최동원이라는 뜻이었습니다. 그 모습을 보고서야 알게 되었습니다. 부산 출신 친구들이 그토록 그리워했던 것은 해운대도, 광안리도, 금정산도 아니고 바로 이 부산 사람들, 부산의 이 많은 최동원이었음을 말입니다.

요즘 젊은것들은

3

4천 년 전의 점토판

5월 5일은 어린이날입니다. 원래 방정환 선생이 일제강점기인 1923년에 처음 어린이날을 제정할 때 사회운동의 일환으로 어린이의 인권을 향상시키기 위한 '소년운동'이라는 의미를 내세우며 날짜를 정하셨습니다. 때문에 노동절인 5월 1일과 겹쳐져 있었는데 일제의 탄압으로 폐지되었다가 해방 후 날짜를 5월 5일로 바꾸어 오늘에 이르게 되었다고 합니다.

어렸을 때는 어린이날이 생일과 더불어 외식과 선물을 기대할 수 있는 몇 안 되는 날이었기 때문에 손꼽아 기다렸습니다. 물론 지금은 그런 기다림이 사라진 지 오래지만 말입니다. 하지만 부모님께 자식은 언제까지고 '아이'일 수밖에 없는 것인지 얼마 전에도 어머님께 별것 아닌 일로 야단을 맞았습니다. 큰애가 이미 대학을 졸업했으니 제 나이도 적지 않다 싶은데 여전히 철없는 아이처럼 대하시는 것인가 생각했습니다.

1920년대에 사용된 어린이날 포스터.

어린이날을 맞아 이런저런 생

각을 떠올리다 보니 문득 '1700년 전 이집트에서 발굴된 기와에도 요즘 애들 버릇없다고 한탄하는 내용이 적혀 있더라'라는 오래된 이야기가 생각이 나서 괜히 부아가 났습니다. 아니, 그걸 굳이 기와에 쓴 것도 모자라 잘 말리고 굽기까지 해서 지붕에 얹은 그 마음은 대체 뭔가 싶어서 진짜 그런 기록이 있었을까 찾아보고 싶어졌습니다.

인터넷에서 검색을 해보니 의외로 그리 어렵지 않게 이 내용의 출처와 원문을 찾을 수 있었습니다. 일단 사실관계는 1700년 전 이집트가 아니라 기원전 2000년 경, 그러니까 지금으로부터 약 4천 년 전 수메르에서 쓰인 토판에 담겨 있던 내용이었습니다.

먼저 '토판'이 무엇인지부터 설명이 필요할 것 같습니다. 오늘날 우리는 대부분의 정보를 종이에 쓰고 인쇄해서 책으로 만들던 시절에서 디지털 미디어의 시대로 넘어가고 있습니다. 하지만 종이를 사용하기 전에는 종교적 내용과 같이 귀중한 내용을 담을 땐 양피지, 통상적인 기록을 담을 때는 여러해살이풀인 '파피루스papyrus' 풀의 줄기를 겹쳐 두들겨 말린 것을 종이처럼 사용했습니다. '페이퍼paper'라는 말도 이 '파피루스'에서 온 것입니다. 하지만 이집트 나일강 강변에서 자라는 파피루스 풀로 만든 파피루스지papyrus紙가 등장하기 전까지 그나마 주변에서 흔히 구할 수 있는 기록용 재료는 고운 진흙뿐이었습니다. 이 진흙 위에 글씨를 쓰고 말려서 굳히면 오래도록 기록이 유지되는 단단한 '토판'이 완성됩니다.

문제는 흙은 주변에서 비교적 쉽게 구할 수 있었던 반면, 토판에 쓰인 글씨를 읽을 수 있는 사람은 많지 않았다는 점입니다. 게다가 이 글씨를 쓸 수 있는 사람은 훨씬 더 드물었습니다. 토판이라고 하면 노트북 정도 크기의 큼직한 점토판을 떠올리기 쉽습니다. 물론 그런 기록물도 없진 않겠지만, 토판이 크기가 커지면 쉽게 깨지고, 진흙이라는 게 굳으면 결국 돌덩이라서 무게가 상당했습니다. 때문에 대개의 경우 토판은 손바닥 혹은 그보다 작은 크기였습니다. 이렇게 작은 흙덩이에 글씨를 새겨 넣으려면 원이나 삼각형, 사각형 같은 복잡한 모양은 불가능했고 바늘과 같은 도구로 선을 그으면서 끄트머리를 깊게 혹은 얕게 조정하는 방식을 택할 수밖에 없었습니다. 이게 얼핏 보면 삼각형 쐐기를 늘어놓은 것처럼 보였기 때문에 '쐐기문자' 혹은 한자로 '설형문자楔形文字'라고 불렀습니다.

국가가 커지고 사회적 관계가 복잡해지면서 공적 관계, 예를 들어 물건 출납이나 법률적 관계 등과 같은 확실한 기록을 남겨야 하는 경우가 점점 늘어났습니다. 때문에 이런 글씨를 읽거나 쓸 수 있는 사람에 대한 수요도 매우 커졌습니다. 그래서 국가적인 차원에서 학교를 세워 글씨를 쓸 사람, 즉 '필경사'를 길러냈습니다. 또한 글씨를 원통 모양의 돌에 새겨서 자신의 도장으로 사용하기도 했습니다. 이 돌을 토판 위에 굴려서 찍으면 그대로 문장을 새길 수 있었기 때문입니다.

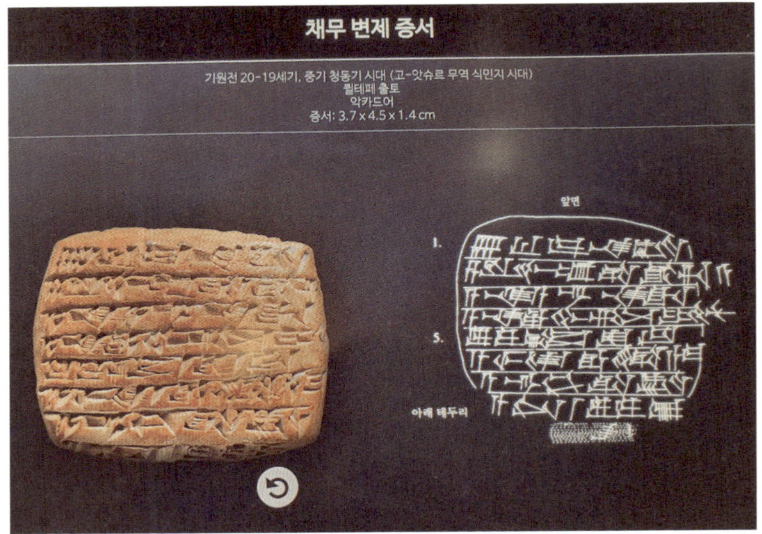

설형문자가 새겨진 토판.

기원전 2천 년경 수메르 왕 '슐기'가 세운 필경사 학교의 유적에서 당시 학생들이 '필기 연습'을 했던 토판이 여러 개 발견되었습니다. 그런데 어차피 연습이다 보니 그냥 하고 싶은 말을 마음껏 써놔서 오히려 공식적인 기록보다 더 재미있는 내용도 많습니다. 예를 들어 이런 내용의 토판도 있었습니다.

토판에 굴려서 찍는 인장.

나의 한 달 수업은 이렇습니다.
쉬는 날은 매달 사흘입니다.
예배 보는 날도 매달 사흘입니다.
달마다 24일을
나는 학교에 다녀야 합니다.
지겨운 학교!

이 내용을 보니 4천 년 전의 이야기가 아니라 언젠가 우리 집 아이가 학원에 다녀와서 일기장에 썼던 내용 같기도 합니다. 당시 필경사 학교의 훈련은 대단히 혹독해서 체벌이 일상적이었고 전혀 쉴 틈도 주지 않았다고 하니 더더욱 학교에 다니기 싫었을 것 같습니다. 그리고 바로 이런 배경이 이번 장의 발단이 되었습니다.

아버지의 분노와 아들의 사정

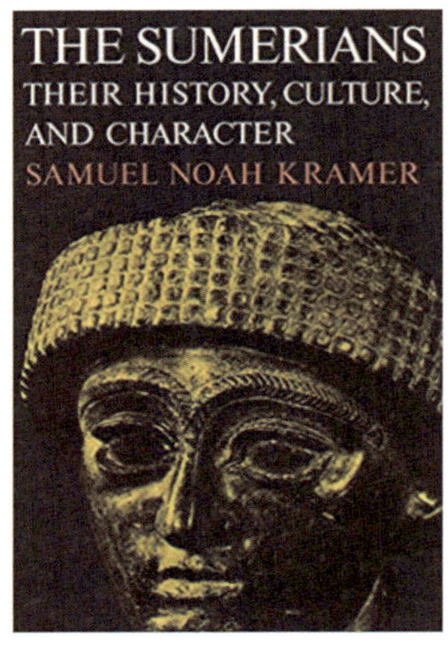

| 크레이머 교수의 책 《수메르인들-그들의 역사, 문화, 그리고 성향》 표지.

앞서 언급한 '요즘 젊은것들'의 이야기가 처음 세간에 퍼지게 된 계기는 새뮤얼 노아 크레이머Samuel Noah Kramer 교수가 펜실베이니아대학교 박물관에서 소장하고 있는 수메르 토기편土器片 조각들을 해석해서 엮어낸 책인 《수메르인들-그들의 역사, 문화, 그리고 성향》(*The Sumerians-Their History, Culture, and Character*, 1963)에서부터인 것으로 보입니다. 이 책의 내용들 가운데 수메르의 교육제도에 관해 토기편에 기록된 에세이를 해석한 자료가 있었는데, 이 중 방탕한 아들의 태도를 탄식하는 아버지의 글이 언론 매체를 통해 소개되면서 유명세를 탄 것입니다. 그런데 제가 이 책의 영어 원문을 통해 파악한 내용은 일반적으로 알려진 것과 맥락이 미묘하게 달랐습니다.

에세이의 제목은 'A Scribe and His Perverse Son'입니다. 번역하자면 '필경사와 그의 비뚤어진 아들'입니다. 앞서 말한 것처럼 필경사는 당시 매우 드물고 나름 대접을 받는 전문 기술직이자 지식인 계층이었기 때문에 아버지가 필경사이면 그 직업을 물려주기 위해 자식도 필경사 학교에 보냈습니다. 따지고 보면 이 글이 토판으로 남아 있을 수 있는 이유도 아버지가 필경사라서 자신의 넋두리를 설형문자로 기록하는 것이 가능한 사람이었기 때문인 것입니다.

이 아버지가 쓴 에세이의 전체 내용은 '가문의 업'을 이으라고 비싼 수업료까지 들여가며 자식을 학교에 보내놨더니 제대로 공부도 안 하고 딴짓만 하는 '비뚤어진 아들'의 잘못을 지적하고 한탄하는 이야기입니다. 내용이 꽤 긴데 요점을 한 문장으로 요약하자면 '요즘 애들 도대체 왜 이러니?'가 될 테지요. 이 때문에 '아이고, 4천 년 전에도 애들은 말을 지지리도 안 들어서 부모 속을 썩였구나' 하면서 많은 사람이 공감하는 유명한 내용이 된 것입니다.

하지만 그렇게 요약한 버전만 듣다가 실제 원문을 접하니 글의 전체적인 맥락이 상당히 다르게 다가왔습니다. 너무 긴 내용이라 전부를 다 담을 수는 없지만, 대강의 내용만 소개해보자면 이런 식입니다.

> 너 어디 갔었니?/왜 이렇게 게으름을 피워?/학교 가서, 선생님 앞에서 숙제 암송 잘하고, 가방 열고, 필사하고, 선배들한테 쓰는 거 배우고, 숙제 다 했으면 검사를 받아야 할 거 아냐!/이리 와, 내가 뭐라고 했어?/내가 뭐라고 했는지 다시 말해봐./다시 말해보라니까?/좀

인간이 되어봐라./선생님 무서운 줄 알고./그렇게 놀고도 인생 성공할 것 같아?/내가 부끄러워서 얼굴을 못 들겠다./친척집 아이들 다 둘러봐도 너 같은 놈이 없다./징징거리지 마!/네가 인간(humanity)이 안 되어 있으니 아빠도 이렇게 독하게 구는 거다./내가 널 돈 벌어 오라고 상단에 끌고 다녔니, 들판에 나가 일을 하라고 했니, 그렇다고 날 부양하라고 했니!/다 너를 위해 이러는 거잖아.

와, 이 내용이야말로 전혀 4천 년 전의 이야기로 보이지 않습니다. 오히려 요즘 학부모들의 이야기처럼 느껴지지 않나요? 심지어 이런 내용의 문장이 점토판 빼곡하게 반복해서 자그마치 140줄이나 이어집니다. 별다른 핵심도 없는 넋두리에 가까운 내용을, 너무 작고 복잡해서 읽기조차 쉽지 않은 쐐기문자로 이렇게 정성껏 길게 쓰는 그 부모의 집념이 더 놀라울 지경이었습니다.

그럼 아버지가 이렇게 세상 무너지는 한탄을 줄줄이 늘어놓을 정도로 타락한 아들놈은 도대체 뭘 그렇게 잘못한 것일까요? 글만 읽자면 패륜에 연쇄살인쯤 저질렀을 것 같은 이 아들의 '비행'에 관해서 에세이에서 제시되고 있는 것은 '거리에서 방황하고', '광장에서 어슬렁거렸다'는 것이 고작입니다. 과연 이게 '비뚤어진 아들'로 제목을 정할 정도로 대놓고 비난할 만큼 엄청난 잘못일까요? 그나저나 거리와 광장 이야기는 도대체 뭘까요?

앞서 잠시 이야기한 것처럼 당시 필경사 학교의 교육 방식은 대

| 루브르박물관에서 소장하고 있는 기원전 2400년 무렵의 토판. 왕의 아들이 전사했다는 소식을 전하는 편지다.

단히 폭력적이어서 무조건 암기하도록 하고 제대로 못 하면 막대기로 두들겨 패는 식이었다고 합니다. 하니 이 아들은 아다 아버지가 가업을 이어야 한다며 강제로 입학시킨 필경사 학교에서 머릿속에 잘 들어가지도 않는 어려운 설형문자의 암기 훈련을 억지로 하다가 교사와 선배들에게 매를 맞는 걸 견디지 못해 학교 수업을 빠지고 무단결석한 것으로 보입니다. 그런 사정을 염두에 두고 생각해본다

면 머리가 어지러워서 끝까지 읽기도 힘든 '네버엔딩 랩'과 같은 이 아버지의 이야기를 '요즘 아이들 버릇없어'로 요약하는 게 맞는 걸까요? 그보다는 거꾸로 '예나 지금이나 애들은 참 답답하고 힘들겠어'로 해석해야 마땅한 내용이 아닐까요?

위에 언급된 내용을 담은 점토판의 이미지를 찾고 싶었으나 공개된 자료를 찾지 못했습니다. 대신 펜실베이니아대학교 박물관에서 공개한 다른 점토판 소장품을 하나 소개하면서 글을 마무리할까 합니다. 이 토판의 내용도 재미있습니다. 역시 필경사 학교에 다니면서 선생님에게 지독하게 두들겨 맞던 학생이 도저히 못 견디고 부모님께 좀 도와달라고 부탁을 한 모양입니다. 부모는 고심 끝에 교장 선생님을 집으로 초대해 저녁 식사와 와인을 대접했는데, 기분이 좋아진 선생님은 식사를 마칠 무렵에는 학생을 아주 칭찬하면서 '너 앞으로 잘될 거다. 내가 잘 봐주마'라고 장담을 했다고 합니다. 그리고 실제로 이 학생은 나중에 학교에서 수석을 차지하게 되었다는 내용이 담겨 있는 토판입니다.

4천 년 전이나 지금이나 사람 사는 것은 좀처럼 변한 게 없구나 하고 생각하게 만드는 내용이지만, 한 가지 확실한 것은 4천 년 전이나 지금이나 아이들은 우리의 소중한 미래라는 것입니다. 어린이날 하루만큼은 이 땅의 모든 아이가 긴장도 걱정도 없이 마음껏 행복할 수 있는 시간이기를 바랍니다.

유목, 길들임

4

여우의 이야기

프랑스 작가 앙투안 드 생텍쥐페리Antoine de Saint-Exupéry의 《어린 왕자》를 좋아하시는 분이 많습니다. 사막에 불시착한 파일럿 앞에 난데없이 등장한 '어린 왕자'가 양을 그려달라고 부탁하는 장면으로 시작하는 이 이야기는 어떤 장르로 분류해야 할지 모호한 내용을 담고 있습니다. 《이솝우화》를 떠올리게 만드는 은유적이고 환상적인 내용과 간결한 문장을 보면 '동화'가 아닌가 싶지만 책을 읽어나가다 보면 이게 아이들에게 교훈을 주기 위한 단순한 '권선징악'의 이야기가 아니라는 것이 드러나기 때문입니다. 《어린 왕자》가 아이들을 위한 단순히 예쁘기만 한 동화의 수준을 넘어서게 된 결정적인 계기는 여우가 등장하는 장면부터였다고 생각합니다. 동화였다면 여우는 꾀 많은 장난꾸러기, 사람을 홀려서 엉뚱한 일을 하게 만드는 존재, 혹은 그저 귀엽거나 때로는 가여운 존재로 묘사되었을 것입니다. 하지만 《어린 왕자》에서 여우는 가장 현명하고 침착하며 때로는 철학적으로 보이는 깊이 있는 말을 던지는 존재입니다. 소설 전체에서 유일하게 등장하는 '제대로 된 어른' 같은 느낌이랄까요.

여우가 던진 말 중에 가장 인상적인 것은 '길들임'에 관한 것이었습니다. 사막여우를 처음 만난 어린 왕자가 외롭다며 이리 와서 함께 놀자고 할 때 여우가 한 대답은 '난 너에게 길들여져 있지 않기 때문

비행기로 우편물을 배달하는 중에 사하라사막에 추락한 생텍쥐페리. 이 사건이 《어린 왕자》를 집필하는 계기가 되었다.

에 그쪽으로 갈 수 없다'는 것이었습니다. '길들인다'가 무엇인지 묻는 어린 왕자에게 여우는 '관계를 맺는 것'이라고 대답합니다. 지금은 자신이 왕자에게 세상 숱한 여우들과 다를 바 없겠지만 '길들여'진다면 세상에서 단 하나뿐인 여우가 될 것이라며 그는 이렇게 말합니다. "너는 나에게 이 세상에 단 하나뿐인 존재가 되는 거고, 나도 너에게 세상에 하나뿐인 존재가 되는 거야. 부탁이야, 나를 길들여줘!"

어렸을 때 이 부분을 읽으면서, 뭐라 말할 수 없는 이상한 감정을 느꼈습니다. 여우가 사람에게 길들여달라고 애원하고 있습니다. 길들임은 나의 필요를 위해 다른 존재의 의지를 무디게 만들고 종속

지구에 도착해서 외로움에 힘들어하던 어린 왕자는 여우를 만나 '길들임'에 대해 배운다.

시키는 것이 아니었나? '관계 맺음'이라는 것은 달리 말하자면 그 관계에 '묶임'이라는 뜻이 되기도 하는데, 스스로 자유를 빼앗기고 누군가에게, 무언가에게 얽매여 살아가는 삶을 애원한다고? 너무 이상한 이야기가 아닌가요?

유목의 의미

며칠간 머릿속에 '유목'이라는 단어가 연못 위에 뜬 개구리밥처럼 가라앉을 줄 모르고 떠돌아다녔습니다. '방랑'이라는 의미를 지닌 '노마드nomad' 같은 멋진 단어가 아니라 말 그대로 여기저기 돌아다니며 가축에게 풀을 뜯도록 만드는 목축의 형태, 영어로 'grazing'이었습니다. 풀 뜯어 먹기, 우리말로는 유목보다는 '방목'이라고 번역하는 게 더 정확할 것 같기도 하지만요.

몽골인의 유목 생활을 다룬 어느 다큐멘터리를 보다가 스치듯 지나간 어떤 장면이 뇌리에 강렬하게 남아 있습니다. 지난 세월 여러 책을 통해 '유목'이라는 단어를 접할 때마다 저는 목동이 소 떼나 양 떼 곁에 바짝 지켜 앉아 감시하면서 우연히 무리를 탈출한 '길 잃은 어린 양'을 자신을 따르는 커다란 개의 도움을 받아 도로 잡아다가 무리 속으로 밀어 넣는 식으로 '관리'하는 것이라고 막연히 생각해왔습니다. 그런데 제가 본 다큐멘터리에서 유목을 하는 몽골인은 숙식을 하는 텐트에서 꽤 멀리 떨어져 있는 골짜기까지 어슬렁어슬렁 걸어가서 거기에 떼로 몰려 있는 소와 양, 말을 멀리 언덕 위에 앉아 구경하다시피 지켜보다가, 저녁이 되면 가족이 있는 텐트로 돌아갔습니다. 그러고는 다음 날 다시 언덕 위로 산책하듯 올라가기를 반복하고 있었습니다. 저러다 가축들이 도망을 가버리면 어쩌려고 저러나 싶었습니다.

게다가 허허벌판의 초원에서 그 몽골 가족이 가지고 있는 유일한 식량은 이 가축들이기 때문에 고기가 떨어지면 수시로 그 가축 무리에서 소나 양을 한 마리씩 끌어내어 잡아먹곤 했습니다. '저렇게 순서대로 확실한 죽음이 기다리고 있는데도 도망을 안 간다고?'

납득이 잘 되지 않아 관련된 자료를 찾아봤습니다. 일단 유목과 방목은 충돌하는 개념이 아니었습니다. 초지를 찾아 가축을 몰고 이동하는 방식의 목축을 '유목'이라고 부르고, 일단 풀이 풍부한 곳에 도착하면 가축을 풀어놓고 먹도록 하는데 이걸 '방목'이라고 부른다고 하더군요. 축사에 가두어놓지 않고 야외 공간에서 기르면 기본적으로는 모두 방목이라고 할 수 있는데 여기에도 다시 세 가지 종류가 있다고 합니다. 넓은 구역을 울타리로 둘러서 그 안에서만 풀을 뜯게 하는 방식과, 앞서 상상했던 것처럼 울타리는 치지 않지만 목동이 가까이에 붙어서 관리하는 방식, 그리고 다큐멘터리에 나온 것처럼 멀리서 구경하듯 하는 방식이 그것입니다. 그리고 이 세 가지 중에서 마지막 방식을 산책하듯이 하는 방목이라고 해서 '소요형 방목'이라고 부릅니다.

그럼 왜 가축들은 도망가지 않는 것일까요. 일차적으로는 생존 능력이 떨어지는 초식동물이 자기 보호를 위해 떼(herd)를 유지하고 거기에 어떻게든 붙어 있으려고 하는 성질이 있기 때문입니다. 실수나 모종의 사고가 아니라면 개별적인 개체가 자신의 의지로 떼를 벗어나 탈출하는 일은 별로 없다는 것이지요. 그렇기 때문에 관리하는 사람은 그저 전체적인 무리의 대략적인 위치만 관리하면 가축을 잃을 일이 없다는 것입니다. 하지만 다시 의문이 생깁니다. 그럼 가축이 떼로 한꺼번에 달아난다면 어떻게 되는 걸까요? 그건 '군집 본능'만으로는 막을 수 없는 문제가 아닌가요?

'길들임'에 대하여

'가축'은 결국 '길들인 동물'입니다. '길든다'는 것은 어떤 의미일까요? 목축에 관한 외국 자료를 찾아보니 우리말과 달리 '길들이다'를 'domestication'과 'taming'으로 구분하고 있었습니다. taming은 개체의 차원에서 인간의 손길을 받아들이고 가까이 오는 것을 허락함을 의미하는 반면, domestication은 집단적으로 특정한 종이 인간과의 공존을 생존 전략으로 선택하는 경우입니다. 즉, 새로 우리 집에 온 고양이 한 마리가 식구들과 익숙해져서 쓰다듬어도 가만히 있고 부르면 가까이 오기도 하는 것은 taming이라고 할 수 있습니다. 반면 고양이라는 종 자체가 사람들과 함께 살아가게 된 사건은 domestication이라고 부를 수 있는 것입니다. 우리말로 번역하자면 '가축화'라고 할 수 있겠습니다. 연구 자료 중에는 가축화된 (domesticated) 동물과 그렇지 않은 야생동물 간에는 DNA 수준에서도 차이가 있을 정도로 분기가 일어난다는 논문도 있었습니다.

강제와 굴복만으로는 어떤 동물의 '길듦'이 그 후손에까지 이르는 '특성의 변화'로 이어지지는 못할 것입니다. '길들인 종'이 등장한다는 것은 진화론을 주장한 다윈식으로 말하자면 적자생존의 원칙에 의해 '길듦'이 유효한 생존 전략이 되었다는 뜻입니다. 그러니까 원래 육식동물에 비해 생존력이 떨어지는 초식동물 가운데 인간의 손길을 거부하고 그대로 야생에 남은 동물은 다 잡아먹혀서 도태되고, 인간의 보호를 받아들이는 쪽으로 진화한 종들만 살아남게 되어 장기적으로는 '가축'이 된다는 것이지요.

당연히 인간과 동물 사이의 이런 '관계'는 일종의 거래와 같은 성격을 띠기 때문에 인간이 제공하는 보호에 따르는 '대가'가 있게 마련입니다. 그 대가를 기꺼이 제공할 의지를 지닌 녀석들만이 '가축'

아프리카 마사이족의 방목.

이 될 수 있습니다. 지금 당장의 생존을 유지하기 위해 인간의 필요가 발생할 때마다 무리 중 무작위로 누군가가 선택되어 살해당하는 것을 감수하고 받아들이는 '체념'을 배운 녀석들만 종의 차원에서 살아남은 것입니다. 결국 그런 오랜 체념의 결과로 인간의 감시와 통제가 없더라도 무리를 떠나지 않고, 인간의 곁을 떠나지도 않는, 미셸 푸코Michel Foucault의 표현을 빌자면 '감시와 통제의 내재화'를 이룬 동물만이 '훌륭한 가축'이 될 수 있다는 것이지요.

굴레가 깨지는 순간

그런 '체념의 내재화'에 성공한 녀석들은 결과만 보자면 어쨌든 살아남는 데 성공했으니 동료들의 죽음을 외면하는 것도, 그런 순서를 말없이 기다리는 것도 비겁하지만 현명한 전략이라고 할 수 있습니다. 하지만 왜 이렇게 마음이 답답해지는 것인지 모르겠습니다. 그러고 보니 《어린 왕자》에서 아름답게 묘사되었던 '길들이기'도 요즘은 부정적인 이미지로 받아들이는 경우가 많은 것 같습니다. 성 착취를 목적으로 친밀감, 신뢰감을 높이면서 서서히 지배 관계를 형성하는 '그루밍grooming'이 심각한 성범죄로 연결되는 사례가 세상을 떠들썩하게 만들기도 했습니다. 영화 〈가스등〉에서 불빛이 어두워지는 것을 의심하는 아내를 남편은 오히려 정신이상으로 몰아갑니다. 이를 통해 남편은 아내가 자신에게 심리적으로 의지하고 지배당하도록 교묘하게 조종합니다. 이런 심리적 지배 행위를 가리켜 '가스라이팅gaslighting'이라고 하는데, 따지고 보면 이런 길들임의 극단적인 형태라고 할 수 있습니다.

《어린 왕자》에서 여우는 매일 병아리를 쫓고, 사냥꾼에게 쫓기는 자신의 삶이 무료하고 무의미하다며 자신을 길들여달라고 왕자에게 부탁합니다. 만약 자신이 어린 왕자에게 길든다면 자신은 더 행복한 삶을 살 수 있을 거라는 기대도 내비칩니다. "만약 오후 4시에 네가 온다면, 나는 3시부터 행복해지기 시작할 거야." 물론 그럴 수도 있습니다. '가축화'가 종의 생존에 현명한 전략이었듯이 타인과의 관계 맺기와 애정에 자신을 비끄러매는 것이 안정과 평화를 찾는 좋은 삶의 길일 수도 있습니다. 달리 말해서, 어떤 것에도 매이지 않고 사는 삶이 애초에 가능한 것일까요? 오로지 홀로, 스스로 서 있으려고 몸부림치는 것은 또 얼마나 외롭고 힘든 선택인가 생각해보면 이쪽이야말로 진정으로 현명한 선택일 수 있지 않을까요.

하지만 따지고 보면 길든 삶도 그리 만만한 것은 아닙니다. 또 다른 몽골 유목민의 다큐멘터리에서 봄을 맞아 가축 수천 마리가 유목민의 천막과 세간살이를 등에 지고 눈 덮인 산을 오르라면 오르고, 얼음장처럼 차가운 강으로 뛰어들라면 뛰어들었습니다. 그렇게 무리 중에서 얼어 죽거나 돌로 째진 발에 동상을 입어 쓰러지는 것을 보면서도 묵묵히 시키는 대로 며칠이고 이동하더군요. 그 장면을 오래도록 지켜봤습니다.

그리고 갑자기 놀라운 장면이 등장했습니다. 수천 마리 등물의 도도한 흐름 가운데 오로지 단 한 마리의 야크가 무리의 흐름을 정면으로 거슬러 역방향으로 뛰며 무리와 좌충우돌하는 상황이 발생한 것입니다. 유목민도 촬영진도 순간 놀라서 당황해하며 야크를 붙잡고 진정시키려 했지요. 하지만 그 야크는 마치 갑자기 미쳐버린 것처럼 계속 내려치는 채찍을 맞으면서도 반대 방향으로 거슬러 가

설산을 무리 지어 이동하는 야크의 모습.

는 걸 멈추지 않았습니다. 알고 보니 이 야크는 고통스러운 이동 중에 새끼를 낳았는데, 유목민이 그 새끼를 따로 관리하기 위해 어미와 떼어내 대열 뒤편에 분리해두었던 것입니다. 그런데 바람이 부는 방향이 바뀌면서 잃은 줄 알았던 새끼의 냄새를 맡게 된 어미가 새끼를 찾아 역방향으로 무작정 돌진했고, 그 바람에 가축 떼의 대열이 흐트러지는 '비정상'적인 사태가 발생한 것이었습니다.

그 한 장면이 가슴에 사무치게 다가왔습니다. 죽음을 피해 오로지 살아남고자 자유의 의지를 포기하는 것도 본능이고, 죽을 줄 알면서도 그 거대한 벽을 정면으로 들이받는 강렬한 의지도 어미로서, 생물로서 보여준 본능이로구나. 끝없이 조여지면서 고통만 안겨주는 긴고주에서 결코 벗어날 수 없었던 손오공처럼, 저도 그 야크도 절대로 벗어날 수 없는 이 지긋지긋한 '생'의 고리 한가운데 놓인 것 같아 진저리가 났습니다.

그렇게
어른이 된다

5

고레에다 감독과 화산섬

일본의 영화감독 고레에다 히로카즈是枝裕和가 쓴 책《영화를 찍으며 생각한 것》을 읽었습니다. 감독으로서 자신의 여정을 주요 작품들을 중심으로 담담하게 풀어낸 책이었습니다. 그 책의 후반부에 자신의 영화 〈진짜로 일어날지도 몰라, 기적〉에 관한 이야기가 실려 있었습니다. 스티븐 킹Stephen Edwin King이 쓴 소설을 원작으로 한 영화 〈스탠 바이 미〉처럼, 이 영화는 기적이 일어나기를 바라며 철없이 여행을 떠났던 아이들이 여러 우여곡절을 겪으면서 점차 어른이 되어가는 성장과 고통의 이야기를 담고 있었습니다. 저도 이 영화를 무척 인상 깊게 봤던 기억이 있습니다. 이 영화의 마지막 부분에서 소년이 집 앞 베란다에 나와 침을 묻힌 손가락으로 풍향을 가늠하는 장면이 나옵니다. 소년은 손가락을 들어 올리고 나지막이 말하지요.
“오늘은 재가 안 쌓이겠어.”

고레에다 감독은 긴 여행에서 돌아온 아이의 성숙해진 모습을 보여주기 위해 일부러 이 장면을 넣었다고 말했습니다. 영화의 초반부에서 아이의 할아버지가 바로 이렇게 매일 아침 베란다에 나와 손가락을 하늘로 들어 올리며 ‘오늘은 재가 안 쌓이겠어’라고 말하는 장면이 나오긴 합니다. 그런데 왜 고레에다 감독은 이 장면을 ‘어른됨’의 상징이라고 생각한 것일까요? 아이가 할아버지의 흉내를 내고 있기 때문일까요?

꽤 오래전에 일본인 친구와 함께 이 영화의 배경이 되는 도시인 가고시마에 간 적이 있습니다. 항구도시인 가고시마의 바로 앞바다에는 활화산이 있는 사쿠라지마섬이 있습니다. 그냥 화산이 아니고 살아서 꿈틀거리는 '활'화산입니다. 지금도 매일같이 뭉게뭉게 연기가 피어오를 뿐 아니라 심각한 수준의 분화도 종종 일어납니다. 지구의 표면을 이루고 있는 여러 조각의 지각판이 서로 맞닿는 위치에 자리 잡은 나라라서 지진과 화산활동이 수시로 벌어지는 이른바 '불의 고리'에 포함된 일본 내에서도 가장 위험한 지역이 바로 이곳 가고시마입니다. 그중에서도 사쿠라지마섬은 일대에서 심각한 지각변동이 일어날 경우 가장 먼저 폭발할 화산으로 손꼽히고 있습니다. 그래서 일본의 어느 지역이든 지진이 발생했다는 소식이 전해지면 '그렇다면 지금 사쿠라지마섬의 상황은 어떤지 살펴보겠습니다'라는 현장 리포트 뉴스가 늘 따라붙을 정도입니다.

사쿠라지마섬의 상공은 항상 분화구에서 뿜어내는 화산재와 연기로 가득합니다. 가고시마 쪽으로 바람이 부는 날이면 이 화산재가 고스란히 가고시마 시내에 쌓입니다. 워낙 가까운 곳이라서 바람이 불지 않더라도 양이 많든 적든 가고시마의 공기에는 늘 화산재가 섞여 있습니다. 하지만 바람이 정통으로 불어오면 그 정도가 훨씬 심각해져서 마치 눈이 날리듯 화산재가 도시 전체를 뒤덮기 때문에 자동차 위에도 도로 위에도 허연 먼지가 가득합니다.

가고시마에서 한동안 살았던 일본인 친구는 그곳의 운전자들은 어지간히 비가 많이 오지 않으면 와이퍼를 쓰지 않는다는 이야기를 들려줬습니다. 화산재의 입자 크기는 아주 미세하지만 모서리가 날카로운 형상으로 되어 있기 때문에 와이퍼를 쓰면 자동차 전면부의 유리가 전부 긁혀 상처가 나기 때문이라고 합니다. 같은 이유로 자동차의 기계식 세차는 꿈도 못 꾸고 웬만하면 걸레질도 잘 하지 않는다고 하더군요. 일본은 어딜 가나 자동차들이 깨끗했는데, 유독 가고시마의 자동차들만 전체적으로 지저분해 보였던 이유가 이것이었습니다.

1914년 사쿠라지마섬의 화산 대분화 장면.

이렇게 집 앞과 도로 위에 화산재가 쌓이면 가고시마 사람들은 마치 설국의 나라 홋카이도 사람들이 눈을 치우듯이 빗자루를 들고 나와 묵묵히 재를 치웁니다. 홋카이도의 겨울이 길다 해도 봄과 여름에는 눈이 내리지 않지만, 사쿠라지마섬의 화산재는 가고시마 주민들에게 일 년 내내 쉴 틈을 주지 않습니다. 게다가 눈은 쌓아두면 언제고 녹아 사라지지만 화산재는 저절로 사라지는 법이 없습니다. 그래서 가고시마현청에서는 주민들에게 화산재 전용 마대를 수시로 배포합니다. 여기에 화산재를 담아 집 앞에 쌓아두면 현청에서 처리 비용을 받지 않고 거두어들인다고 합니다. 번거로운 하루하루와 우울한 공기. 문언 그대로 '잿빛의 도시' 가고시마인 셈이지요.

그럼에도 떠나지 않는 사람들

가고시마를 방문한 날도 도시는 온통 뿌연 안개 같은 화산재로 가득 덮여 있었습니다. 거기서 만난 현지인들에게 조심스럽게 날씨 얘기를 꺼냈더니 엷은 미소를 띠며 그나마 오늘은 재가 별로 날리지 않는 편이라고 했습니다. 도대체 이런 곳에서 어떻게, 왜 사나 싶었습니다. 저를 반기기 위해 식당에 모인 가고시마 사람들에게 왜 떠나지 않느냐고 묻고 싶었습니다.

하지만 묻지 않았습니다. 어렴풋하게나마 저도 그 마음을 짐작할 수 있는 '어른'이 되었기 때문입니다. 어떤 일은 내 바람대로 될 수 없는 것을, 그리고 그런 일이 생각보다 훨씬 많다는 것을 아는 게 '어른'이 아닐까요. 제가 좀 더 젊었다면 이 잿빛의 도시를 떠나지 않

아무 일 없는 듯이 평온한 사쿠라지마섬과 가고시마시의 모습.

고 남아 있는 이들의 선택을 패배라거나 체념이라고 생각했을 것 같습니다. 문제가 있고 한계가 분명한 상황을 그냥 그대로 받아들였으니까요. 하지만 지금의 저는 어디를 가든 '여기와 다른 어떤 곳'이 딱히 존재하지 않는다는 것을 알 만큼의 경험을 갖춘 나이가 되었습니다. 벗어날 수 없다고 답답해하기보다는 모자란 것도 아쉬운 것도 모두 품에 안은 채 시간과 함께 그저 물처럼 흘러가는 법을 배우는 것이 부끄러운 일이 아님을 받아들일 줄 아는 이가 바로 '어른'이 아닐까 합니다.

영화 〈진짜로 일어날지도 몰라, 기적〉의 앞부분에 등장하는 할 아버지의 삶이 그런 것이었습니다. 화산재 가득한 뿌연 삶에 짜증내지 않고, 재가 날리면 재를 쓸어 담고, 흐린 날에는 그래도 최악은 아니라며 엷은 미소를 짓습니다. 언젠가 한껏 끓어오른 화산이 도시를 덮쳐 묵묵히 떠나야 할 날이 올지도 모릅니다. 그래도 오늘은 베란다에 나가 침을 묻힌 손가락으로 바람의 방향을 가늠하면서 "오늘은 재가 쌓이지 않는 하루가 되겠군" 하며 담담하게 하루를 맞이하는 삶. 멀고 험한 여행을 거쳐 제자리로 돌아온 아이가 할아버지가 그랬듯 침 묻힌 손가락을 하늘로 들어 올리는 어른이 되는 것이 팍팍한 인생에서 '진짜로 일어날지도 몰라'라고 기대할 만한 유일한 기적이었던 것입니다.

이런 움직이지 않는 담담함이 가고시마를 떠나고 싶어 하는 젊음보다 더 낫다고, 더 높은 단계에 이른 것이라고 말할 수는 없을 것입니다. 더 나아진 것이 아니고, 그냥 삶의 다른 단계로 넘어왔을 뿐입니다. 인간으로서 살아가기 위해 시간이 나에게 요구하는 무언가를 순리로 여기고 받아들이는 단계. 베란다에 기대어 검지를 들어 올리는 저 아이는 더 이상 아이일 수 없다는 것. 그렇게 어른이 됩니다.

도판 출처 및 참고 문헌

도판 출처

Chapter 1

14쪽(19쪽): ©Ian Lambot|Wikimedia Commons|commons.wikimedia.org/wiki/File:Kowloon_Walled_City_-_1989_Aerial.jpg|CC BY-SA 4.0

21쪽: ©Ian Lambot|Wikimedia Commons|commons.wikimedia.org/wiki/File:KWC_-_Alley.jpg|CC BY 4.0

26쪽, 32쪽(38쪽), 43쪽,46쪽: 저자 촬영.

50쪽(56쪽): 부산대학교 로컬리티아카이브 게시물|bpa.localityarchives.org/items/show/3360

58쪽: 부산대학교 로컬리티아카이브 게시물|bpa.localityarchives.org/items/show/3356

65쪽(82쪽), 69쪽: 저자 촬영.

72쪽: ©Canaan|Wikimedia Commons|commons.wikimedia.org/wiki/File:Maqueta_funicular.jpg|CC BY-SA 4.0

75쪽: ©Rapomon|Wikimedia Commons|commons.wikimedia.org/wiki/File:Casabatllo2.jpg|CC BY-SA 3.0

79쪽: Wikimedia Commons|commons.wikimedia.org/wiki/File:ETH-BIB-Barcelona,_Sagrada_Familia-Tschadseeflug_1930-31-LBS_MH02-08-0201.tif

85쪽: Wikimedia Commons|commons.wikimedia.org/wiki/File:Antoni_Gaudi_1878.jpg

87쪽(94쪽), 89쪽, 92쪽, 95쪽, 97쪽, 99쪽: 저자 촬영.

101쪽(109쪽): ©United States Geological Survey|Wikimedia Commons| commons. wikimedia.org/wiki/File:Pruitt-igoeUSGS02.jpg

105쪽: ©U.S. Department of Housing and Urban Development|Wikimedia Commons|commons.wikimedia.org/wiki/File:Pruitt-igoe_collapse-series.jpg

Chapter 2

124쪽(138쪽): 저자 촬영.

127쪽: 밴쿠버 역사박물관 소장품|저자 촬영.

132쪽: ⓒJames Crookall|Wikimedia Commons|commons.wikimedia.org/wiki/File:Tim_Cummings_Cabin_at_Brockton_Point_1928.jpg

134쪽: Wikimedia Commons|commons.wikimedia.org/wiki/File:Seawall2.jpg

135쪽: Wikimedia Commons|commons.wikimedia.org/wiki/File:Joe_Fortes_(HS85-10-41838).jpg

136쪽: ⓒMike W.|Wikimedia Commons|commons.wikimedia.org/wiki/File:JoeFortes_fountain.jpg|CC BY 2.0

140쪽(149쪽), 142쪽, 144쪽, 147쪽, 150쪽, 153쪽, 155쪽, 157쪽, 164쪽: 저자 촬영.

169쪽(171쪽): 대한민국역사박물관 소장품|저자 촬영.

187쪽(196쪽), 188쪽, 195쪽, 198쪽, 200쪽, 201쪽: 부산대학교 박물관 소장품|저자 촬영.

Chapter 3

204쪽(207쪽): ⓒClaude Dettloff|Wikimedia Commons|en.wikipedia.org/wiki/File British_Columbia_Regiment_1940.jpg

219쪽: ⓒDouglas.johnson|Wikimedia Commons|commons.wikimedia.org/wiki/File:Wait_for_Me,_Daddy_Statue.jpg|CC BY-SA 4.0

220쪽(231쪽): aimerfr.com|img.tedomum.net/data/Derniere-Classe-1915-40fb25.jpeg

221쪽: ⓒNovak Djokovic|Wikimedia Commons|commons.wikimedia.org/wiki/File:Novak_Djokovic_signature.svg

234쪽(237쪽): Wikimedia Commons|commons.wikimedia.org/wiki/File:Matchgirl_strikers.PNG

241쪽: ⓒGeorge R. Caron|Wikimedia Commons|commons.wikimedia.org/wiki/File:Atomic_cloud_over_Hiroshima.jpg

247쪽: ⓒJoe O'Donnell|Wikimedia Commons|commons.wikimedia.org/wiki/File:The_Boy_Standing_by_the_Crematory_(horizontally_flipped).jpg

252쪽(263쪽): ⓒLloyd Arnold|Wikimedia Commons|commons.wikimedia.org/wiki/File:ErnestHemingway.jpg

253쪽, 257쪽, 265쪽: 저자 촬영.

255쪽: Wikimedia Commons|commons.wikimedia.org/wiki/File:Image_of_the_cover_ of_%27The_Tanker_"Derbent"%27,_English_edition.jpg

262쪽: Wikimedia Commons|commons.wikimedia.org/wiki/File:Bulgarian_interbrigadiers_in_1937.jpg

267쪽: Wikimedia Commons|commons.wikimedia.org/wiki/File:Gellhorn_Hemingway_1941.jpg

269쪽: floridamemory.com|floridamemory.com/items/show/13277

271쪽(273쪽), 279쪽: 저자 촬영.

276쪽: 목포 근대역사관 소장품|저자 촬영.

281쪽: ©Mar del Este|Wikimedia Commons|commons.wikimedia.org/wiki/File:Yudalsan_Mokpo_Nojeokbong_peak.jpg|CC BY-SA 4.0

284쪽: 작자 미상

289쪽(292쪽): ©Mathew Benjamin Brady|Wikimedia Commons|commons.wikimedia.org/wiki/File:Crowd_of_citizens,_soldiers,_and_etc._with_Lincoln_at_Gettysburg._-_NARA_-_529085_-crop.jpg

296쪽: ©Horace Greeley Wadlin|Wikimedia Commons|commons.wikimedia.org/wiki/File:The_Public_Library_of_the_city_of_Boston_-_a_history_(1911)_(14594074519).jpg_(Cropped_and_edited).jpg#Licensing

300쪽: i.etsystatic.com/14698273/r/il/b517c5/3261224793/il_1588xN.3261224793_a959.jpg

308쪽: Wikimedia Commons|commons.wikimedia.org/wiki/File:Constitution_of_the_United_States,_page_1.jpg

315쪽: Photograph by Wikipedia editor Raul654(2002)|Wikimedia Commons|commons.wikimedia.org/wiki/File:Lincoln_statue,_Lincoln_Memorial.jpg|CC BY-SA 3.0

317쪽(322쪽): by U.S. National Archives and Records Administration|Wikimedia Commons|commons.wikimedia.org/wiki/File:On_to_First_National_Jamboree_-_NARA_-_5730038.jpg?uselang=ko

325쪽: Wikimedia Commons|commons.wikimedia.org/wiki/File:Duitse_parachutisten_(Fallschirmj%C3%A4ger)_tijdens_een_defil%C3%A9_op_het_Binnenhof_te_Den_Haag,_Bestanddeelnr_26051_048.tif|CC0 1.0 Universal Public Domain Dedication

Chapter 4

330쪽(333쪽): Photo by W. Bland FRPS|Wikimedia Commons|commons.wikimedia.org/wiki/File:Duffield_Castle_Norman_bucket.jpg

337쪽: hallowedground.wordpress.com|Wikimedia Commons|commons.wikimedia.org/wiki/File:Karl_Morgenschweis_prays_for_condemned_prisoner.jpg

343쪽(346쪽), 351쪽: 저자 촬영.

354쪽(363쪽): Wikimedia Commons|commons.wikimedia.org/wiki/File:Letter_Luenna_Louvre_AO4238.jpg

355쪽: 국사편찬위원회 게시물|contents.history.go.kr/front/ki/searchResultList. do?q=%EC%96%B4%EB%A6%B0%EC%9D%B4%EB%82%A0+%ED%8F%AC%EC%8A%A4%ED%84%B0&pageIndex=1&pageUnit=20&blockSize=10

358쪽, 359쪽: 국립중앙박물관 소장품|저자 촬영.

360쪽: ©The University of Chicago Press|press.uchicago.edu/ucp/books/book/chicago/S/bo27481022.html

365쪽(373쪽): ©Nicor|Wikimedia Commons|commons.wikimedia.org/wiki/File:Maasai_Ngorongoro.jpg|CC BY-SA 3.0

367쪽: Wikimedia Commons|commons.wikimedia.org/wiki/File:Sahara_Crash_-1935-_copyright_free_in_Egypt_3634_StEx_1_-cropped.jpg

368쪽: ©John(professional_Designers)|Pixabay|pixabay.com/photos/the-little-prince-grass-scenery-7446665/

376쪽: ©Bishnu Gole(marrontreks)|Pixabay|pixabay.com/photos/yaks-thukla-pass-himalayas-trekking-7696129/

378쪽(381쪽): Wikimedia Commons|commons.wikimedia.org/wiki/File:1914-dec-sakurajima-large-eruption.jpg

383쪽: ©Suicasmo|Wikimedia Commons|commons.wikimedia.org/wiki/File:Sakurajima_20170221-1.jpg|CC BY-SA 4.0

참고 문헌

게리 윌스 지음, 권혁 옮김, 《게티즈버그 연설, 272단어의 비밀》, 돋을새김, 2004.

김병문, 《〈한글 맞춤법 통일안〉 성립사를 통해 본 근대의 언어사상사》, 뿌리와이파리, 2022.

김창일 · 전호창, 《영도에서 본 부산의 해양문화》, 국립민속박물관(서울), 2020.

이현아 · 황동이 · 김은진, 《영도에 살다: 삶과 생활》, 국립민속박물관(서울), 2020.

이현아 · 황동이 · 김은진, 《영도에 오다: 이주와 정착》, 국립민속박물관(서울). 2020.

Robert N. Bellah, *The Broken Covenant: American Civil Religion in Time of Trial*, University of Chicago Press. 1991.

우리가 놓친 위대한 한 컷

1판 1쇄 인쇄 2026년 2월 9일
1판 1쇄 발행 2026년 2월 27일

지은이 곽한영

발행인 황민호
본부장 박정훈
책임편집 신주식
편집기획 김선림 최경민 윤혜림
마케팅 이승아
국제판권 이주은
제작 최택순 성시원

발행처 대원씨아이(주)
주소 서울특별시 용산구 한강대로 15길 9-12
전화 (02)2071-2095
팩스 (02)749-2105
등록 제3-563호
등록일자 1992년 5월 11일

ISBN 979-11-423-4167-0 03300